金冲及文丛

决战

毛泽东、蒋介石是如何
应对三大战役的（增订版）

金冲及 著

生活·讀書·新知 三联书店

Copyright © 2020 by SDX Joint Publishing Company.
All Rights Reserved.

本作品版权由生活·读书·新知三联书店所有。
未经许可，不得翻印。

图书在版编目（CIP）数据

决战：毛泽东、蒋介石是如何应对三大战役的/金冲及著．—增订版．—北京：生活·读书·新知三联书店，2020.6（2024.10 重印）
（金冲及文丛）
ISBN 978-7-108-06835-4

Ⅰ.①决… Ⅱ.①金… Ⅲ.①辽沈战役（1948）－研究②淮海战役（1948-1949）－研究③平津战役（1948-1949）－研究 Ⅳ.① E397.43

中国版本图书馆 CIP 数据核字（2020）第 061863 号

责任编辑	唐明星 胡群英
装帧设计	蔡立国 刘 洋
责任校对	曹忠苓
责任印制	卢 岳
出版发行	生活·讀書·新知三联书店
	（北京市东城区美术馆东街 22 号 100010）
网 址	www.sdxjpc.com
经 销	新华书店
印 刷	河北松源印刷有限公司
版 次	2020 年 6 月北京第 1 版
	2024 年 10 月北京第 10 次印刷
开 本	635 毫米 × 965 毫米 1/16 印张 21.25
字 数	291 千字 图 89 幅
印 数	74,001－79,000 册
定 价	54.00 元

（印装查询：01064002715；邮购查询：01084010542）

目　录

增订版引言　1

第一章　两种战略指导方针的对立　4
　　蒋介石的方针　4
　　毛泽东的方针　16
　　对战争局势变化的不同判断　21

第二章　战略决战的前夜　33
　　战争发展的大趋势　33
　　蒋介石面对的全面危机　35
　　国共双方的两次重要会议　50

第三章　决战前奏：济南战役　60
　　决战序幕的揭开　60
　　切断济南的对外交通线　65
　　解放济南　70

第四章　辽沈战役　81
　　东北战局的简要回顾　87
　　锦州和长春的解放　107
　　辽西会战和沈阳解放　143

第五章　淮海战役　159
　　双方在战前的筹划　160

  首歼黄百韬兵团 170

  再歼黄维兵团 198

  全歼杜聿明集团 217

第六章 平津战役 233

  华北的战前状况 235

  从西线打起 248

  先打两头，后取中间 255

  蒋介石宣告下野 262

  北平和平解放 280

  "绥远方式" 296

第七章 综论 300

  关于毛泽东 302

  关于蒋介石 317

  结束语 322

征引文献 326

增订版引言

辽沈、淮海、平津三大战役，是全国解放战争中的战略决战，是一个经过精密设计和策划的整体。

古人写应试文章，先要"破题"。这有它的好处：一开始就把题点明，可以使别人明白作者准备讨论的问题是什么以及文章的主旨所在。

什么是战略决战？那是指对战争全局有决定意义的战役。这三大战役规模空前，紧密衔接，直接决定中国的命运。像这样规模的战略决战，在世界军事史上也不多见。

战略决战通常表现为双方的主力会战，因为只有在会战中歼灭对方的主力，才能决定战争的胜负。如果交战一方的主力已被消灭，即便还存在多少军队，但胜负已决。双方如果没有将主力投入作战，就不可能对战争全局有决定性作用。不管是这两种情况中的哪一种，都谈不上战略决战。克劳塞维茨在他的名著《战争论》中特别重视主力会战的问题。他写道："主力会战是双方主力之间的斗争，所以，必须永远把主力会战看作战争的真正的重心。"[1]

---

[1] [德]克劳塞维茨著，中国人民解放军军事科学院译：《战争论》第1卷，商务印书馆1978年7月版，第283页。

正因为战略决战对战争全局起着决定性作用，是战争的真正重心所在，双方的军事统帅都不能不全力以赴地为争取胜利而投入这场斗争。又因为它是双方主力的会战，所以它在整个战争过程中自然是最激烈、最复杂、最变化多端的阶段，在指挥上也是最不容易驾驭的时刻。

对军事统帅来说，战略决战是检验他的战略眼光、驾驭复杂局势能力以及意志力的最好试金石。这里包括：他能不能总览全局地正确判断客观战争局势的发展进程；能不能敢于在恰当时机下常人难以作出决断的最大决心，排除重重困难，坚决贯彻实行；能不能灵活地应对战场上出现的可以预见或难以预见的复杂变化，随机应变，及时调整部署；能不能巧妙地引导战役从这一阶段向下一阶段发展，如此等等。可以说，战略决战在相当程度上也是对双方军事统帅指挥作战能力的考验。孰优孰劣，空言争辩是没有用的，一切只能靠实践的事实来检验。

当然，战略决战的胜败不能单纯从军事这一个角度来考察，它通常有深刻的社会原因，同政治、经济、思想、文化等诸多因素交织在一起，特别是由人心向背这个根本因素所支配。但军事统帅的主观指挥是否正确无疑也起着极为重要的作用。

毛泽东曾着重指出这一点："我要优势和主动，敌人也要这个，从这点上看，战争就是两军指挥员以军力财力等项物质基础作地盘，互争优势和主动的主观能力的竞赛。竞赛结果，有胜有败，除了客观物质条件的比较外，胜者必由于主观指挥的正确，败者必由于主观指挥的错误。"[1] 他又写道："战争是力量的竞赛，

---

[1]《毛泽东选集》第2卷，人民出版社1991年6月第2版，第490页。

但力量在战争过程中变化其原来的形态。在这里，主观的努力，多打胜仗，少犯错误，是决定的因素。客观因素具备着这种变化的可能性，但实现这种可能性，就需要正确的方针和主观的努力。这时候，主观作用是决定的了。"[1]

在战争史中，双方统帅如何统筹全局、作出判断、布局下子，如何处理战争进程中那些异常复杂而有关键意义的问题，他们的领导能力究竟怎样，后果又是如何，常常引起人们的特别兴趣，给予多方面的启发。这是本书准备着重考察的内容，论述的详略就是根据这个要求来选择的。

事实比任何雄辩更有说服力。现在，我们就来看看毛泽东和蒋介石是怎样应对辽沈、淮海、平津这三大战略决战的事实吧！

---

[1]《毛泽东选集》第2卷，第487页。

第一章　两种战略指导方针的对立

一场大规模战争谁胜谁负，同双方的战略指导方针是否正确直接相关联。

在整个解放战争时期，蒋介石同毛泽东指导作战的战略方针根本不同。蒋介石以夺取地方为主要目标，力图先夺取重要城市，进而控制交通线，分割解放区，再进行"分区清剿"，以为这样就可以消灭解放军，变解放区为国民党统治区。毛泽东以歼灭敌人有生力量为主要目标，不以一时的保守或夺取城市和地方为主要目标，保守或夺取城市和地方只是歼灭敌人有生力量的结果。这两种截然不同的战略指导方针，根植于双方代表的不同社会力量，几乎贯穿在解放战争的全过程中，在相当程度上决定着战争的结局。

蒋介石的方针

抗日战争胜利后的全面内战是蒋介石一手发动的。他一直把中国共产党看作最危险的敌人，下决心要消灭它。早在抗日战争初期，他就说过："此事乃我的生死问题。此目的如达不到，我死了心也不安，抗战胜利了也没有什么意义，所以我的这个意见，至死也不变的。"[1]

---

[1]《中共中央文件选集》第11册，中共中央党校出版社1986年12月版，第6页。

第一章　两种战略指导方针的对立　5

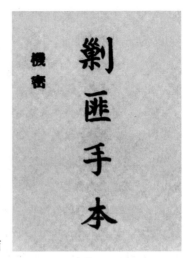

《剿匪手本》封面

抗战胜利了。历尽千辛万苦终于取得了胜利，全国民众普遍沉浸在胜利的欢乐中，渴望能开始国家的和平建设。蒋介石却急于在逐走日本这个大敌后立刻发动全面内战，消灭中国共产党。由于胜利到来得比他预计的要快，国民党的军事主力还远在中国西南部，调动到各大都市和反共前线需要时间。国际舆论也不很赞同在第二次世界大战刚刚结束时立刻在中国发生如此大规模的内战。所以，他也和共产党进行和平谈判，但那只是权宜之计，暗中已积极进行反共的军事部署。就在他"再电毛泽东盼速来渝共定大计"后两天（1945年8月22日），他就"手谕周主任至柔曰：'应印订《剿匪手本》一十万册，并另电令各战区长官就地印发各部队应用为要'"[1]。日军在南京签署投降书当天（9月

---

[1] 蒋介石《档案·事略稿本》（62），（台北）"国史馆"2011年12月版，第272、291页。

9日),他在日记中写道:"共匪未清,则革命不能曰成也,勉乎哉。"9月17日,他又以命令形式向内部重新颁发十年内战时期他亲自手订的那本《剿匪手本》,指令各部队"切实遵守"。很清楚,他的决心已下,全面内战的爆发,只是时间问题,是不可避免的。

为什么蒋介石甘冒天下之大不韪,在全国抗战刚刚取得胜利的时候,就如此急切地要发动全面的反共内战?

蒋介石从来是迷信武力的。他认为自己有力量在短期内依靠武力消灭共产党和它所领导的人民解放军。抗战一胜利,国民党当时拥有正规军约二百万人,加上其他军事力量共四百三十万人。人民解放军只有六十一万人,加上地方部队和后方军事机关人员共一百二十七万人。双方兵力的对比是三点四比一。至于武器装备,双方更是悬殊。战争后期,国民党军队得到美国大量军事援助,武器装备有了大幅度改善,约有四分之一成为美械或半美械部队,又在受降中接收了侵华日军一百多万人的武器,拥有人民解放军所没有的坦克、重炮、作战飞机和海军舰艇等。他还控制着几乎所有的大城市和主要交通线,控制着几乎全部的现代工业。美国又动用空军和海军,将远在西南地区的国民党军队四十万至五十万人,迅速抢运到原来被日本占领的华北和华东去。当时作为盟军中国战区参谋长的魏德迈把它称作"世界历史上规模最大的空中军队调动"。而中国共产党控制的主要是农村和一些中小城市。在蒋介石看来,优势仿佛全在国民党方面。

因此,蒋介石认为,这正是实现武力消灭共产党的最好时机。他在发动全面内战时,在日记中写道:"剿匪军事决不能用正式讨伐方式,只有用不宣而战、局部的逐渐解决。但每一战局

何应钦

必须求得一段落,并须准备充分。速战速决为要旨也。"[1]他对此充满自信,认定只要六个月就可以做到。这不是事后的想象和推测,而是熟悉内情的人讲得清清楚楚的事实。

蒋介石的儿子蒋纬国在《历史见证人的实录——蒋中正先生传》一书中转述何应钦说的一段话:"对日抗战胜利后,我正任陆军总司令,老先生(注:指蒋介石)嘱起草剿共计划,我乃令我的参谋长(萧毅肃)草拟计划,以两年为期,消灭中共,并命其携赴杭州面呈老先生。稍一审视,老先生即嘱萧毅肃明日同乘飞机返回南京。萧毅肃自忖,老先生必对计划相当满意,或有问题向其垂询,故嘱同机返京。事隔多时,未见下文,乃知陈辞修(注:即陈诚)亦有一计划,则只需数月必可肃清中共。故老先生派我任联合国中国军事参谋团团长,而以军事全权付托陈××

---

[1] 蒋介石日记,1946年6月26日,美国斯坦福大学胡佛研究所藏。

(注：原文如此，指陈诚）。"[1]

当时担任何应钦侍从参谋的汪敬煦和萧毅肃的儿子萧慧麟也都有同样的叙述。

汪敬煦回忆道："抗日战争胜利后，蒋委员长知道共产党终将称兵作乱，就交代何先生草拟一份清剿共产党计划。为了这个计划，何先生还特别去拜访日本驻华派遣军司令官冈村宁次。冈村建议何先生千万不能对共产党大意，更不要轻视他们。"于是，何应钦要萧毅肃起草了一个两年计划，"它的重点在分两年三阶段来实施，可说是采纳了冈村宁次的忠告，小心应付，绝不躁进"，"计划拟好之后，派萧毅肃专程赴重庆呈送委员长"。此时陈诚另外提了一份六个月消灭共产党的计划，陈诚以30年代在江西与红军作战的经验，认为共产党军队不足以抵挡装备机械化的国民党军队。"委员长心里很急，希望赶快把共产党问题解决，因为在他的心目中要很快实施宪政，如果剿共战争拖得太久，并不符合他预定的时间表。"[2]这样，蒋介石便采纳陈诚的计划，免去何应钦的参谋总长职务，把他远派到美国去闲置起来，改由陈诚继任。

萧慧麟为他父亲写的传记中也讲到这件事：先是蒋委员长想乘抗战胜利之余威，接着消灭共产党，"命令何应钦写计划（当然等于就是命先父写计划），但先父认为八年抗战虽然得到最后胜利，中国也付出了惨重的代价，不但民穷财尽，国家亟待建设

---

[1] 蒋纬国：《历史见证人的实录——蒋中正先生传》第3册，（台北）青年日报社1996年10月版，第132页。

[2] 《汪敬煦先生访谈录》，（台北）"国史馆"1993年3月版，第20、21、22页。

陈诚

以复元气,而全国的百姓也极多家园破碎,夫死子亡,痛恨战争,若继续与共产党作战,必定无法得到人民的支持,上上之策,莫若先行调理国家元气,再作良图。但此建言未获蒋委员长同意。不得已,先父只得拟了一个两年的作战计划。此计划不但未被采纳,先父反被外放重庆。而代之者,为陈诚'六个月'就可扫灭共产党的方案,并于一九四六年六月一日国防部成立(中国陆军总司令部同时撤销),白崇禧任国防部长,陈诚任参谋总长,何应钦被冷藏"[1]。

这些记载表明:蒋介石所说半年内消灭共产党,并不只是对外宣传或激励将士的口号,而是他急切希望实现的实际行动方案。在他看来,用两年时间来消灭共产党就拖得太久了。

怎么打呢?蒋介石也有自己的一套想法,那就是从夺取重要城市和控制交通线下手。1947年5月15日,他向军官训练团第

---

[1] 萧慧麟:《萧毅肃上将轶事》,(台北)书香文化事业公司2005年5月版,第195页。

二期全体学员作《匪情之分析与剿匪作战纲要》的报告时，对这个方针有一段详细的解说：

> 大家要知道，现代作战最紧要的莫过于交通，而控制交通就先要能控制都市，因为都市不仅是经济政治文化的中心，一切人才物资集中之所，而且在地理形势上，一定是水陆交通的要点。我们占领重要都市之后，四面延伸，就可以控制所有的交通线。交通线如果在我们控制之下，则匪军即使有广大的正面，也要为我所分割，所截断，使其军队运动的范围缩小，联络断绝，后勤补给都要感到困难，终于处处陷于被动挨打的地位。所以匪军不能占据都市，实在是他们致命的弱点。
>
> 因此我们作战的纲领可以说是先占领据点，掌握交通，由点来控制线，由线来控制面，使匪军没有立足的余地。[1]

蒋介石对实现这个方案充满信心。他兴奋地认为：解放军没有大城市作为根据地，就只能到处"流窜"，只能算是"流寇"；自己以城市为依托控制住交通线，解放军就无法流动，只能在分割状态下被国民党军"分区清剿"，最终归于消灭。他在同年2月17日的另一次讲话中说："现代战争和古代已大不相同。现代交通工具进步，兵员运动迅速，政府有飞机、火车、汽车和坦克，调动方便，流寇绝无隐蔽容身之地，怎么能存在？大家

---

[1] 秦孝仪主编：蒋介石《思想言论总集》卷22，（台北）中国国民党中央委员会党史委员会1984年10月版，第112、113页。

要知道：过去时代的流寇，只有两种本领：一种是负隅，凭借险阻，顽强抗拒；其次是流窜。……但现在的情形却完全不同了。交通如此发达，武器如此进步，无论什么险阻，经不起飞机的轰炸，无论流窜如何迅速，赶不上火车汽车，所以流寇是无法存在的。"[1]

按照这个方针，蒋介石在发动全面内战的初期，倚仗自己的优势兵力，夺取了解放区许多重要城市，打通了一些交通线，控制了大片解放区土地，表面上确实占了一些便宜。解放军先后撤出苏皖边区的首府江苏淮阴、山东根据地的首府临沂，1947年3月19日又主动撤出中共中央和人民解放军总部所在的延安。这给解放军也带来不少困难：根据地缩小或被分割，使部队打运动战的回旋余地减少，如果不慎，还可能因孤立缺援而被各个击破；后方供应基地遭到破坏，部队的弹药和粮食的补给常会遇到困难；一些重要城市的放弃，也容易使士气和民众心理多少受到影响，解放区的干部和官兵大多是本地人，看到家乡受到蹂躏，难免会出现某些思想混乱以至埋怨情绪。总之，解放军付出的代价是巨大的。这在一段时间内也增强了蒋介石骄横的气焰。在他看来，只要这样一步一步地夺取解放区的重要城市和控制交通线，做到"局部的逐渐解决"，就能在不长时间内达到消灭中国共产党和人民解放军的目的。

可以举一个例子：蒋介石发动全面内战后不久，苏中地区同南京和上海隔江相望，是双方战斗十分激烈的地区。国民党军在这个地区的军事指挥者、接替汤恩伯担任第一绥靖区司令官的

---

[1] 秦孝仪主编：蒋介石《思想言论总集》卷22，第20页。

李默庵回忆道:"在苏中的七次作战,粟裕称'七战七捷',消灭蒋军六个半旅。当时,我部上报损失,在五个旅左右,约有四万人。有不少官兵被俘后,加入了解放军的队伍,我们还损失了不少武器装备。但是,由于双方作战目的不一样,各自评价也不一样。我当时奉命作战目的主要在于收复地盘,以占领城市,驱走解放军,维护占领区的安全。所以,尽管损失了一些部队,但最终收复了盐城以南的大部分地区,保障了浦口至南京的铁路以及长江下游的交通,解除了解放军对南京政府的威胁。从这点上看,我部队达到了作战目的。由于我指挥的部队较多,损失一些,也算正常,南京政府从来没有怪罪我什么。"[1]对同一个结局,双方的估计竟有这么大的差别。

但是,蒋介石在一个根本点上完全估计错了:人民解放军不是"流寇",并且从1929年红军第四军第九次党代表大会起一直坚持反对"流寇思想"。它并不以重要城市为根据地,并不把它看作决定战争胜负的关键,而是以广阔的农村为根据地,在这里扎下很深的根。它的指挥员和战士大多是来自经过土地改革后翻身农民的子弟兵,内部团结,士气高涨,能够不怕疲劳地连续作战,能够隐蔽地发动突然袭击,或者迅速地秘密转移,跳出国民党军队精心策划的包围圈。它和当地农民关系密切,得到他们的全力支持,能够严密封锁消息,能够及时通报国民党军队的动向,能够就地取得必要的人力和食品支援。就是国民党军队一时占领的地盘,国民党也无法实行有效的统治。这是蒋介石没有想到的,也是他所代表的旧社会势力无法做到的。

---

[1] 李默庵:《世纪之履》,中国文史出版社1995年10月版,第274、275页。

更重要的是，蒋介石本来为数有限的用于野战的军队，随着占领解放区一些城市和交通线，不可避免地要以很多兵力分散改任守备。占地愈多，兵力愈分散，背上的包袱愈重，加上在作战中不断被歼，他的野战兵力越打越少。而兵力分散守备，正便于解放军选择弱点，各个击破，一步一步地削弱并消灭国民党军的有生力量。

至于蒋介石极为重视的漫长的交通线，更不可能处处强固设防。解放军在当地民众的支持下，常常可以从交通线的薄弱环节处穿越对方的防线自由出入，在重要时刻尤其如此，无法阻挡。国民党军队又不习惯夜战，到晚间宿营时，解放军经常可以轻易地穿越那些封锁线。郝柏村写道："共军轻装，夜间机动能力特别强，尤其在长期控制区内，共军虽退而地方政权仍在；国军在新占领区，无法建立有效持久之地方政权，故共军无论大部队或小部队，均有钻隙机动之能力。"[1]

蒋介石那套"由点来控制线，由线来控制面"的战略设想，讲起来仿佛头头是道，其实完全脱离实际，不仅最终全归落空，而且使他那点本钱不断被消磨削弱，双方军事力量对比一步一步发生变化，种下国民党军队兵力越来越不足、捉襟见肘、无力应付的严重后果。日子一长，它的后果将一一显现出来。

国民党方面编写的战史，谈到解放战争初期的华东地区作战，作了这样的检讨："当时徐州绥署之战略观念（构想），系以扩大占领地域为目的（渐及于规复苏北、打通必要交通线），

---

[1]《郝柏村解读蒋公日记（1945—1949）》，（台北）天下远见出版股份有限公司2011年6月版，第293页。

故平均使用兵力，同时向多方面发展。因此，既无歼灭匪军之意图，亦无捕歼匪军之方案及部署。此为在战略构想上最大之错误。""先求控制地域，致兵力渐形分散孤立，予匪军实施运动战（机动作战）逐次击灭之好机，匪且趁势发展壮大，致使双方战力，匪长我消。"[1] 撇开其中一些污蔑性用词不说，也且不讨论国民党军队有没有可能先来消灭人民解放军的有生力量，他们检讨中指出的战略性错误有很大部分是符合实际情况的，只是他们还没有勇气指出这种错误的战略观念不仅是徐州绥靖公署的，其实正是蒋介石的战略指导方针。

稍后，国民党军队向山东和陕北发动重点进攻时担负黄河中段防守的第四绥靖区司令官刘汝明在回忆录中写道："我们是备多力分，处处守，处处薄弱。共匪是打仗的专集中打仗。比方三十五年（注：即一九四六年），我担的任务，就是确保开封、菏泽，固守通许、陈留、兰封、考城、东明、郓城、定陶、曹县、柳河、民权……还要维护铁路交通。以我那些兵力，四处一分，就动弹不得，没有活动力量。这样匪是完全主动，我们完全被动。匪有选择作战时间、地点、目标的行动自由，我们就被动摆在那里挨打。因此匪在盘踞区内，就用不着防守兵力。我分为十，匪合为一，像柳河、民权、曹县、兰封、郓城等处守备部队，均先先后后被匪袭击围攻，以大吃小。结果匪积小胜为大胜，渐渐庞大。我们累积顿挫就渐渐削弱。损伤消耗的兵员、武器、器材，也缺乏相对平衡补充。兵力日减，次要地方也无力兼

---

[1]《国民革命军战役史第五部——戡乱》第3册，（台北）"国防部"史政编译局1989年11月版，第64页。

顾。"[1] 以后，刘邓大军强渡黄河、千里跃进大别山的行动，正是从刘汝明部守备的这个"处处薄弱"的地区开始突破的。

郝柏村也感慨地写道："蒋公虽以歼灭共军有生力量为思想，但其所关注者则是地的得失，故在日记中以攻占某城某地，且亦指示某城某地必须坚守。是以自剿共以来，无论关内关外，国军占领了很多重要城镇，但党政不能在地生根，必须国军保护，故占领城镇越多，包袱越大，部队不能机动集中，致被各个击灭。"[2]

这里，使人联想起当年日本侵略军在华北"扫荡"八路军的敌后抗日根据地时采用的"囚笼政策"。他们依托一些城市和几条交通线，不断扩张占领区，增加据点，来封锁和隔绝各抗日根据地之间的联系，使抗日根据地日渐缩小，部队的回旋余地和给养供应遇到严重困难。刘伯承曾形象地譬喻这种"囚笼政策"说："铁路好比柱子，公路好比链子，据点好比锁子。"[3] 蒋介石仿效的，正是这套做法。日军的战斗力强于国民党军队，他们企图用这样的方法来逐步消灭八路军的敌后抗日根据地，确实大大增加了根据地的困难。可是，彭德怀指出："敌伪深入我根据地后，普遍筑碉堡，兵力分散，反而形成敌后的敌后。主要是交通线空虚，守备薄弱，这对我是一个有利的战机。"[4] 1940 年 8 月至 1941 年 1 月，八路军发动"百团大战"，是从对分割晋察冀根据地和晋冀鲁豫根据地的正太铁路发动"大破袭战役"开始的。日

---

[1]《刘汝明回忆录》，(台北) 传记文学出版社 1979 年 3 月版，第 151 页。
[2]《郝柏村解读蒋公日记（1945—1949）》，第 284 页。
[3]《李达军事文选》，解放军出版社 1993 年 12 月版，第 35 页。
[4]《彭德怀自述》，人民出版社 1981 年 12 月版，第 235 页。

军的"囚笼政策"不仅没有奏效,反而使八路军将士在残酷的战斗中得到锻炼,变得更为坚强有力。日本侵略者束手无策,华北方面军编印的《对华北方面共产势力之观察》对八路军的作战这样评论:"其上级干部多为经验丰富干练之士,其统率才能十分高超,尤其对分散于广阔地区的多数小部队巧妙的指挥运用,必须瞩目。""共产军之机动游击战法极为巧妙而执拗,已逐渐成为我治安之最大障碍。"[1]

历史当然不会雷同,战争的性质也不一样,但有时确有相似之处,很可以发人深思。

毛泽东的方针

毛泽东确定的战略指导方针,和蒋介石恰恰相反:不以保守或夺取城市和地方为主要目标,而以歼灭敌人有生力量为主要目标,认为双方有生力量对比的消长,才是决定战争胜负的关键。

当蒋介石发动对解放区的全面进攻时,解放军出于自卫,奋起应战,那时还谈不上战略决战的任何可能,而称为"自卫战争"。1946年7月20日,毛泽东向党内作了《以自卫战争粉碎蒋介石的进攻》的指示,明确提出要准备暂时放弃若干地方若干城市。指示说:"战胜蒋介石的作战方法,一般地是运动战。因此,若干地方,若干城市的暂时放弃,不但是不可避免的,而且是必要的。暂时放弃若干地方若干城市,是为了取得最后胜利,否则就不能取得

---

[1][日]防卫厅战史室:《大战前之华北治安作战》,(台北)"国防部"史政编译局 1988年6月译印,第536、599页。

解放战争时期的毛泽东

最后胜利。此点,应使全党和全解放区人民都能明白,都有精神准备。"[1]

全面内战大爆发后的三个月间,人民解放军以放弃几十个中小城市为代价,歼灭了国民党正规军二十五个旅,还使他们差不多半数的兵力改任守备。这种趋势还在发展。

9月16日,毛泽东在总结战争实践经验的基础上,经过缜密思考和高度概括,向党内作出《集中优势兵力,各个歼灭敌人》的指示,对这种战略指导方针的认识已达到更加自觉的新高度。毛泽东写道:

> 集中兵力各个歼敌的原则,以歼灭敌军有生力量为主要目标,不以保守或夺取地方为主要目标。有些时机,为着集中兵力歼击敌军的目的,或使我军主力避免遭受敌军的严重打击以利休整再战的目的,可以允许放弃某些地方。只要我

---

[1]《毛泽东选集》第4卷,第1187页。

军能够将敌军有生力量大量地歼灭了，就有可能恢复失地，并夺取新的地方。

这种战法的效果是：一能全歼；二能速决。全歼，方能最有效地打击敌军，使敌军被歼一团少一团，被歼一旅少一旅。对于缺乏第二线兵力的敌人，这种战法最为有用。全歼，方能最充分地补充自己。这不但是我军目前武器弹药的主要来源，而且是兵员的主要来源。全歼，在敌则士气沮丧，人心不振；在我则士气高涨，人心振奋。速决，则使我军有可能各个歼灭敌军的增援队，也使我军有可能避开敌军的增援队。在战术和战役上的速决，是战略上持久的必要条件。[1]

1947年上半年，蒋介石倚仗他还占优势的兵力向解放区转入重点进攻，看重的仍是夺占地盘，特别是重要城市。毛泽东和中共中央军委在极端困难的条件下，毫不动摇地坚持既定的战略指导方针。其中，有两个十分突出的事例，正发生在国民党军队重点进攻的山东和陕北两个战场上。那就是：当力量对比不利时，断然下决心放弃这两个战场上最重要的城市。

先看山东战场。

当时国民党军正以重兵进攻山东解放区首府临沂。这是蒋介石十分看重的目标。1947年2月25日，陈毅统率的华东野战军以一部分军队伪装主力进行几天抵抗后，放弃临沂。蒋介石兴高

---

[1]《毛泽东选集》第4卷，第1198、1199页。

采烈地致电在前线的陈诚、薛岳:"今经我大军围堵,临沂既告收复,而刘股(注:指刘伯承部)则形成流窜,陈股(注:指陈毅部)亦受我南北夹击,东临大海,西阻湖山,局促一隅,……务希激励所部各级扫荡,以为一劳永逸之计。"[1]他对战局形势的判断完全错误。事实上,华东野战军主力正趁国民党军主力集中南线进攻临沂的机会,避免在不利条件下在临沂同国民党军决战,悄悄地隐蔽北上,集中优势兵力,在莱芜地区一举包围从胶济铁路孤军南下的国民党军北线李仙洲部。三天内,共歼灭国民党军第二绥靖区前进指挥部、两个军和所辖的六个师,还有一个师的大部,共计五万六千多人。国民党军第二绥靖区司令官、山东省政府主席王耀武听到消息后说:"五万多人,不知不觉在三天就被消灭光了。老子就是放五万头猪在那里,叫共军抓,三天也抓不光呀。"[2]解放军乘胜控制胶济铁路二百五十多公里,解放县城十三座。整个战役(包括南线和胶济铁路沿线作战)共歼国民党军七万多人,是以往同国民党军队作战中从未取得过的大胜利,对华东战局带来巨大影响。这同蒋介石为攻占临沂而兴高采烈几乎发生在同时,实在是一个讽刺。

再看陕北战场。

比放弃临沂影响大得多也更大胆的另一个事例是:3月19日,国民党军胡宗南部二十五万余人根据蒋介石命令攻占中共中央所在地延安。当时解放军在陕北战场的只有四个野战旅

---

[1] 秦孝仪总编纂:蒋介石《大事长编初稿》卷6(下册),(台北)中正文教基金会1978年10月版,第392页。

[2] 陈士榘:《天翻地覆三年间——解放战争回忆录》,中共中央党校出版社1995年11月版,第112页。

胡宗南

一万七千余人及三个地方旅,兵力处于绝对劣势。毛泽东决不在这里同拥有优势兵力的胡宗南部队硬拼,断然决定撤出延安。相当多的干部想不通。撤出前,毛泽东向部分领导干部说:"我军打仗,不在一城一地的得失,而在于消灭敌人的有生力量。存人失地,人地皆存;存地失人,人地皆失。敌人进延安是握着拳头的,他到了延安,就要把指头伸开,这样就便于我们一个一个地切掉它。"[1]

他自己和周恩来、任弼时等留在陕北同胡宗南部周旋。攻占延安,使蒋介石更加兴高采烈,但解放军却把胡宗南集团这支蒋介石最大的战略预备队牢牢地牵制在陕北,使之无法腾出手来支援其他战场,然后按照"集中优势兵力,各个歼灭敌人"的方针,依靠陕北的有利群众条件一步步对之给予打击和歼灭。一年

[1] 逢先知主编:《毛泽东年谱(1893—1949)》下卷,中央文献出版社2002年8月版,第176页。

后，胡宗南部在接连遭受多次重大损失（其中解放军在1948年2、3月间的宜川战役全歼胡部精锐一个整编军部、两个整编师部，共计二万九千四百八十人）后，不得不退出延安。

解放军放弃延安和临沂，在蒋介石看来都是国民党取得巨大胜利，一再在很多场合夸耀这种胜利；而在毛泽东和中共中央军委看来，付出这些代价，必将换得战略上的主动，一步一步地改变敌我形势，为下一步取得更大的胜利创造条件。事实证明：这样做是完全正确的，也是完全值得的。

对战争局势变化的不同判断

国共双方军事有生力量的消长是逐步显现的，最初不少人没有立刻意识到，经过一年多时间便显示出颜色来了。

从全面内战爆发后的1946年7月算起，到1947年1月，人民解放军已歼灭国民党正规军五十六个旅，平均每月歼敌八个旅，地方保安部队等还没有计算在内。到这年6月，也就是解放战争满一年的时候，已歼灭国民党正规军九十七个半旅，七十八万人，保安部队等杂牌军三十四万人，共一百一十二万人。国民党军队到处感到兵力不足，难以应付面对的局势了。

正是在这年6月底，刘（伯承）邓（小平）大军开始千里跃进大别山，同相继南下的陈毅、粟裕和陈赓、谢富治两支野战大军，在江淮河汉之间布成"品"字形阵势，互为犄角，牵制吸引了国民党军队南线一百六十多个旅中约九十个旅的兵力回援，把主要在解放区进行的内线作战转变成主要在国民党统治区进行的外线作战，使战线由黄河南北推进到长江北岸，使中原地区由国民党军队进攻解放区的重要后方变成解放军夺取全国胜利的前进基地。

人民解放军由战略防御转入战略进攻,把战争的主动权转入自己手中。这是对全国解放战争发展具有重大战略意义的转折。

1947年和1948年交替的时刻,毛泽东和蒋介石对整个战争发展的形势都作过全局性的判断。这个判断,包括政治、军事、经济等各个方面。但在战争时期,军事自然占着突出的地位。他们的判断截然不同,这在很大程度上与他们的战略指导方针不同直接有关。

毛泽东在中共中央于1947年12月召开的会议上作了《目前形势和我们的任务》的报告。报告一开始就指出:"中国人民的革命战争,现在已经达到了一个转折点。"他解释道:"这是蒋介

刘邓大军千里挺进大别山

石的二十年反革命统治由发展到消灭的转折点。这是一百多年以来帝国主义在中国的统治由发展到消灭的转折点。这是一个伟大的事变。"[1]

12月8日,他在会上作结论,再次强调:"我们同蒋介石的力量对比问题直到今年中央发出'二一'指示时还没有解决,还准备退出延安,并且后来确实退出了,直到现在这个问题才解决了。二十年来没有解决的力量对比的优势问题,今天解决了。"[2]

这是12月会议作出的一个大判断,是对中国历史发展进程的大判断,是对双方力量对比变化作出的大判断。那时,国内局势中仍有许多不明朗和不确定的因素,并不是很多人都能看清楚这个历史转折点已经到来。即便有这样那样的感觉,也没有得出如此明晰的结论。

对形势的判断,是制定路线、纲领、方针、政策的最基本的依据。不同的判断,就会作出不同的决策。有了12月会议这个大判断作依据,怎样打倒蒋介石、建立新中国的问题,便提到现实的议事日程上来。如何准备战略决战的问题,也开始有可能要认真考虑了。

蒋介石对当时国内军事局势又是怎样判断的呢?他没有也不愿意认识到战争已达到一个转折点,没有也不愿意承认国共双方力量对比的优势属于哪一方已开始改变。他考虑问题的思路和战略指导方针依然固守着那套老看法,没有根本改变。

---

[1]《毛泽东选集》第4卷,第1243、1244页。
[2]《毛泽东文集》第4卷,人民出版社1996年8月版,第333页。

中共中央 12 月会议后只有几天，1948 年 1 月 1 日，蒋介石发表《告全国军民同胞书》。他对全国局势的判断，读起来简直令人发笑。他虽然也承认"前线国军，一直在被动中作战，也一直在孤立中应战。以致一年之间，屡受损失，将士牺牲，至为惨重"，这是他不能不承认的事实。但接着的一段话，尽管太长，仍不妨摘抄于下：

然而在此种作战条件极端艰困的状况之下，国军在战略上已经达成了他最大的任务：第一是共匪首脑部所在地之延安的占领，第二是沂蒙山区的肃清与烟台海口的收复。大家都知道延安是共匪盘踞十年以上的政治中心，沂蒙山区是共匪军械制造和军需物资储藏的总库，而胶东半岛上的烟台则是共匪海上唯一交通补给线；但是国军凭着忠勇牺牲的精神，达成其在地形上最险阻和在作战上最艰难的目标，终于克复了延安，肃清了沂蒙山区，最后更收复了烟台，对共匪积年所经营的窠穴，所储备的物资，所凭借以号召全部匪军的首脑部次第加以摧毁；从此共匪的所谓政治中心和神经总枢是丧失了，他所借以生存的经济据点是失陷了。他对外交通的最后海口也断绝了。国军所付的代价诚然巨大，但是所预期战略的目的却已如期完成。关内匪军因为根据全失，接济断绝，就只得被迫分窜，成为流寇。刘伯承、陈毅等匪部今日虽仍猖狂窜扰，但他流窜到黄河以南，就成为无窠之蜂、无穴之鼠，前面没有目的，后面没有归路，只有打圈旋磨，盲目行动。国军对此匪部自更易追剿肃清。可以说剿匪全役最困难的工作，在去年一年间，业已完成了。[1]

如果说那是他公开发表的文告，还可能解释为有对外粉饰和对内打气的成分，那么，我们再来看看蒋介石两天后（1月3日）的日记。他在"上星期反省录"和"本星期预定工作课目"中写道："东北战局至上月底我军已集中完毕向沈阳外围出击以后，卅一日匪乃开始溃退至辽河以北岸，而华北我军亦向北平外围扫荡获胜，则北方战局一时乃可稳定。""飞武汉召集军事会议，检讨大别山进剿得失与今后剿匪要旨之指示。未知能收效否？""应以黄河以南、长江以北地带为生命地带。""保障津浦路与肃清大别山区为急务。""确定围剿刘伯承与陈毅两股共匪主力之计划。"[2]

可见，蒋介石实在缺乏宏观的战略眼光，不能对战争局势进行全局性的准确分析，更谈不上能洞见它未来发展的趋势，只是忙于应付一个一个地区的战况，认为东北和华北战局"一时乃可稳定"，仍不死心，想集中力量在"黄河以南、长江以北"对刘伯承、陈毅两部进行"围剿"。这从他以后在辽沈和淮海战役中依然多次想同解放军"决战"中也表现出来。他的思考，后人看起来觉得可笑，但他当时还很认真，认为有这种可能，那同实际竟相距如此之远！

被称为蒋介石"文胆"的陈布雷在这年元旦的日记中却显得心情很忧郁。他写道："阅读京中各日报，觉《中央日报》社评与《新民报》之社评恰恰代表两种相反的意见，可见统一国论之

---

[1] 秦孝仪主编：蒋介石《思想言论总集》卷32，第194页。
[2] 蒋介石日记，1948年1月3日。

陈布雷

不易。"[1]他已感觉到,就是国民党统治区内的报纸上,也很难用《中央日报》那一套来"统一国论"了,甚至恰恰"相反"。陈布雷没有再讲什么。但对这位敏感的老报人来说,这自然不是什么好兆头。

1月10日,蒋介石在日记中又写道:"十六时到沈阳。十八时到行辕会议,听取报告。对于敌情及其行动,行辕全不明了,殊为忧虑。与宜生(注:即傅作义)谈增援东北事,彼反要求增加华北兵力为言,殊出意外。"[2]其实,对解放军的情况和动向"全不明了"的,岂止是东北行辕,蒋介石自己何尝不是如此?但他从来只是责怪别人,不检讨自己。傅作义要求增加兵力,实际上也反映出经过一年多双方有生力量消长发生变化后所处的窘境。其实,国民党军队在各个战场都深感兵力不足,自顾不暇,

---

[1]《陈布雷先生从政日记稿样》,(香港)东南印务出版社承印(出版时间不详),第957页。

[2] 蒋介石日记,1948年1月10日。

谁都不愿再抽调兵力支援其他地区，这已是显然的事实。蒋介石却"深感意外"，这只能说明他对实际情况的懵然无知。

但国民党的战局日趋不利，已无可讳言。时任外交部长的王世杰在日记中写道："我军事戡乱工作实际上今已一年。白崇禧等在去年此时，力称六个月内可以武力解决中共。今则东北之局势固江河日下（安东等处已放弃），山东、苏北之共军依然未消灭，河南已大部为共匪所控制。今则皖北、鄂东、鄂北亦为共匪所侵入。共匪之威胁，实数倍于去年今日。"[1] 他一开始说的"白崇禧等"，其实包括蒋介石在内，只是他在日记中也不便明说罢了。

兵力短缺的问题终于越来越明显地暴露出来。2月11日，蒋介石在日记中口气稍有变化，写道："本日对匪扩大窜扰地区，我军兵力不足，防不胜防，此剿彼窜，颇难为计。乃以暂取守势、沉机观变之法，加以深虑。所得结论，应求匪之要害，取而守之，使其不能不被动来攻。待其停攻挫折，而后再予以反击，清剿当易为力也。"[2] 这时，蒋介石终于也感到"兵力不足，防不胜防"了，但他"深虑"后得出的"结论"并不高明。解放军连延安、临沂都没有因是"要害"而像蒋介石所想的那样"不能不被动来攻"，怎么会被他牵了鼻子走、便于他"反击"和"清剿"呢？倒是以后在辽沈战役中想对锦州来一个反包围、在淮海战役中想对双堆集来一个反包围，作为"反击"，也许可以多少看到

---

[1]《王世杰日记》手稿本第6册，（台北）"中研院"近代史研究所1990年3月版，第175页。

[2] 蒋介石日记，1948年2月11日。

一点这种思路的影响。可是，结果都不是"清剿当易为力"，而是输得精光了。

这时，各个战场上的国民党军高级将领纷纷向蒋介石呼救，声称兵力不足，要求增援，以东北战场尤甚。2月19日，东北"剿总"副总司令兼锦州指挥所主任范汉杰致电蒋介石："（一）辽阳陷后，判断匪将继续攻掠沈阳、锦州外围各小据点，国军士气消沉，亟盼关内增兵，改变不利形势。（二）职指挥之暂编第五十师，暂编第六十师两部各仅有实力约四个营，第五十六两个半团，连同交警十二总队，共约六个团兵力，现任高桥、北戴河长达两百公里铁道之守备及秦（秦皇岛）葫（葫芦岛）两港、锦西、榆关各要点之固守，兵力既薄而分散，至第六十二军及第九十二军（第五十六师）两部对于关内活动，且任北宁路两段守备，亦无法抽调兵力，故兵团对锦州作战，只能作精神上之支援。"[1] 国民党军兵力已严重不足又十分分散，其他地方也无法抽调兵力，处处设防而处处守备薄弱导致的窘状至此已清晰可见。

这年3月，人民解放军已有五十个纵队（相当于国民党的军，即整编师），一百三十二万二千余人，还有非正规军一百一十六万八千余人，战斗力也大为增加。国民党的正规军有一百零四个师，一百八十一万人，还有非正规部队等一百八十四万人，人数虽尚稍占多数，士气和战斗力却大多低落，除大别山和淮河以北地区外，都处于完全被动挨打的地位。蒋介石这时不好好想想在这种局势下如何自保，想的还是如何对解放军"清剿"，这只能说明他的头脑太不清醒了。

---

[1] 秦孝仪总编纂：蒋介石《大事长编初稿》卷7（上册），第39页。

毛泽东和解放军总部一直在冷静地观察并仔细地计算双方有生力量对比变动的实际状况，敏锐地察觉这种变动包含的深刻意义，当机立断地作出新的战略决策。这个决策的主要关注点，仍在如何消灭国民党军的有生力量，特别是它的精锐主力。这对战争全局的胜负有着决定性的意义。

当时，国民党方面战斗力较强的部队集中在华东和东北。毛泽东和中共中央军委想得很远，已考虑要把打大歼灭战的问题提上日程了。

在南线，国民党军最精锐的主力是第五军和第十八军。毛泽东已把目光牢牢地锁在这两个军。5月20日，他为中央军委起草电报："夏季作战的重心是各方协助粟兵团歼灭五军。只要五军被歼灭，便取得了集中最大力量歼灭十八军的条件，只要该两军被歼灭，中原战局即可顺利发展。"[1]

在北线，他提出要防止东北国民党军队主力（包括新一军、新六军在内）南撤关内，致电东北野战军林彪、罗荣桓、刘亚楼："希望你们务必抓住这批敌人，如敌从东北大量向华中转移，则对华中作战极为不利。"[2] 如何千方百计地将国民党军队在北线的主力抑留在东北，不令南移，以便解放军集中优势兵力，各个加以歼灭，成为毛泽东此时费心特别多的地方。

可以清楚地看出，随着战争形势的发展，发动战略决战这个全新的问题，此时已开始在毛泽东和中共中央军委的考虑中了。

---

[1]《毛泽东军事文集》第4卷，军事科学出版社、中央文献出版社1993年12月版，第463页。

[2]《毛泽东军事文集》第4卷，第563页。

而在这以前，考虑这样的问题是没有条件的。当然，它从开始酝酿到考虑成熟需要有一个过程，有些问题还要在实行的过程中经过若干反复，才能一步一步地弄清楚。

蒋介石面对这种形势根本缺乏清醒的认识，更谈不上根据急剧变化着的实际情况重新调整自己的原有部署。他依然抱着自己根深蒂固的老观念，把大城市看得很重，迟迟下不了决心断然放弃，以便集中兵力转入防御，即便有时想到，也仍举棋不定，遇到一些阻力就罢手。在已显然不利的情况下，他仍多次想指挥部队同解放军决战。这同毛泽东和中共中央军委在1947年上半年能以"壮士断腕"的气魄，果断地决定放弃延安、临沂等地，决不在不利条件下决战，形成鲜明的对照。这在相当程度上预决了他在三大战略决战中失败的命运。

曾任蒋介石侍卫长，以后在台湾历任军政要职的郝柏村，在读蒋的日记时写下自己的感想："当不能消灭敌人时，一切军事考虑，以不被敌人消灭为第一要义。""面对共军机动歼灭、以大吃小的战略，如仍斤斤计较于重要城市之固守，大军绝不能置之死地而后生，因大军的补给线被切断，其生存持续便指日可数，会不战而败。""军事战略不调整，后果必严重。"

他在读了蒋介石1948年1月21日日记后写道："蒋公此际仍信心满满，而提示皆为战术问题，但今日关键在战略。用兵不外全军与破敌。今破敌不可能，而应求全军。而全军之道，在缩短战线，节约兵力，并以集中兵力、保存战力为主旨，是军事战略问题。"他在读了2月21日日记的"本星期工作预定"后写道："此为日记中第一次提及总体战与面的战术，惜为时已晚，应立即缩短战线，放弃若干都市与区域，确保长江以南，从事总体战的准备与战争面的经营。"[1]当然，郝柏村那些想法是相隔六十多年的事后之见。当年的蒋介石没有也不可能这样想。即便这样做，也只能推迟一些他失败的时间。但不管怎样，双方统帅战略眼光和指导能力的高下，在这类支配全局的关键性问题上，确实表现得格外清楚。

辽沈战役前夕曾在东北担任第七兵团司令官兼七十一军军长的刘安祺到台湾后说："大陆上剿匪失败主要是战略上的错误，上面采用专重守土而不集中力量打击敌人的战略，以为自己能控制多少地区、多少组织，有时还故意把兵力分散，用这种方法来充面子。"他又说："从东北到徐州，兵力分散，守住土地重于消灭敌人，也就是所谓'守土不打敌'。""但是中央爱面子，想掌握若干据点以做国际宣传。"[2]他所说的"上面"和"中央"，指的当然都是蒋介石。这当然也是"事后诸葛亮"之见。经过一场生死较量，有个比较，事情才能看得清楚一点。

蒋介石自己在辽沈战役失败时，也对美国纽约《前锋论坛报》记者说："三年以来，国军处处设防，备多力分，形成处处薄弱之虞。共匪乘此弱点，乃以'大吃小'之战法，集中其全力攻我薄弱之一点，于是屡被其各个击破，此所以逐渐造成今日严重之局势。"[3]

这真应了前面所引毛泽东的话："战争就是两军指挥员以军

---

[1]《郝柏村解读蒋公日记（1945—1949）》，第262、331、336页。
[2]《刘安祺先生访问记录》，（台北）"中研院"近代史研究所1991年6月版，第95、147、148页。
[3]《分析当前战局政局，总统答记者三问题》，《中央日报》，1948年11月1日，第2版。

力财力等项物质基础作地盘，互争优势和主动的主观能力的竞赛。竞赛结果，有胜有败，除了客观物质条件的比较外，胜者必由于主观指挥的正确，败者必由于主观指挥的错误。"

第二章　战略决战的前夜

战争发展的大趋势

一场战略决战不是突然到来的。它是这以前整个战争大趋势发展的结果。这种大趋势预决了战争的最终结局。克劳塞维茨的《战争论》有一段很好的说明："会战的发展趋势在一开始虽然不怎么明显，但通常就已经确定了，甚至在会战的部署中这种趋势往往就已经在很大程度上确定了。一个统帅看不到这种趋势而在十分不利的条件下开始了会战，那就表明他是缺乏这种认识能力的。"[1]

毛泽东在战争发展进程中，始终从全局着眼，细心地观察和判断战争发展的大趋势，抓住时机，作出重要决策和部署，即使这种趋势还没有很明白地显露出来时也是如此。如果以后情势发生了变化，或者发现原来的考虑有不适当的地方，也能当机立断，进行大胆的调整。蒋介石并不是主动地投入那场主力会战，而是在看不清事情发展的大趋势、在十分不利的条件下被动地应对这场会战的，而且还多次在这种条件下仍想同解放军进行局部

---

[1]［德］克劳塞维茨著，中国人民解放军军事科学院译：《战争论》第1卷，第285页。

性的决战，这不能不说他确实"缺乏这种认识能力"。

当历史进入1948年下半年、全面内战进入第三个年头时，已到了三大战略决战的前夜。

这时战争发展的大趋势是怎样的呢？

经过连续两年的作战，双方兵力的对比也就是有生力量的对比已经发生巨大变化。蒋介石原来倚仗自己的军队数量和装备优势，以为六个月消灭共产党是有把握的。事情的发展完全出乎他的意料。人民解放军在敌强我弱的情况下，沉着应对，依靠实行"以歼灭敌人有生力量为主要目标，不以保守或夺取城市和地方为主要目标"和"集中优势兵力，各个歼灭敌人"等军事原则，在战争第一年就消灭国民党军队一百一十二万人，使它从战略进攻转入战略防御，第二年又消灭国民党军队一百五十二万人，使它从全面防御转入重点防御，而且军心涣散，士气低落，已远非战争开始时可比。

到1948年6月底，国民党总兵力已下降到三百六十五万人，能部署在第一线的正规军只有一百七十四万人。兵力主要集中在三个地区：第一，徐州地区刘峙集团五十万四千人，连同非正规军共七十万五千人；第二，东北卫立煌集团三十四万人，连同非正规军共四十四万九千人；第三，华北战场傅作义集团二十八万四千人，连同非正规军共三十九万七千人。这三个地区，是蒋介石军队主力所在。只要把这三个地区的国民党军队解决，整个战局就可以大定。解放军发动的三大战略决战由辽沈战役、淮海战役、平津战役组成，就是针对国民党有生力量的这种分布状况决定的。

除了这三个地区以外，国民党兵力较强的还有三处：一是华中战场的白崇禧集团二十七万六千人，连同非正规军共三十五万七千人；二是西北战场的胡宗南集团二十六万八千人，连同非正规军三十一万四千人；三是山西阎锡山集团七万人。其中，白崇禧、阎锡山不是蒋介石的嫡系，并同蒋有着错综复杂的矛盾，军队的战斗力也有限；胡宗南虽是蒋的嫡系，但在陕北屡受解放军打击，实力大损，已处在只能被动挨打的地位。他们都自顾不暇。这三处此时不具有主力会战的性质，只要前面三个地区取得了成功，便不难顺流而下乘势加以收拾，尽可以放在下一步来解决。

人民解放军由于土地改革后动员了大量翻身农民参军，又吸收了经过诉苦教育后的一半国民党俘虏兵参加部队，连同国民党军的起义部队，总兵力已从战争初期的一百二十多万人发展到二百八十多万人，其中野战军一百四十九万人。士气高昂，武器装备得到明显改善，有了相当强大的炮兵和工兵，这是解放战争初期所不具备的，还积累起运动战和城市攻坚战的丰富经验。战争的主动权已完全掌握在解放军手中。在长江以北，要从哪里发动攻势，就可以在那里发动攻势。没有这个条件，要在不久后进行三大战略决战是不可能的。

三大战略决战，是人民解放军在数量上还少于国民党军队、装备上还低于国民党军队但整个战争大趋势已十分有利时发动的。在下这样的大决心时，既没有观望和等待，也没有任何犹豫，这需要有很强的认识能力和敢于作出决断的魄力才能做到。

蒋介石面对的全面危机

战争不是单纯的军事行动，而是由经济、政治、军事等诸多因素综合组成的。

1948年下半年,当毛泽东和中共中央军委已在认真考虑准备发动战略决战的同时,蒋介石在经济、政治、军事等方面都正陷入深重的危机。他又习惯于将经济、政治、军事等方面各种重要问题的处理和决断以至大小事务集中在自己一个人手里,因此正陷于四面火起、顾此失彼、焦头烂额、穷于招架的狼狈境地。这也不能不严重影响他对军事局势的全面考虑和应对。

先说经济。

随着军事形势的恶化,国民党统治区的财政经济状况继续恶化。恶性通货膨胀和物价上涨加速度地发展。以上海的批发物价指数为例,学生反饥饿、反内战运动高涨时的1947年6月为二百九十万,一年后的1948年6月已猛涨到一亿九千七百六十九万,到8月间更猛涨到五十五亿八千九百万,上涨的幅度是惊人的,大批民族工商业不得不停业或倒闭。[1]老百姓已难以继续生存下去,民怨沸腾,抢米风潮和民变席卷全国。蒋介石自己也在1948年年初的日记中写道:"事业日艰,经济困窘,社会不安,一般干部已完全动摇,信心丧失已尽,对领袖(注:指蒋介石)之轻藐虽未形于外,实已动摇于中。"蒋介石实在太缺乏自知之明,民众这时对他的愤怒和蔑视早已相当普遍地"形于外"了。他在日记中又写道:"今日环境之恶劣为从来所未有,其全局动摇,险状四伏,似有随时可以灭亡之势。"[2]

---

[1] 张公权:《中国通货膨胀史(1937—1949年)》,文史资料出版社1986年8月版,第56页。

[2] 蒋介石日记,1948年2月1日、23日。

1948年3月上海电话公司职员领到的一捆捆贬值的薪水

国民党政府财政严重入不敷出的状况,由于内战军费的激增和豪门资本的恣意中饱,本已病入膏肓,无药可救。1948年5月底上任的财政部长王云五对蒋介石说:"岁入之部无论如何设法增加,最多不过五百万亿的法币,而岁出部分,无论如何设法减少,在表面上至少须达一千一百万亿元。"[1]实际情况远比他所说的更为严重。

这样巨大的财政收支差额,全都依赖加印纸币来支撑。法币的发行总量,1945年6月抗战胜利时为五千五百九十六亿元,到1948年6月已经激增至一百九十六万五千二百零三亿元,增加近三百七十倍。货币飞速贬值,物价如脱缰野马般飞涨。米价在1948年2月突破每石三百万元,到7月就突破三千万元。这是对手中只持有法币的全国民众敲骨吸髓的无偿剥夺。蒋介石在6月

---

[1] 王云五:《岫庐八十自述》,(台北)台湾商务印书馆1967年7月版,第482页。

间叹道:"经济危险至此,比军事更是忧虑。"[1]

　　法币既已陷入绝境。蒋介石便在8月19日大吹大擂地颁布《财政经济紧急处分令》和《金圆券发行办法》等四个币制改革的实施细则。它的内容主要有四点:第一,用金圆券来替代在民众中已毫无信用的法币,规定一圆兑法币三百万元。但金圆券的信用又靠什么来保证呢?这样做,实际上只是巧立名目,改发面额更大的纸币。第二,私人持有的黄金、白银、外币,必须在限期内兑换成金圆券,违反者一律没收。这是要民间将他们所持有的金银外币都交给国民党政府,而换给他们的只是一些迅速贬值、将成废纸的金圆券。第三和第四是冻结工资和冻结物价。在恶性通货膨胀、物资极端缺乏的状况下,物价是根本不可能被冻结住的。这样,坚持冻结工资,只能使老百姓更加活不下去。这些不久都清楚地表现出来了。

　　蒋介石对这次币制改革看得很重。他要蒋经国亲自到上海督导,并且在9月3日的日记中写道:"军事、经济、党务皆已败坏,实有不可收拾之势,因之政治、外交与教育亦紊乱失败,亦是崩乱之象。再三思维,如能先挽救军事,则其他党务、经政皆不难逐渐补救。否则,军事不能急求成效,则不如先在后方着手,如能稳定经济,则后方人心乃可安定,前方士气亦可振作。然后再谋军事之发展。"[2] 这个结论自然是蒋介石在焦头烂额、一筹莫展情况下不得已作出的。

　　值得注意的是:正当他在日记中写下"不如先在后方着

---

[1] 蒋介石日记,1948年6月10日。

[2] 蒋介石日记,1948年9月3日。

1948年6月上海交通大学门前,军警用铁甲车阻拦学生上街游行

手""稳定经济""然后再谋军事之发展"后只有十天,辽沈战役就爆发了。可见他对这场决定命运的战略决战既无思想准备,也没有事前的周密思考和部署,真是不败何待。

再讲政治。

经过国民党统治区青年学生抗议美军暴行运动和反饥饿、反内战运动以后,国民党政府已处在全民的包围中。这在1947年已经表现得十分明显,这里就不多说了。到了三大战略决战前夜,国民党统治集团内部也四分五裂、矛盾激化、一片混乱,这给蒋介石精神上很大打击。

1948年3月29日至5月1日,国民党当局召开国民大会,称作"行宪国大",内部各派系闹得一团糟,蒋介石已失去控制,用他自己的话来说,叫作"怪状百出,痛心无已",已是一派末日景象。

这次"国大"的主要议题是选举总统。蒋介石最初曾想让美国赏识的文人胡适当总统,自己掌握实权,并且征得胡适同意,后来还是由自己当了。而副总统经过四轮选举,受美国和许多地方势力支持的李宗仁以一千四百三十八票当选,蒋介石内定并全力支持的候选人孙科却以一千二百九十五票落选。这是蒋介石多少年来没有遇到过的事情。李宗仁回忆道:"当第四次投票达到最高潮时,蒋先生在官邸内屏息静听电台广播选举情形,并随时以电话听取报告。当广播员报告我的票数已超过半数依法当选时,蒋先生盛怒之下,竟一脚把收音机踢翻。"[1]蒋介石自己在当天日记中写道:"得决选报告哲生(注:即孙科)落选,乃为从来所未有之懊丧也,非只政治上受一重大打击,而且近受桂系宣传之侮辱讥刺,乃从来所未有,刺激极矣。"[2]

蒋介石在成为国民党"总裁"、被称为"最高领袖"后,他的重大决断在他历来一手控制的机构中被推翻,这确是"从来所未有",难怪他要"刺激极矣"。

就在这个"行宪国大"闭幕的前一天,中共中央发布纪念五一节口号,提出:"全国劳动人民团结起来,联合全国知识分子、自由资产阶级、各民主党派、社会贤达和其他爱国分子,巩固与扩大反对帝国主义、反对封建主义、反对官僚资本主义的统一战线,为着打倒蒋介石、建立新中国而共同奋斗!""各民主党派、各人民团体、各社会贤达迅速召开政治协商会议,讨论并

---

[1]《李宗仁回忆录》,(香港)南粤出版社1987年2月版,第583页。
[2] 蒋介石日记,1948年4月29日。

李宗仁　　　　　　孙科

实现召集人民代表大会、成立联合政府。"[1]这以后,李济深、何香凝、柳亚子、沈钧儒、章伯钧、史良、郭沫若、茅盾、马叙伦、陈嘉庚、许德珩等相继北上解放区,讨论成立民主联合政府等问题。人民民主统一战线进一步巩固和扩大。

新中国的诞生,已经呼之欲出了。

再讲军事。

1948年以来,人民解放军先后发动四平街战役、宜川战役、临汾战役、洛阳战役、胶济西段和中段战役、察南绥东战役、西府陇东战役、宛西战役、出击冀热察战役、津浦路中段战役、兖州战役等后,从这年6月17日起又发动豫东战役。

这些战役中,规模最大的作战发生在华东战场。

人民解放军的华东野战军,是解放战争初期由陈毅统率的山东野战军和粟裕统率的华中野战军合编组成的。这两支部队原来

---

[1]《中共中央文件选集》第17册,中共中央党校出版社1992年10月版,第145、146页。

主要属于抗战时期的新四军。他们在宿北战役和鲁南战役中已合力作战。1947年1月下旬至2月上旬，两部正式统一整编，由陈毅任司令员兼政治委员、粟裕任副司令员、谭震林任副政治委员，下辖九个步兵纵队（相当于军）和新组建的特种兵纵队，共二十七万人，在山东解放区执行内线作战。后来，又组建两个纵队，在苏中、苏北敌后坚持斗争。

顺便讲到，华东、中原、东北野战军初建时，在序列中都没有第五纵队，粗看似乎令人费解。那是因为20世纪30年代西班牙内战时，德意法西斯支持的叛军向西班牙首都马德里进攻。叛军将领扬言：除了有四个纵队进攻外，还有第五个纵队正潜伏在马德里内部，可以里应外合。这句话当时流传很广，给人印象很深，"第五纵队"便成了内奸的代名词，人们不愿使用。这种状况到稍后才改变。

三大决战前，华东野战军在各个战场上是歼灭国民党军队人数最多的一支部队，其中包括孟良崮战役中歼灭号称国民党政府"御林军"的整编第七十四师，对整个战局发展产生重大影响，挫败了国民党军对山东解放区的重点进攻。

刘邓大军千里跃进大别山后，华东野战军分为两部分：大部队系由陈毅、粟裕率领的步兵六个纵队和特种兵纵队，并指挥晋冀鲁豫野战军（后改名中原野战军）第十一纵队，从鲁西南地区南下，在豫皖苏地区实施战略展开，打开同刘邓大军会合的通道，准备和中原野战军打成一片，称为外线兵团，也称西线兵团；另一部分系由许世友、谭震林率领的四个纵队，在山东解放区坚持内线作战，称为内线兵团，也称东线兵团。

本来，毛泽东和中共中央军委曾考虑由粟裕率领三个纵队渡过长江南下,"将战争引向长江以南",并要粟裕"熟筹尽复"。这是一个大行动。粟裕根据当时方方面面的实际情况,经过反复慎重考虑后提出暂缓渡江南下、在中原打大歼灭战的意见。毛泽东在河北阜平县城南庄主持召开中共中央书记处扩大会议,详细听取粟裕的报告,经过充分讨论,接受他的意见,改变了原定的作战方案。这次会议还宣布陈毅到中原地区工作,由粟裕担任华东野战军代司令兼代政委。

粟裕认为在中原淮海地区打大歼灭战的条件正在成熟。他在回忆录中分析道:"这是因为:第一,中原地区广阔,有三条铁路干线和一些大中城市,敌人都需要防守,包袱背得很多很重。敌人虽然在这个地区集结了重兵,但需要较多的兵力担负防守任务,因而机动兵力就相对地少了。如果我军在这一地区积极行动,必能调动敌人,为我军歼敌于运动之中创造战机。第二,中原黄淮地区地势平坦,交通发达,固然便于敌人互相支援,但也有利于我军实施广泛的机动作战,尤其是在铁路和公路被我破坏的情况下,敌人重装备的机动将受到很大限制。我军则可以充分发挥徒步行军能力强的长处,迅速集中兵力,从四面八方分进合击敌人,实现战役上的速战速决。第三,中原黄淮地区虽属外线,但背靠山东和晋冀鲁豫老解放区,可以及时得到大批人力物力的支援,特别是可以较好地保障伤病员的安置和治疗。同时,我军挺进外线作战已有数月,已经渡过最困难的时期,已逐渐适应并掌握了外线作战的规律。第四,经过我三路大军挺进中原后的艰苦斗争,新解放区党的工作和政权工作已有初步基础,军民关系逐渐密切,已有一定的支援战争的力量。所有这些,都是我军在中原淮海地区扩大歼灭战的有利条件。"[1]

毛泽东和中共中央军委原来对南线作战的主要目标是想在鲁西南地区调动邱清泉兵团（整编第五军）于运动中歼灭之，但仍采取十分审慎的态度。6月3日，毛泽东为中共中央军委起草给粟裕等的电报说："在整个中原形势下，打运动战的机会是很多的。但要有耐心，要多方调动敌人，方能创造机会。"[2] 5日，粟裕向中央报告：第五军"较密集不易分割"，"以现有兵力现地进入战斗，歼敌一二个旅尚可，惟无打援力量"。[3] 15日，蒋介石在日记中写道："鲁西匪部以全力包围我第五军之态势已成，亟谋制胜之道。手令胡琏率第十八军由驻马店向商丘急进增援邱军也。"[4]

是不是仍按原定计划先打第五军？毛泽东、中共中央军委和在前方指挥作战的粟裕等进行了认真研究。整编第五军是蒋介石在关内剩下的两大主力之一，是杜聿明的起家部队，是中国第一支机械化部队。它的战斗素质虽不如整编第七十四师和整编第十一师，但装备并不差，人数也比这两师多，炮兵火力的运动和步炮协同动作较好，不贸然行动。来援的整编第十八军（即后来的黄维兵团）是以整编第十一师为主力的。而解放军主力尚未集中，粟裕手中掌握的只有五个纵队，歼灭整编第五军至少需要四个纵队。豫东是一片平原的四战之地，交通便利，国民党军很快可以来援，以余下的一个纵队来阻击打援显然是不够的。战场情

---

[1]《粟裕战争回忆录》，解放军出版社1988年11月版，第537、538页。
[2]《毛泽东军事文集》第4卷，第489页。
[3]《粟裕文选》第2卷，军事科学出版社2004年9月版，第486页。
[4] 蒋介石日记，1948年6月15日。

况表明：打第五军的条件尚未成熟，而打开封的时机已经到来。同日，粟裕向军委提出"先打开封、后歼援敌"的作战方案。毛泽东和中央军委及时调整了作战部署，当天答复："此次战役目的，只在歼灭七十五师，不要企图打五军，待七十五师歼灭后再作打别部之部署。"[1] 17日晨，中央军委又来电指出："这是目前情况下的正确方针"，"情况紧张时独立处置，不必请示"。[2] 这和蒋介石对前线作战中的细节动辄直接干预的做法，显然是不同的。

开封当时是河南省省会，社会影响大，政治军事地位重要。国民党守军有三万多人，但战斗力不强；处境孤立，援军主力集团在距开封一百公里以外；四郊地势平坦，城内低洼，无险可守。6月17日晨，华东野战军两个纵队经一夜隐蔽急进，突然出现在开封城下，发起猛烈攻击。22日，全歼守军，攻克开封。

这次战役完全出乎蒋介石意料。国民党政府上层人士中的豫籍人士受到极大震动。蒋介石日记中载："河南在京之立监各委九十余人昨夜在官邸卫兵所请愿，哭泣无状，至深夜一时后方劝散，并称今日仍欲来请愿。此种人士无智无能，可怜可叹。"[3] 解放军围攻期间，蒋介石亲自飞临开封上空督战，一面命令空军大力配合地面守军作战，一面严令多路国民党军队增援开封，但都为时已晚。开封的战略地位自然不如济南、太原等重要，但它是解放军在关内攻克的第一座省会，政治影响很大，国民党集团内

---

[1]《毛泽东军事文集》第4卷，第482页。
[2]《粟裕战争回忆录》，第551页。
[3] 蒋介石日记，1948年6月21日。

粟裕视察前线

部(特别是河南省籍人士)一片哗然,使蒋介石十分难堪。对解放军来说,这又是一次成功的城市攻坚战,丰富了攻城经验。

豫东战役包括开封战役和睢杞战役两个阶段。解放军攻克开封后,蒋介石命令邱清泉兵团、第四绥靖区刘汝明部和区寿年兵团(包括原来准备先歼的整编第七十五师)兼程急进,多路逼近开封。华东野战军立刻下决心改攻城阻援为弃城打援,放弃开封,以突然行动包围来援的区寿年兵团。区寿年兵团被围后,蒋介石致电区寿年转两师长:"此次中原决战,实为我党国存亡成败最大之关键,亦为聚歼狡匪惟一之良机。弟等连日苦战,悬念之至。前昨两日已手令各路援军兼程驰进,计程今晚当可会师夹击,达成任务矣。望弟鼓励全军,再接再厉,誓死奋斗,完成此次中原光荣最大之胜利。"[1] 他的这些豪言壮语,最后都成了无法兑现的自我讽刺。

7月2日,蒋介石又乘飞机亲临河南杞县上空督战,严令邱清泉迅速攻击前进,援救区兵团。又写信给邱称:"两日来连电

---

[1] 秦孝仪总编纂:蒋介石《大事长编初稿》卷7(上册),第104页。

令弟全力东进增援，而弟违令迟滞，视友军危急不援，以致遭此莫大之损失。得报，五中惨裂，不知所止！""如此次中原作战失败，则国家前途不堪设想！而此责任吾弟率领第五军负之，以弟部不惟为中原之主力军，而且为全国各军中之主力也。因未能在战场上空与弟通话，故在徐州停机，写此一函空投，以期吾弟能负重责，挽回全局。"[1]焦虑之情，跃然纸上。就在这一天，区寿年兵团被解放军全歼。当天蒋介石在日记中写道："至此，不能不叹军事前途之悲惨黯淡矣。"[2]接着，解放军又激战三天，沉重打击了赶来增援而立足未定的黄百韬兵团。

豫东战役历时二十天。人民解放军直接参战的部队约二十万人，国民党军队约二十五万人。解放军以伤亡三万三千余人的代价，共歼国民党军队九万四千余人，这是一个很大的胜利。粟裕写道："豫东之战，是我军在外线战场上进行的一次大规模的攻城打援战役。在这次战役中，我军大大发展了攻防作战能力，歼敌数量由过去一次战役歼灭一个整编师，增加到两个整编师以上的集团，对被围歼的敌人已可形成火力优势，协同作战的范围和规模，持续作战的时间和能力，战斗剧烈的程度，都超过华野以往进行的各次战役，充分体现出强大野战兵团的威力。"[3]这次战役使华东战场上双方的力量对比发生了重要变化，为下一步淮海战役的胜利创造了有利条件。

南京国防部在战后的一份报告中写道："此次豫东会战，匪军

---

[1]《叶飞回忆录》，解放军出版社1988年11月版，第506页。
[2] 蒋介石日记，1948年7月2日。
[3]《粟裕战争回忆录》，第571页。

被俘的第十五绥靖区
司令官康泽

所表现特异三点：一、敢集中主力作大规模之会战决战；二、敢攻袭大据点，如开封、兖州、襄樊等；三、对战场要点敢作顽强固守，反复争夺，如桃林岗、许岗、董店等。以上诸端，在在足证匪军之战力逐渐强大，吾人应作加深一层之认识与努力者也。"[1]

这份报告中提到解放军敢攻袭的大据点中包括襄樊，指的是豫东战役还没有结束，中原野战军又在7月上旬，远距离奔袭鄂北的襄（阳）樊（城）地区。驻守这个地区的国民党政府第十五绥靖区司令官康泽是黄埔一期生，被称为蒋介石的"十三太保"之一，曾担任过复兴社书记长、三青团组织处长，深得蒋介石特殊信任。蒋介石在9日致电康泽："闻襄樊被围，无任系念。""望弟苦守待援，并为我代慰全体军民为要。"[2] 16日，解放军攻克襄阳，康泽被俘。这件事给蒋介石精神上的打击很大。他在日记中写道："匪广播康泽被俘，此消息余仍不敢信以为真。

---

[1] 南京政府国防部三厅：《中原会战战斗经过及检讨》，转引自刘统《中国的1948年：两种命运的决战》，生活·读书·新知三联书店2006年1月版，第262页。
[2] 秦孝仪总编纂：蒋介石《大事长编初稿》卷7（上册），第108页。

如康果被俘受辱，而不能自戕，则我国军将领与党员真无志气、忘廉耻，而其个人之利害荣辱更不待言。故余决不以为真也。"[1]但他"决不以为真"的却是事实。此次战役，解放军共歼灭国民党军队二万余人。

到1948年秋季时，解放军在军事上完全取得了主动权，忽东忽西，蒋介石完全陷于被动挨打的局面，不仅再也发动不起一场像样的攻势，而且弄不清解放军的作战意图，穷于应付。国民党军大量有生力量被消灭后，许多部队是遭受击溃以至歼灭后重建的，战斗力大不如前。双方力量悬殊情况已有重大改变。解放军还切断了多处重要交通线，使国民党军队控制的不少重要据点陷于孤立，而使不少原来被分割的解放区连成一片。这些，都为解放军即将发动的三大战略决战准备了重要条件。

战争局势这样发展，一次又一次使蒋介石震惊，而又束手无策。这年初，宜川战役后，他在日记中写道："宜川石村刘戡军之失败，刘军长与严师长皆尽职阵亡，殊为不测之大祸。""今晨四时初醒，甚觉西北危机之大，将领腐败无能，前途黯淡，环境险恶，辗转不能成寐。"[2]以后，他在日记中一再写道："本日对匪扩大窜扰地区，我军兵力不足，防不胜防，彼剿此窜，颇难为计，乃以暂取守势、沉机观变之法，加以深虑。""共匪狡诈打圈，诚令人苦闷不堪，其惟以静制动乎。"[3]他这时也深感"兵力不足"了。

---

[1] 蒋介石日记，1948年7月17日，"上星期反省录"。

[2] 蒋介石日记，1948年3月6日，"上星期反省录"；蒋介石日记，1948年3月7日。

[3] 蒋介石日记，1948年2月11日，5月28日。

尽管如此，蒋介石是个一味崇尚实力的人。到1948年7月，国民党军队尚有三百六十五万人，解放军总数近二百八十万人。拿土地和人口来说，国民党统治区还占全国土地面积的四分之三以上，人口近三分之二；而解放区的面积不足全国的四分之一，人口稍超过三分之一。[1] 拿蒋介石最精锐的全部美械装备的主力来看，除整编第七十四师已在孟良崮战役中覆灭外，原驻印军的新一军和新六军仍在东北战场，第五军和第十八军仍在华东和中原战场。蒋介石自认为在许多方面仍享有优势。豫东战役时，他在日记中先是慨叹："昨晡以开封龙亭等据点尽陷，忧惶不置。""甚叹上帝何以必欲使余受此试炼耶。"接着立刻又写道："但余决不因此失望，更不因此丧胆，如余果作最后牺牲之准备，则一切处置与计划无所用其忧惧。而况乎今日军事之基本实力尚未动摇而且大有作为，自信其必蒙天佑，且有转败为胜、转危为安之一日也，何忧何惧？"[2]

三大战略决战已经一步步逼近，蒋介石既不知己，又不知彼，只相信"军事之基本实力尚未动摇""必蒙天佑"，它的结果在一定程度上早可预卜。

国共双方的两次重要会议

当时局发展到这样的重要关头，如何认识当前形势，需要作出怎样的应对决策，成为摆在国共两党面前等待回答的问题。两

---

[1]《周恩来军事文选》第3卷，人民出版社1997年11月版，第425、426页。
[2] 蒋介石日记，1948年6月22日。

顾祝同

党分别在八九月间隆重召开会议，进行研究。

蒋介石决定召开的是"三年来戡乱检讨会"。这次会议开得郑重其事：先由国防部有关厅局开了十一天预备会，就军政和军令两个方面展开讨论，准备意见。8月3日，检讨会在南京国防部大礼堂开始，开了五天。参加会议的除3月底刚从美国归国、接任国防部长的何应钦，参谋总长顾祝同及所属各次长、厅长外，还有各"剿匪总司令部"、绥靖公署参谋长，各军军长和参谋长等。白崇禧、徐永昌、汤恩伯、杜聿明、宋希濂、黄百韬等也出席了，会议显得十分隆重。蒋介石每天到会并讲话，足见他对这次会议十分重视。

此时此刻，举行如此隆重的军事会议，理应作出重大的战略决策。奇怪的是，事实上却没有。

会议前一天，国民党召开中央政治会议。刚就任国防部长两个月的何应钦在会上就指责蒋介石越级指挥和独揽人事权力，使会议气氛紧张起来。蒋介石在当天日记中愤激地写道："敬之

（引者注：即何应钦）又在政治会议中特提指挥军队未经过其国防部转行手续，并称人事团长以上皆由总统决定，不经过评判会手续，以军事失败责任，彼全推诿而归总统一人负之，并有鼓动委员提议军事指挥与人事职权重新决定移转于国防部长执掌之议。此诚可痛可叹之事。彼不知负责，不知立信，而反乘此时局严重、人心傍偟之时，竟有此意，是诚万料所不及也。"[1] 长期小心翼翼伺候蒋介石的何应钦回国不久，竟敢在中央政治会议批评蒋介石，这事确实非同小可，说明风向确实有些变了。会议还没有开，高层内部已闹成这样，可以说是不祥之兆。

会议第一天，蒋介石致题为《改造官兵心理，加强精神武装》的开会词。他一开始就讲：两年来军事的整个局势"无可讳言的是处处受制、着着失败"。原因在哪里？整篇讲话没有对战局作任何具体分析，只是训斥高级将领精神颓废、信心动摇、天天只是朝着失败的方向去着想。他说："我的心理与精神，完全是与这些失败主义者相反的。今日在我的心目中只想怎样去增加各地的援军，巩固各地的防务，扩展各地的防区，肃清各地的散匪，而从不想到会有失守的时候。我的革命观念是只有成功没有失败的，我以为专从失败方面着想，不是一般官兵应有的心理！尤其不是我们一般将领应有的心理。""所以我认为今后我们要振作军心，提高士气，唯一要务就是要我们高级将领恢复革命的自信心，加强我们精神的武装。""我相信大家今天听了我这一篇沉痛的训斥，一定能够激发良知，痛切悔改，将平时一切精神心理生活行动，在会议中间详尽检讨，切实改正。如此，大家一转眼

---

[1] 蒋介石日记，1948年8月2日。

徐永昌

黄百韬

之间，即可使剿匪军事转危为安，转败为胜，那么我们这次军事检讨会议，就是今后剿匪成功的关键，而各级将领的功业，自可以永垂不朽了。"[1]这番讲话，没有解决什么实际问题，简直如同梦呓。

第二天起，由黄百韬等将领报告近期几次战役的经过，由蒋介石作讲评。参加这次会议的徐永昌在8月4日的日记中写道："蒋先生讲：共党哲学可以十六个字包括，即阴险暴戾，深刻精到，机警疑忌，严密笃实。对此，吾人应以其矛而攻其盾。今日诚为一思想之战。彼所持者不能久，久则必败。吾人之过失在知而不行。今后应即知即做，须知明日即迟。末讲官兵如能将操典纲领十五条切实做到，何愁乱之不平。因规定：军队每月须讲解此十五条一次。"[2]以后两天内，他又讲到伤兵医院、兵额饷项、将

[1] 秦孝仪主编：蒋介石《思想言论总集》卷22，第487、488、489页。
[2] 《徐永昌日记》第9册，（台北）"中研院"近代史研究所1990年6月影印本，第101页。

领不睦、前方部队携带眷属等问题。这些在与会者听来，大多是空话或枝节问题，不能实现作战指导。会议闭幕那天，蒋介石自己在日记中写道："下午又对军会训示一小时余，自觉言多重复，与言之不能贯澈，反令听者失望失信为虑。"[1]五天的军事检讨会议就这样结束了。

这次会议没有作出什么重要战略决策。这看起来有些不可思议，却是事实。参加这次会议的国防部第三厅（负责作战）厅长郭汝瑰在回忆录中写道："这次会议名为检讨会议，实际上是以蒋介石向将领们打气为重点。对各次主要战役很少从战略、战役法、战术、战斗法则各方面去找经验教训。"他又写道："我翻阅旧日记，并认真回忆，无论是在这次准备时间，或正式会议期间，并没有对各战场作重要指导。这期间蒋介石于7月25日赴莫干山，月底才返南京。8月3日正式开会，7日闭幕，9日蒋介石即去庐山，中间并无重大决策。"[2]他在会议闭幕那天的日记中有这样的话："此次检讨会目的不明，准备不周，秘书处未能发生综合作用，所以毫无头绪。余总觉总统枝节指示，大家亦即枝节追随，所以乱得很。"[3]

其实，蒋介石自己也明白，这次会议没有解决什么问题。他在会议结束后的日记中写道："军事检讨会议连开五日，每日亲自出席训示。在此百孔千疮、诽谤丛集、侮辱重重、忧愤频乘，又目见高级将领何、白等不惜毁损统帅、以求自全，而并无一

---

[1]蒋介石日记，1948年8月7日。
[2]《郭汝瑰回忆录》，四川人民出版社1987年9月版，第295、297页。
[3]郭汝瑰日记，打印本，1948年8月7日。

人出于至诚表示拥护,以纠正目前自私自保之颓风也,思之可痛。""对军会自觉已尽其心力,期其有效,甚恐听者藐藐,未能感动于中。只有但问耕种、不问收获之喻,借以自慰耳。"[1]

　　这就是蒋介石在战略决战前夜召开的军事会议的真实情况。在这样严重的历史时刻,郑重其事地召开的军事会议竟开成这样,会后与会者对下一步应该怎样看和怎样做,都不清楚。它的后果可想而知。

　　会后,何应钦发表告全国官兵书,讲的还是"希望我全体官兵,振作精神,再接再厉,以歼灭共匪的主力,来庆祝抗战胜利三周年纪念日,并争取剿匪戡乱战争的胜利"这样一篇空话[2]。国民党军统帅部就是这样迎来战略决战的,正是其末日降临时的征兆。

　　一个月后的9月8日至13日,中共中央在西柏坡召开政治局会议。会前,也开了十一天的预备会议。华北、华东、中原、西北的党和军队的主要负责人参加了会议。这是中共中央撤出延安后举行的第一次政治局会议,是抗日战争结束后到会人数最多的一次中央会议,是新中国诞生前一次重要的决策会议。会议充满夺取全国解放战争、准备创建新中国的蓬勃朝气,对下一步的军事计划、各方面的政策措施和需要注意的问题作出明确规定,同南京政府那次日暮途穷、一筹莫展的会议形成鲜明对照。

　　毛泽东在会议开幕时作报告。尽管三大战略决战还没有进行,但他对决战必将胜利、新中国的诞生为期不远,已确信无

---

[1] 蒋介石日记,1948年8月7日,"上星期反省录"。
[2] 《何应钦将军九五纪事长编》(下),(台北)黎明文化事业公司1984年4月版,第973页。

疑。这次会议着重讨论：将要建立的新中国应该是怎样一个国家，要对未来的新中国初步勾画出一个大致轮廓。毛泽东、刘少奇等对这些都作了详细的阐述。对战略方针，毛泽东在报告中说："我们的战略方针是打倒国民党，战略任务是军队向前进，生产长一寸，加强纪律性，由游击战争过渡到正规战争，建军五百万，歼敌正规军五百个旅，五年左右根本上打倒国民党。军队向前进，就要生产长一寸，不这样就没有饭吃。又必须加强纪律性，作战方式要逐渐正规化。这是方针。""至于夺取城市，扩大解放区的人口和面积，我们历来不提，因为把敌人消灭了，城市也来了，解放区也扩大了，人口也增加了。过去两年歼敌二百个旅，我们就得到了四平、吉林、运城、临汾、延安、潍县、洛阳等城市。"[1]

兼任人民解放军代总参谋长的周恩来，在会上作了解放战争第三年军事计划的专题发言。他提出："应准备若干次带决定性的大的会战。""今后仍力争在运动中消灭敌人，但攻坚战则可能增多。""攻坚与野战之互相结合。攻坚，敌必来援，就造成野战的机会。""这就使战争的计划性更增加了。从游击战到运动战、正规战，必须要求部队教育、政治工作及各种制度规章的建立。"他说：在第三年的作战计划中，全国的重心在中原，北线的重心在北宁线，各战场上的战役协同增加了。他在谈加强战争计划性时，特别点出中原和北宁线，预示着辽沈战役和淮海战役即将开始。为了加强作战的集中指挥，他提出了人民解放军要"统一建制"。"军事组织逐渐走向更加正规化、

---

[1]《毛泽东文集》第5卷，第133、135页。

毛泽东与周恩来在西柏坡

集中化,这就可使第三年的战略任务计划实现得更好。"[1]会议讨论并通过了周恩来主持下中央军委制定的《人民解放军战争第三年军事计划》。

根据"军事组织逐渐走向更加正规化、集中化"的要求,《人民解放军战争第三年军事计划》确定要"充实野战部队,增建特种兵部队,整顿地方部队,精简后方机关"。野战部队设野战军、野战兵团、纵队(独立师)、师(旅),实行"三三制"。当时有五个大军区、四个野战军(西北、中原、华东、东北),九个兵团,五十一个步兵纵队,一百六十八个师(旅),特种部队六十四个团,地方部队二百五十个团。野战部队的番号,由中央军委统一编排;纵队和师按西北、中原、华东、东北、华北的次序排列。特种兵部队,主要是建立炮兵,首先是建立各纵队的炮兵团、营;其次视条件许可,逐渐建立各纵队的工兵营、连。地方部队分为作战部队和警备部队。

---

[1] 周恩来在中共中央政治局会议上的发言记录,1948年9月13日。

会议强调要加强纪律性，克服无纪律无政府状态，并通过《中共中央关于各中央局、分局、军区、军委分会及前委向中央请示报告的制度》。

　　这次会议期间，毛泽东还为中共中央军委起草并发出了关于济南战役的目的和兵力部署的电报。

　　不久，周恩来在9月30日的一次报告中说："我们的战术是找一切可能的机会打他们。他们的部队在运动中分开了，我们就消灭其中的一部，我们采取的是'消灭战术'。蒋介石的参谋总长对此有个说法：跟共产党打仗只要不被消灭就叫胜利。这样还能打仗？""那么今后将打出一个什么样的新局面来呢？先拿地域来说，今后要在现有的面积上再发展一倍，达到占全国面积的二分之一。"他特别强调："打仗要靠士气，蒋军现在的士气比过去差远了，一天天地在消沉。""蒋介石目前的处境，我们赠送他四个字：'众叛亲离'。众叛，就是人民大众一致反对他；亲离，就是统治阶级、身边亲信也不相信他。他在政治上到了这样一个众叛亲离的地步，还怎么能维持天下呢？蒋家王朝现在已坐在刀尖上了。"[1]

　　人民解放军在厉兵秣马地准备发动战略决战，争取更大的胜利，一切都在有计划地紧张准备着。而蒋介石在很长时间内对将要到来的大变动却懵然无知，看到的只是战场上一个一个起起伏伏的现象。他在8月底日记的"上月反省录"中写道："本月份军事稳定，各战区无甚变化，惟陕北卅六师损失半数，殊为遗憾。其他经济、教育、政治较有进步，其乃国家转危为安之一月

---

[1]《周恩来军事文选》第3卷，第457、459、466、469页。

乎。"[1]三天后，他在日记中又写道："一俟经济改革有效，立即全力从事于军事，以期有济于党国矣。"[2]一场轰轰烈烈的大决战没有几天就要打响了，蒋介石却以为"军事稳定，各战区无甚变化"，想先集中力量处理已使他焦头烂额的经济问题，特别是以发行金圆券为标志的"币制改革"，下一步再"全力从事于军事"。从双方军事统帅部状况的这种巨大反差，我们相当程度上可以想象到这场战略决战的最后结局。

---

[1] 蒋介石日记，1948年8月31日，"上月反省录"。
[2] 蒋介石日记，1948年9月3日。

第三章　决战前奏：济南战役

决战序幕的揭开

战略决战的序幕，是从山东战场的济南战役揭开的。

为什么这样说？不仅因为这是解放军第一次对国民党军重兵守备并具有坚固工事的据点进行的大规模攻坚战，济南战役和辽沈战役几乎同时进行，济南战役结束与辽沈战役开始只相差十二天。更重要的是，济南战役的胜利把国民党军队主力所在的东北、华北集团同徐海集团之间的联系远远割开，使它们再也无法直接联系，无法成为可以互相呼应和配合作战的整体。这就为人民解放军辽沈、淮海、平津三大战役的依次展开、夺取全局胜利创造了重要前提。

济南是山东省省会。山东人口众多，物产丰饶。它北接河北，南连徐海，津浦铁路贯穿其间，是南北交通的枢纽。山东境内的胶济铁路横贯东西，连接济南和青岛两大城市。这里确实是华东的战略要地。

抗日战争胜利时，国民党当局倚仗"受降"的名义，从日本侵略军手中接收了山东的重要城镇和主要交通线。但广大农村和许多小城镇，仍处于在山东坚持抗战的解放军手中。蒋介石发动全面内战后，山东在很长时间内成为双方战斗最激烈的地区。解放军先后在莱芜战役和孟良崮战役中，歼灭国民党军第二绥靖区副司令官李仙洲率领的三个军五万六千多人和国民党军五大主力之一、号称"御林军"的整编第七十四师等三万两千多人。其中，孟良崮战役引起的震动更大。该师一个原营长说："如果七十四师被歼灭了，就没有任何部队能抵抗解放军了。"[1]而国民党军对胶东地区等也发动过一些局部性进攻。双方在一定程度上曾处于相持状态。

国民党军在山东的指挥官是山东省政府主席兼第二绥靖区司令官王耀武。他是黄埔军校三期生，受到蒋介石的特殊器重，1939年就担任第七十四军（整编第七十四师的前身）军长。1944年，升任第二十四集团军总司令。1945年，盟军准备在中国大陆向日军发动反攻，在中国陆军总司令何应钦直接领导下设立了四个方面军，以王耀武为第四方面军司令官，这样破格重用在黄埔生中也是少见的，还引起第二方面军司令官张发奎的极大不满，认为以自己的资望，怎么能和一个黄埔三期生同列！这也可以看出蒋介石对王耀武的重视。

对济南城，王耀武有过一段评论："济南是国民党军强固设防、重点防御的重要据点之一，筑有纵深坚固的永久性工事，储备有充足的弹药和物资，有十万以上的人担任守备。"[2]济南的对外交通也比较畅通。胶济铁路除东段一部分外都能通车。国民党当局在1947年12月12日宣布："津浦路济南浦口通车恢

---

[1]临沂行署出版办公室编：《孟良崮战役资料选》，山东人民出版社1980年6月版，第17页。

[2]王耀武：《济南战役的回忆》，《济南战役》，山东人民出版社1988年7月版，第538页。

王耀武

复。"但是,"人民解放军在各个主要战场上战略进攻的胜利,迫使国民党从山东战场先后调出整编第五十四师(欠仍留胶东的第三十六旅)和第九、第二十五师等部。到1948年3月初,山东境内剩下十三个整编师二十六个旅的兵力。依据分区防御的方针,重新划分了绥靖区"[1]。

解放军山东兵团司令员许世友回忆道:"1948年春,全国战场的形势发生了巨大变化。"他说:"记得去年夏秋之间……当时国民党军队依然能够在山东战场展开局部的战役性进攻。几个月后的今天,敌人则连一次像样的战役性进攻也组织不起来了。整个山东战场的敌人,在我军的严重打击下,从'重点进攻''全面防御'被迫转入'点线防御',以济南、兖州、潍县、青岛、烟台等城市为主,加强战略要点和交通线上的防御兵力和工事,固守津浦路中段、胶济路的济南到潍县段,以及青岛沿海

---

[1] 南京军区《第三野战军战史》编辑室:《中国人民解放军第三野战军战史》,解放军出版社1996年7月版,第213页。

一线。"[1]蒋介石只顾抢夺土地、城市、交通线而不顾有生力量消长所造成的顾此失彼、捉襟见肘的窘态，现在越来越清楚地显露出来了。

他们采取这样部署的战略意图是什么？许世友也有一段分析："敌人的意图很清楚，它是想凭借这些坚固设防城市和设防地带阻挡住我军攻势，以保持东北、华北集团与徐海集团的联系，支撑残局。"[2]从这里也可以清楚地看到济南战役和辽沈等三大战役之间的关系，可以明白为什么要把济南战役称为战略决战的序幕。

为了应对山东战场的局势，中共中央和毛泽东早有考虑和部署。当刘伯承、邓小平率晋冀鲁豫野战军主力千里挺进大别山时，他们在1947年8月初就决定原来主要在山东作战的华东野战军分为两部分：陈毅、粟裕率领七个纵队，并指挥晋冀鲁豫野战军一个纵队开往鲁西南（后转入豫皖苏地区），配合刘邓大军作战，称为西线兵团；许世友、谭震林指挥三个纵队和胶东军区部队，留在山东作战，称为东线兵团。10月10日，解放军总部发表毛泽东起草的《中国人民解放军宣言》，提出"打倒蒋介石，解放全中国"的口号。同一天，中共中央颁布《中国土地法大纲》，在解放区开展土地改革运动，把广大贫苦农民充分发动起来，这是取得全国解放战争胜利的重要基础。11月和12月，东线兵团在山东连续发动进攻，共歼灭国民党军队两万多人，先后收复高密、胶县、海阳、平度、莱阳等县城，扩大

---

[1] 许世友：《我在山东十六年》，山东人民出版社1981年7月版，第151页。
[2] 许世友：《我在山东十六年》，第152页。

了山东解放区。

　　1948年1月和2月，根据中共中央的统一部署，部队进行了两个月的休整。说是休整，并不是休息，而是开展了一场以"诉苦"（诉旧社会和反动派所给予劳动人民之苦）、"三查"（查阶级、查工作、查斗志）和"群众性练兵"运动为主要内容的"新式整军运动"。这是彭德怀首先在西北野战军中指导并开展起来的。毛泽东加以总结，并在全军普遍推广。运动是从诉苦开始的。解放军士兵大多出身于底层社会，曾经是挣扎在生死线上的贫苦农民，大多有一本深埋心中的血泪账，让他们倾吐出来，并引导他们论苦追根，追究苦从何来，就能大大提升他们的翻身觉悟和战斗激情。当时，部队中俘虏的原国民党士兵（这时称为"解放战士"）所占的比重越来越大。他们大多也出身于苦大仇深的贫苦农民家庭，不少是被"抓壮丁"抓来的，同样有一本血泪账，一经启发和引导，便发生根本变化，能够掉过头来向国民党军英勇作战。而练兵着重的是实战训练，特别是进行攻坚战的训练，并且采取官教兵、兵教官、兵教兵的做法。经过两个月的新式整军运动，部队和战士的精神焕然一新，作战能力显著提高。毛泽东为中共中央军委起草的致彭德怀电中写道："用诉苦及三查方法整训部队，发扬政治、经济、军事各项民主，收效极为宏大，故宜注意两个战役之间的必要整训。"[1]为什么部队在此后（包括战略决战）的作战中表现出如此旺盛饱满的战斗精神和作战能力，一个重要原因就在这里。

---

[1]《毛泽东军事文集》第4卷，第411页。

切断济南的对外交通线

但是,要取得济南战役的胜利,依然不是易事。

济南不是孤城。要进攻济南,首先需要切断它的对外铁路线,也就是胶济铁路和津浦铁路。相比起来,向南的津浦铁路中段比较难攻,国民党当局新建了一个第十绥靖区,兵力较强,而且同徐州直接相连,国民党军的援军较易开来。自以先攻胶济路为宜。

国民党军控制下的胶济铁路,又有以周村为中心的西段和以潍县为中心的中段之别。先从哪一段下手? 1948 年 3 月 1 日,当新式整军运动告一段落时,毛泽东立刻为中共中央军委起草发电:"许谭所部除留十三纵于胶东外,主力七九两纵配合渤海地方兵团,寅月上旬开始向胶济西段作战。"[1]这就很明确了:先打的是"胶济西段",时间是 3 月上旬。4 日,中共中央军委又电令第七、九、十二纵队为华东野战军第二兵团,许世友为司令员,谭震林为政治委员,亦称山东兵团。11 日,山东兵团发起胶济路西段战役。

看起来有些奇怪:为什么战役从分别驻有重兵的济南和胶济路中段之间的胶济路西段打起?历来重视"初战"的毛泽东这样选择是有道理的。毛泽东为山东兵团规定的作战目标和步骤是正确的。胶济路西段的国民党军比中段弱,虽有四万多人,但凡城必守,凡镇必防,兵力分散,整编第三十二师师部所在的周村,实际作战部队不足五个营。该师原是晋军商震的第三十二军,蒋

---

[1]《毛泽东军事文集》第 4 卷,第 409 页。

介石在抗战中期把部队拿过来，1947年调黄埔四期的周庆祥为整编第三十二师师长，同中下级军官都不熟悉，又因处于腹地，思想比较松懈。山东兵团主力经过夜行晓宿的七天强行军，远道奔袭，先夺张店，随即在3月12日清晨冒大雨直插周村。王耀武也感到意外，说："共军难道是从天上掉下来的吗？"[1]国民党军队遭到这样的突然打击，连对方的番号和实力也不清楚，顿时陷入混乱，士无斗志，有三万八千多人被歼。师长周庆祥潜逃（后被蒋介石枪决）。胶济路西段战役首战告捷。

毛泽东本已成竹在胸，在3月20日致电华东局、许谭并告粟："略作休息，进攻昌潍得手后休整半月，待命进攻津浦路济南徐州段。"[2]一切都经过清晰的计算：第一步（指胶济路西段战役）刚取得了胜利，立刻就提出第二步（"进攻昌潍"，即胶济路中段战役）和第三步（"津浦路济南徐州段"，即津浦路中段战役）。济南战役的准备就是按照这一程序有条不紊地进行的。

潍县是胶济铁路的中心点，是一个中等工业城市，城防坚固。在这个地区驻有国民党军整编第九十六军军长兼整编第四十五师师长陈金城所率四个团和六个保安团，还有当地很有影响的地主武装头目张天佐所部共四万七千余人，但孤悬鲁中，军心涣散，部队给养有赖空投补给。蒋介石亲电陈金城："务望坚

---

[1] 李鹏飞（国民党国防部二厅负责鲁中地区的上校指挥员）：《周村战斗前后》，《文史资料存稿选编·全面内战（中）》，中国文史出版社2002年8月版，第183页。

[2]《毛泽东军事文集》第4卷，第431页。

守阵地,并须多控制机动部队,以便夹攻,而竟全功。"[1]但空言丝毫无补实际,陈金城已无力"坚守",更无"机动部队"可言。陈金城只能借鉴胶济路西段兵力过于分散的教训,放弃不重要的据点,集中兵力作战。4月2日起,解放军山东兵团主力回师东进。许世友向部队说:"我们是第一次打这样坚固设防的城市,一定要作好充分的准备,英勇顽强,不怕牺牲,战必胜,攻必克,拔掉潍县这个硬钉子。"山东兵团以八十多门重炮猛烈轰击潍县县城,这些重型武器都是先后从国民党军队缴获的,同时挖掘坑道向城内推进。4月27日,战斗胜利结束。青岛、济南来的两路援军也被分别逐退。

这次战役历时一个多月,歼灭国民党军整编第四十五师主力和山东人民痛恨的地主武装张天佐等部共四万六千多人,俘获陈金城以下两万六千五百人,还铲除了潍县周围的数十个县、镇的反动地主武装,使胶东、渤海、鲁中三个解放区连成一片,也大大提高了部队攻坚作战的能力。

当解放军横扫胶济铁路西段和中段后,王耀武看到济南只剩下津浦铁路中段还能同徐州相连,一旦这段铁路被切断,济南顿成孤岛,必难挽救。于是在5月15日乘飞机到南京见蒋介石,建议放弃济南,将部队撤至兖州及其以南地区,同徐州一带主力连成一片。蒋介石十分不满,训斥道:"你不从大处着眼。对济南的问题,我曾考虑过。我们必须确保济南,不能放弃。"他讲了三条理由:"(一)济南是山东的省会和华东的战略要地,济南至徐州的铁路已修好通车。为了不让华东及华北的'匪区'打成一

---

[1] 陈金城:《潍县战役始末》,《文史资料存稿选编·全面内战(中)》,第206页。

片,不让他们掌握铁路交通的大动脉,必须守住济南。(二)为了不使驻在青岛的美国海军陷于孤立,也必须守住济南。否则,不但在政治上军事上于我们不利,且将影响美国对我们的援助。因此,无论华东战况如何变化,济南决不可放弃。(三)我们有空运大队,随时可以增派援军。在空军优势的条件下,济南并不孤立,没有后方也可以作战。"他还说:"济南如果被围攻,我当亲自督促主力部队迅速增援。只要你能守得住,援军必能及时到达,我有力量来解你们的围。打仗主要是打士气。鼓励士气,首先自己不要气馁。你要知道,我们的失败是失败于士气的低落。你们如不发奋努力,坚定意志,将死无葬身之地。"[1]王耀武此行,除得到蒋介石几句空洞的口头许诺外,只能垂头丧气地空手而回。

济南向外伸出的两条胳膊,一条是胶济铁路,一条是津浦铁路。胶济路的问题解决了,津浦路中段的问题就提到日程上来。5月7日,毛泽东为军委起草致许谭并华东局的电报,嘱山东兵团"准备于十九日或二十一日以后向津浦线行动","直向济南、徐州间选择某地攻击并打援,以协助粟裕兵团之作战"[2]。

津浦线中路在"济南、徐州间"最重要的城市是山东兖州。本来,山东全省的军事都由第二绥靖区司令官王耀武指挥。这时,蒋介石又设了一个驻兖州的第十绥靖区,以黄埔一期生、鲁籍的李玉堂为司令官。驻在兖州的军队主要是整编第十二军军长兼整编第十二师师长霍守义率领的原东北军,共两万八千人,保安团和土杂部队守备外围县城。

---

[1] 王耀武:《济南战役的回忆》,《济南战役》,第540页。
[2] 《毛泽东军事文集》第4卷,第461页。

解放军山东兵团南下后，首先扫清兖州外围的曲阜、泰安、新泰、泗水、蒙阴、莱芜、宁阳、邹县八个县城，控制了兖州南北一百五十公里的铁路线，在7月7日开始进攻兖州。霍守义回忆：这时"李玉堂接到蒋介石的命令，其要点是：'固守待援，以收牵制之效，俟南北援军到达后再出战，修复津浦中路段的交通。'"他又写道："李玉堂以为城郊既设阵地坚固可靠，四周地形平坦开阔，利守不利攻，同时城内还储存着大量的军粮和弹药，认为只要内部不出毛病，解放军是攻不下来的。"他又说："我当时的心情，可用两句话来概括：'对解放军估计过低，对自己估计过高。'首先我总认为解放军不会硬拼，对兖州只是牵制，其目的还是攻取济南。这样，兖州的防守只要能顶得住一定时间，就能转危为安。"[1]

7月12日，解放军向兖州发动总攻，以历来认为最难攻打的瓮门一带为主要突破口，并用大炮猛烈开火，炸毁城垣。第二天下午，守军士气已瓦解，纷纷向东南方向突围，被解放军预伏部队截住，全部被歼。李玉堂化装逃脱，霍守义被俘。蒋介石许诺的援军、济南派出的吴化文部一直行动迟缓，徐州派出的黄百韬一度到达滕县（今山东滕州），又因豫东战局吃紧而撤走。他们都远没有到达兖州。

这次战役，从扫清外围到攻城打援，共歼灭国民党军六万三千六百人，其中俘虏四万四千七百人，解放兖州地区的十二个县城，使山东腹地的根据地和鲁西南连成一片，又提高了

---

[1] 霍守义：《忆兖州战役》，《中华文史资料文库》第6卷，中国文史出版社1996年4月版，第745页。

解放军攻城作战的能力，而济南完全成为孤岛。整个山东局势已发生根本变化。

解放济南

条件已经成熟。7月14日，中共中央军委提出下一步攻占济南的初步设想。电文说："兖州已克，守敌全歼。许谭正准备歼灭援敌八十四师。此战如胜利，拟令许谭攻济南。如能在八、九两月攻克济南，则许谭全军（七纵、九纵、十三纵、渤纵、鲁纵）可于十月间南下，配合粟陈韦吉打几个大仗，争取于冬春夺取徐州。"[1]

"攻克济南"并不容易。它的艰难之处，不仅在于济南有重兵把守和强固防御工事、解放军还没有过攻占如此坚固设防的大城市的经验，更在于国民党在济南以南的徐州地区集中了兵力大得多的重兵集团，一旦济南被攻，势将大举北上来援。"蒋介石为了确保济南，特拟定了一个大规模的'会战计划'，即以第二绥靖区十一万人固守济南，以配置在徐州地区的三个兵团，约十七万人，随时北援，'内外夹击，打败共军'。"[2] 这两部分军队相加有三十八万人，而且包括几支精锐部队，是不可小看的力量。但蒋介石那时正狼狈不堪地全力对付经济危机，以上设想只是为了"有备无患"，并没有立刻作出切实的具体部署。

8月10日，华东野战军代司令员兼代政委粟裕等致电中共中

---

[1] 中央军委致中野、华野、华东局并彭张赵电，《济南战役》，第46页。
[2] 许世友：《我在山东十六年》，第185页。

央军委，提出对济南战役设想的三种作战方案，认为以执行"攻占济南与打援同时进行"的方针为最好，向军委请示。[1] 12日，毛泽东为中共中央军委起草复电："我们目前倾向于攻城打援分工协作，以达既攻克济南又歼灭一部分援敌之目的，即采取你们第二方案。"复电对"攻城"和"打援"如何"分工协作"的关系作了进一步阐述，即集中主力首先攻占济南，并以必要兵力阻击可能北援之敌。电文说："如果你们此次计划（注：指粟裕等设想中提到的第三方案）不是真打济南，而是置重点于打援，则在区兵团被歼、邱黄两兵团重创之后，援敌必然会采取（不会不采取）这种谨慎集结缓缓推进方法。到了那时，我军势必中途改变计划，将重点放在真打济南。这种中途改变计划，虽然没有什么很大的不好，但丧失了一部分时间，并让敌人推进了一段路程，可能给予战局以影响。"[2] 华东野战军立即按此进行行动的具体部署。

这样，把攻占济南作为华东战场当时打击重点，并把它的作战方案最后确定了下来。

美国驻华大使司徒雷登预感到解放军下一步的军事进攻目标是在山东境内。他在8月10日给国务卿的电报说："战争中共产党节节胜利。他们掌握着主动权，保持着攻势作战的全部优势。而政府军看来缺少作战意志和能力。投共消息时有所闻，但却未曾听过共产党投向政府军的说法。除少数分散的中心城市如北平、天津及若干交通线外，华北、西安以东和长江以北的绝大部分地区都被共产党所占据。共产党目前看来要肃清鲁境的残余国军，

---

[1]《粟裕文选》第2卷，第534、535页。
[2]《毛泽东军事文集》第4卷，第566、567页。

以作为向南对南京发动全面进攻或向平津地区发动全面进攻的序幕。"[1]而"要肃清鲁境的残余国军",主要目标自然就是攻占济南。

  蒋介石一向主张要"确保济南",也没有想到解放军能在很短时间内攻占济南。8月间,王耀武得悉解放军华东野战军主力纷纷北调山东,南京统帅部也探知原在山东地区的解放军加紧练习攻坚战术并积极备战,判断解放军有进攻济南的企图。一场空前规模的战役即将打响。南京统帅部这时指示"增强守备力量,确保济南,控制强有力的预备队,采取机动防御,加大围攻济南共军的死亡,削弱其力量,尔后再配合进剿兵团内外夹击,打败共军",并令徐州"剿总"副总司令杜聿明指挥黄百韬、邱清泉、李弥三个兵团北上,以解济南之围。[2]

  王耀武分析济南周围双方力量对比后,担心南京统帅部以上指令未必能可靠地实现,一再要求蒋介石空运部队增加济南防御力量。8月27日,蒋介石分电徐州"剿总"总司令刘峙和王耀武,着整编第八十三师从9月1日起空运济南,限十天内全部到达。但刘峙唯恐该师运济后,会减少他所在的徐州一带的兵力,要求缓运,得到蒋介石的同意,只运了一个旅到济南。9月14日,王耀武飞往南京,当面要求蒋介石将他过去带过、在被歼后又重建的整编第七十四师立即空运济南,称唯有如此固守济南才有可能。蒋介石也答应了,但解放军随即向济南发动总攻,猛烈炮轰机场,继续空运已无可能。

---

[1] [美]肯尼斯·雷、约翰·布鲁尔编,尤存、牛军译:《被遗忘的大使:司徒雷登驻华报告(1946—1949)》,江苏人民出版社1990年7月版,第241页。

[2] 王耀武:《济南战役的回忆》,《济南战役》,第546、547页。

刘峙

其实，大势所趋，即使再空运一个整编师去，难道就能改变济南战役的结局？但蒋介石对这一点一直懊悔不已。他在日记中写道："共匪围攻济南只有一日，东面坚强工事阵（地）竟为匪突破，西面机场亦被匪自齐河方面炮击，空运军队无法继续实施，情势危急，有岌岌不可保守之势。此乃对增兵济南之主张被国防部高级人员所转移，未能事先空运，以致临渴掘井，竟遭此厄。自觉不能专务军事，而幕僚又无定见定识，不胜愧悔之至。如果照当时判断，匪必攻济，作一切决战，此乃转败为胜之惟一良机，然已不及矣。惟今后赖上帝佑护，使我济南可保，不使大局崩溃则幸矣。"又写道："以余专事于经济之指导，而对于军事则反忽略。明知匪必进攻济南，早可准备一切，乃为幕僚与前方将领浅见者所尼阻，未能实施。乃至匪攻开始，而机场被匪炮击，因之无法空运，而且东面阵地已为匪突破，危急万状，此乃余自无决心，以至误事，至此能不愧怍？"[1]

---

[1] 蒋介石日记，1948年9月18日，"上星期反省录"。

他所说的"乃为幕僚与前方将领浅见者所尼阻"指的是谁？台湾出版的蒋介石《大事长编初稿》中指名道姓地说："旋为国防部次长刘斐所尼（注：尼，阻碍的意思），以为此时匪无攻取我大城市之企图。"[1]这大概是有意把事情都推到刘斐头上。事实上，蒋介石在几天后的日记中说得很清楚，阻挠的主要是顾祝同、刘峙、杜聿明，那都是他十分信任的嫡系高级将领。日记这样写道："前月底本已决定空运第八十三师于济增防，以期有备无患，且有建威消萌之意。孙子无恃其不来、恃其有所备也，而且明知匪之次一行动必攻济南，此皆当时预计所及，后为顾等高级幕僚与前方刘、杜等所尼，以为匪无攻取大城市之企图，不如多留一个师在徐州增强野战军实力，如匪果有攻济之企图，再事空运不晚也。余并想到临渴掘井，恐误战机；但卒为所部动摇。余之决心准其缓运，以致因小失大，能不悔愧？"[2]

蒋介石遭受挫折时总是责怪部下没有听他的话而说他自己早已想到了，这是一个很不好的习惯。他所说"明知匪之次一行动必攻济南"云云，不过是事后自我解嘲的话，但把它同前几篇日记联系起来不难看出：在军事形势大转折即将到来的关键时刻，蒋介石对整个局势根本没有清醒的正确的估量，还以为"战局稳定"，可以"专事于经济之指导，而对于军事则反忽略"；而在具体的作战指挥上又常是犹豫不决，摇摆不定，缺乏一个高明的军事统帅应有的雄才大略和坚毅决心。

---

[1] 秦孝仪总编纂：蒋介石《大事长编初稿》卷7（上），第136页。
[2] 蒋介石日记，1948年9月25日。

9月11日，毛泽东在九月会议期间为中共中央军委所写关于济南战役的电报中，却提出了一个经过深思熟虑的大胆主张："此次作战目的，主要是夺取济南，其次才是歼灭一部分援敌，但在手段上即在兵力部署上，却不应以多数兵力打济南。如果以多数兵力打济南，以少数兵力打援敌，则因援敌甚多，势必阻不住，不能歼其一部，因而不能取得攻济的必要时间，则攻济必不成功。"[1]

决心下了，作战的目的和兵力部署确定了，毛泽东就放手让在前方的粟裕、许世友等指挥作战，不轻加干预。根据毛泽东的决心和部署，9月16日，华东野战军决定以十四万人的兵力（包括由聂凤智、刘浩天和宋时轮、刘培善指挥的两个攻城集团），在许世友、谭震林指挥下，向济南发起全线总攻击，并以比攻城更多的兵力十八万人，由粟裕直接指挥，阻击从徐州北援的国民党重兵。

19日，蒋介石在日记中写道："本晨首先默祷敬卜济南战局之能保否。蒙上帝示我以'可保'，此心为之大慰。以上帝允我之恩许，未有不实现者也。今后只要努力督导陆空军增援而已。"[2]但局势的发展完全不是如蒋介石所预期的那样，守军守不住，援军攻不动，上帝也没有来保佑他。

就在蒋介石写那篇日记的同一天，占济南守军近一半的西守备区总指挥、整编第九十六军军长吴化文率部起义，撤离战场。吴化文部有两万多人原属冯玉祥的西北军，抗战时曾投敌，抗战

---

[1]《毛泽东军事文集》第5卷，第6页。
[2] 蒋介石日记，1948年9月19日。

胜利后由蒋介石收编。1946年7月，他到南京见到冯玉祥。冯对他说："我们西北军是杂牌军，要想法找个出路。"吴化文回山东后，同解放军鲁南军区有过接触。[1]以后，中国共产党多次派地下工作者同他联系。兖州被围时，蒋介石打电报给王耀武，要吴化文到兖解围，先头部队被解放军围歼，旅长被俘。这也使他感到打下去难逃灭亡的命运。党又派地下工作人员做他的工作，使他下了起义的决心。

这件事完全出乎王耀武的意料，使他精神上更完全丧失坚守的信心。"他分别致电蒋介石和徐州'剿总'总司令刘峙说：'吴化文部投共，济南腹背受敌，情况恶化，可否一举向北突围。'蒋介石回电，仍令其'将阵地缩短，坚守待援'。刘峙也电令'固守待援'。"[2]蒋介石和刘峙所许的援军在哪里？始终看不到。解放军攻城集团经过激烈的攻坚战，在9月24日攻克济南，俘获化装逃出济南城的王耀武。这次战役，打得干净利落，共歼守军十万八千多人。而在粟裕指挥下，华东野战军主力一直集结在兖州、邹县等地并筑有强固工事，使从徐州北援的国民党军不敢放手前进，行动缓慢。邱清泉兵团一天只走二十公里。李弥、黄百韬兵团还在集结中。直到济南解放，王耀武仍没有看见蒋介石、杜聿明一再许诺的北援部队的到来。

济南解放，战斗历时只有八天，对国民党军队的士气和信心，是十分沉重的打击，在社会上引起的反响也不小。《大公

---

[1] 林世英（吴化文夫人）：《我参与做吴化文思想转变工作的回忆》，《文史资料存稿选编·全面内战（中）》，第313页。

[2] 《粟裕战争回忆录》，第588页。

第三章 决战前奏:济南战役 77

济南战役中率部起义的整编第九十六军军长吴化文(右)

济南失守后,第二绥靖区司令官王耀武逃至寿光被解放军生俘

报》载二十六日电："山东、青岛旅京国代、立委暨各界旅京鲁青人士代表百余人今日上午九时结队赴国防部请愿，要求援济大军迅速前进。由顾参谋总长于大礼堂接见。顾氏首先说明济南战局之现态势，继即保继援济大军必按预定计划前进。顾氏旋因争离去。"[1] 其实，济南这时已经解放两天了。上海公开出版的《观察》写道："华东共军攻下济南，对全面战局影响是相当重大的。一则是华东共区与华北共区更加壮阔的连在一起，再则是渤海上的形势有了变化，青岛将被抛在背后。因此江南的京沪、华北的平津，都感受到相当的压力，使得苏鲁豫皖边境上的国军华东基地徐州，变成了一个前哨阵地，削弱了它向中原追击的机能。这个大变化和共军今后的动向是值得研究的。"[2] 连国民党的《中央日报》也不能不写道："济南不仅为山东省会，亦为津浦路上一大军略要地，当南北枢纽，自来为南北用兵所必争。""匪军打通山东匪区后势必东祸苏北，进窥徐州，或开封、蚌埠等地，作威胁京沪企图，这是我们不能不特别注意的。"[3]

济南的解放，对随后的三大战略决战都有重大的影响。《观察》上另一篇文章也写道："济南之失，除了影响关内战局，对于东北，关系尤大。山东不再是军事的输血管，华北不再是东北的后备军，此后的东北将道道地地的变成'孤岛'了。"[4] 它还使

---

[1]《济南情况转趋沉寂》，《大公报》，1948年9月27日，第2版。
[2]《观察》特约记者：《总统北巡与北方大局》，《观察》第5卷第8期，1948年10月16日。
[3]《战局大势》，《中央日报》，1948年9月28日，第7版。
[4] 季明：《鸡肋！鸡肋！》，《观察》第5卷第10期，1948年10月30日。

攻克济南

华东野战军南下投入淮海战役已无后顾之忧;又使国民党军的华北战场同华东、中原战场完全切割开,中间相隔着已连成一片的广大解放区,以后平津战役时,国民党在华北的几十万军队想要从陆路远途南撤几无可能。可以说,这是发动三大战略决战的必要准备。

陈诚把济南战役称为军事上的"一个转捩点"。他说:"在此以后,显然已成为江河日下之势,狂澜既倒,无可挽回矣。"[1]蒋介石在9月25日的日记中也写道:"三夜来未得安眠,而以昨夜为甚。本晨二时醒后,辗转不安,以济南失陷,对内对外关系太大,有损于政府威信莫甚,政局、外交、经济更为拮据,共匪必益猖獗,军事尤为劣势,自觉无颜立世矣。"[2]10月10日,他在"国庆致词"中说:"我在今年上半年宪政政府成立之时,曾经预计在十一月以前要肃清黄河以南的股匪,可是现在已经是十月,

---

[1]《陈诚先生回忆录——国共战争》,(台北)"国史馆"2005年8月版,第107页。
[2] 蒋介石日记,1948年9月25日。

不但黄河以南的股匪没有肃清，而且最近济南又被匪军攻陷，这是国家最大的不幸，也是个人感觉最愧疚的事情。"但他还要硬着头皮说："遭遇的困难愈多，成功的机会也就愈大。"[1]

---

[1]《国庆盛典蒋总统致词》，《大公报》，1948年10月11日，第2版。

第四章　辽沈战役

济南战役毕竟还只是战略决战的序幕。紧接着，辽沈战役、淮海战役、平津战役这三大战略决战便依次展开了。

这三次规模空前的战略决战，在战争史上有着一个十分罕见的特点：并不是等到人民解放军各方面都已取得优势的时候才发动。当时解放军的总兵力仍少于国民党，武器装备更存在较大差距。何况局势的发展还会遇到许多以往没有遇到过而缺乏经验的新问题，存在不少未知数和变数，谁都不能说已有百分之百的把握。叶剑英曾写道："为着继续大量地歼灭敌人，从根本上打倒国民党反动政府，人民解放军就必须攻击敌人坚固设防的大城市，必须同敌人的强大机动兵团作战。因此，敢不敢打我军从来没有打过的大仗，敢不敢攻克敌人的大城市，敢不敢歼灭敌军的强大集团，敢不敢夺取更大的胜利，已经成为我军当时战略决策上的重大问题。"[1] 敢于冲破以往长期习惯了的传统观念，根据变化着的情况，准备打这样前所未有的大仗，如果没有高度的智慧和勇气，这个决心确实极不容易下。

正因为这样，蒋介石万万没有料到解放军在此时就会下如此大的决心，实行战略决战。他仍犹豫不决，舍不得放弃东北，也

---

[1]《叶剑英军事文选》，解放军出版社1997年3月版，第458页。

舍不得放弃华北。

1948年3月初，驻华美军顾问团团长巴大维曾向蒋介石提出建议：将国民党军队撤出东北。蒋介石"对这种建议表示惊愕，声称：没有任何情势诱使他去考虑这样一个计划"。他还说，"政治上的考虑使他不能放弃长春，长春原为满洲的都城"，认为这在国内和国际上将会造成严重的不良影响。[1]他在4月9日《对国民大会施政报告》中说："现在大家看共匪的猖獗，就认为是军事的失败，其实这是一种错误的看法。要知道，国军剿匪真正的军事行动，乃是开始于去年四月的克复延安。""就东北来说：现在国军在东北所占的地区是缩小了，交通是被切断了，这是由于匪军在兵力上形成了优势。自从国军在东北作战以来，前后损失了将近八个师。但这几个师多是由保安部队临时编成的，因为训练太少，所以作战遭受损失。至于正规的国军，则并无重大损失。""我们今天要度德量力，不必要求作全面的控制，但必须守住几个重要的据点——如长春、沈阳和锦州——以象征我们国家力量的存在。这不是国军不肯牺牲，而是国际关系所不容许。至于国军在东北的基本力量，并无损失，更不能承认失败。"[2]可见，蒋介石把"守住长春、沈阳、锦州"，看作"以象征我们国家力量的存在"，对撤出这些城市，这时还不愿考虑，认为"是国际关系所不容许"。

可是，国民党军在东北的防守力量不足，增援困难，已成孤岛的长春及沈阳的粮食、弹药单靠空运来补给难以长期维持，如

---

[1]《中美关系资料汇编》第1辑，世界知识出版社1957年12月版，第366页。
[2] 秦孝仪主编：蒋介石《思想言论总集》卷22，第442、443页。

蒋介石（左）与卫立煌
（中）研究战略局势

何真正做到"守住长春、沈阳、锦州"，确也使蒋介石感到忧心如焚。5月初，他考虑过要沈阳地区的国民党军主力部队出击，打通锦沈路，移至锦州地区，以保存这支精锐实力，同关内连成一体。但这无异放弃东北，并置长春十万军队于不顾。正如时在东北野战军任兵团司令员的程子华所说：他"处于欲守无力、欲走难舍、犹豫观望、举棋不定的状态"[1]，这个决心他下不了。此时，东北"剿总"总司令卫立煌派参谋长赵家骧、第九兵团司令官廖耀湘、第六军军长罗友伦到南京陈说后，本来摇摆不定的蒋介石的想法又变了，表示还是固守目前态势，沈阳主力的撤出可以推迟一些时日。

7月中旬，蒋介石召集何应钦、顾祝同、卫立煌等研究东北战略方针。这次他不再说撤出沈阳主力，在日记中写道："余以

---

[1]《程子华回忆录》，解放军出版社1983年12月版，第310页。

为只要沈阳粮煤可以自给无虞,则不如准其固守待时,而不必急令其出击打通锦沈路也。只要沈阳能固守不失,整补战力,则东北共匪决不敢进扰华北,故决定坚守。而且世界大势必将变化,不如沉机待时也。"[1]

这是一个关键时刻。如果被困在东北的国民党精锐部队新一军、新六军等在这时撤至关内,甚至到南线同第五军、第十八军等精锐部队会合在一起,解放战争的发展将会增加许多困难。

毛泽东和中共中央认清,蒋介石这种举棋不定的状态可能稍纵即逝,必须果断地抓住时机,作出决断:着手准备主力会战。他们相信,只要指挥正确,充分发挥自己的优势,抓住对方的弱点,全力以赴,可以取得这场战略决战的胜利。

"慎重初战",是毛泽东历来的主张。他早就说过"第一个战斗的胜败给予极大的影响于全局,乃至一直影响到最后的一个战斗"[2]。

为什么三大战略决战选择从东北战场开始?原因至少有三点:

第一,当人民解放军还没有在全国各战场的军事力量对比上取得全面优势的时候,只有东北已经取得这种局部优势。虽然国民党军队此时在东北经过重新整编,还有十四个现代化军,加上地方保安部队,约五十五万人,而且包括战斗力很强的新一军、新六军在内,但长期困守孤城,军心涣散,补给困难,远不能同早前相比。而人民解放军的东北野战军已发展到有十二个步兵纵

---

[1] 蒋介石日记,1948年7月22日。
[2]《毛泽东选集》第1卷,第216、220页。

送子弟参军

队、一个炮兵纵队、一个铁道兵纵队、一个坦克团和十七个独立师,加上地方部队,达到一百零五万人,兵力在全国所有战场上是最大的。为什么东北人民解放军发展壮大得那么快?正如在东北作战的国民党将领罗友伦说:"那时共军所以能够壮大,主要是靠两句口号:'穷人翻身,分田参军。'"[1] 而且他们的武器装备较好(包括从国民党军队手中缴获的数量不少的美式武器),士气高昂。东北解放区已连成一片,拥有全东北百分之九十七以上的土地和百分之八十六以上的人口。土地改革和清剿土匪都已完成,政权巩固,经济全面发展,部队早已蓄势待发。

第二,国民党军队在东北境内人数虽多,但已被解放军有计划地分割于长春、沈阳、锦州三个孤立据点内,彼此间的交通线

---

[1]《罗友伦先生访问记录》,(台北)"中研院"近代史研究所1994年8月版,第64页。

已被割断。国民党军队和解放军不同，对后方交通线的依赖性极大，无论是武器弹药和粮食的补给，还是军队的调动，都得靠后方交通线特别是铁路线来维持。一旦后方补给线被切断，弹粮两缺，单靠少量空运，无异坐而待毙，难以持久。以大量重武器装备的精锐部队，在东北简陋交通条件下，离开铁路运输，是难以迅速移动的。蒋介石这时已在考虑将东北主力撤回关内，解放军必须趁蒋介石举棋不定之际，及时把它进一步分割，就地消灭。

第三，东北解放区三面邻接苏联、蒙古、朝鲜，没有后顾之忧，根据地又已巩固，一旦把境内的国民党军队消灭，百万大军便可长驱入关，使华北以至整个全国的军事局势改观。

机不可失。毛泽东离陕北赴西柏坡前，在1948年2月7日就致电东北野战军领导人林彪、罗荣桓、刘亚楼并中央工委的朱德、刘少奇，提出下一次作战方向：

> 究竟打何地之敌为好，依情况决定。但你们应准备对付敌军由东北向华北撤退之形势。蒋介石曾经考虑过全部撤退东北兵力至华北，后来又决定不撤。这主要是因为南线我军尚未渡过长江及北线我军尚未给蒋军以更大打击的原故。但最近你们已连续取得几次大胜仗，如果你们再有几次大胜仗，杨罗耿又出平绥、出冀东，南线我军又有积极行动，蒋军从东北撤退可能性就将突然增长，其时间可能在夏季，或更早一点。

这是挂在毛泽东心头反复考虑的战略性大问题。他的结论是：

对我军战略利益来说，是以封闭蒋军在东北加以各个歼灭为有利。[1]

领导的重要条件在于有预见。毛泽东两年多前在中共七大的结论中曾强调说："预见就是预先看到前途趋向。如果没有预见，叫不叫领导？我说不叫领导。""坐在指挥台上，只看见地平线上已经出现的大量的普遍的东西，那是平平常常的，也不能算领导。只有当还没有出现大量的明显的东西的时候，当桅杆顶刚刚露出的时候，就能看出这是要发展成为大量的普遍的东西，并能掌握住它，这才叫领导。"[2]

在辽沈战役发动前七个多月，他就把东北战场作战的战略目标确定下来，然后根据这个目标有条不紊地进行酝酿和准备。这是辽沈战役能完全实现预定目标的重要原因。

东北战局的简要回顾

为什么东北战场到这时能具有"封闭蒋军在东北加以各个歼灭"的可能？这不是一朝一夕所能形成的，需要先作一点简要的历史回顾。

东北地区幅员广阔，物产丰饶，工业发达，铁路密集，是祖国的一块宝地，1931年的九一八事变后，一直由日本侵略军

---

[1]《毛泽东军事文集》第4卷，第391页。
[2]《毛泽东在七大的报告和讲话集》，中央文献出版社1995年4月版，第200、201页。

占领着。很长时间内，中国共产党领导的抗日民主联军在这里坚持艰苦卓绝的斗争。毛泽东在抗战胜利前夜举行的中共七大上说："东北是很重要的，从我们党，从中国革命的最近将来的前途看，东北是特别重要的。如果我们把现有的一切根据地都丢了，只要我们有了东北，那末中国革命就有了巩固的基础。当然，其他根据地没有丢，我们又有了东北，中国革命的基础就更巩固了。"[1]

1945年8月10日，日本表示接受中、美、英三国敦促其无条件投降的《波茨坦公告》。中国人民解放军立刻雷厉风行地向东北进发。8月10日、11日，延安总部朱德总司令连续发出七道命令，命令各解放区抗日部队对日军展开全面反攻并受降。其中，第二号命令要求原东北军吕正操、张学思、万毅部和现驻冀热辽边区的李运昌部立刻向东北和内蒙古地区进发，以"配合苏联红军进入中国境内作战，并准备受日'满'敌伪军投降"[2]。可以注意到：延安总部要求首先向东北出发的部队，一部分是离东北最近的冀热辽部队，一部分是东北民众比较熟悉并感到亲近的原东北军，这种选择是十分恰当的。

最先行动的是冀热辽部队。李运昌回忆："冀热辽区党委、军委接到命令后，于8月13日在（冀东）丰润县大王庄召开了紧急会议，决定全力以赴坚决执行党中央交给的光荣任务，抽调八个团、一个营、两个支队，一万三千余人和四个军分区司令员、四个地委书记兼政委及二千五百名地方干部挺进东北，并由

---

[1]《毛泽东文集》第3卷，第426页。
[2]《中共中央文件选集》第15册，中共中央党校出版社1991年9月版，第219页。

我负责组成'东北工作委员会'。"[1]东进部队分三路，东路的第十六军分区部队由曾克林、唐凯率领，在8月30日从日伪军手中攻克战略重镇山海关，然后乘火车北上，接管锦州直抵沈阳。苏军事先没有得到通知，要他们下车后离开沈阳，到三十公里外的苏家屯去。"苏军还一度把日本关东军最大的苏家屯仓库交给曾克林部看守。后来又收回。"[2]

这时，毛泽东、周恩来正在重庆参加国共谈判。9月14日，中共中央对东北局势有了进一步了解后，在刘少奇主持下，举行政治局会议，根据中央既定决策决定把全国的战略重点放在东北，力争在东北建立根据地，并从关内各解放区调动十一万军队陆续向东北开拔。其中，最重要的是：山东军区司令员兼政治委员罗荣桓率五个师又第五师一部、警备第三旅，另两个支队，近六万人，由水路和陆路从山东分批开往东北的安东、锦州、辽阳、鞍山、营口、海龙、牡丹江等地；新四军第三师师长兼政治委员黄克诚率该师三万五千人由陆路从苏北到达锦州地区。

17日，刘少奇起草致中共谈判代表团电说："我们全国战略必须确定向北推进、向南防御的方针，否则我之主力分散，地区太大，处处陷于被动。"[3] 19日，毛泽东、周恩来复电，完全同意以上部署。10月31日，中共中央决定，进入东北的部队统一组成东北人民自治军，林彪为总司令，彭真为第一政治委员，罗荣桓为第二政治委员。中国共产党和人民解放军在东北的行动十分迅

---

[1] 李运昌：《忆冀热辽部队挺进东北》，《辽沈决战》上册，人民出版社1988年10月版，第167、168页。

[2] 曾克林：《戎马生涯的回忆》，解放军出版社1992年5月版，第223页。

[3] 《中共中央文件选集》第15册，第279页。

速，没有浪费一点时间。

抗日战争胜利时，国民党在东北没有一兵一卒。它的精锐主力已退到中国西南地区，和东北相距遥远，一时难以抵达。国民党政府首先集中全力，靠美国飞机、军舰帮助运输，以美械装备的部队接收南京、上海、广州、北平、天津等大城市，当时控制东北的苏联军队担心美国势力进入东北，不同意由美国军舰运送国民党军队在大连登陆。因此，国民党军队迟迟未能进入东北，打算在稍后根据刚签订不久的《中苏友好同盟条约》，从苏军手中现成地把东北整个接收过来。

9月1日，国民党政府发表熊式辉为东北行营主任。翻开熊式辉日记，发现他的大量时间花在处理争夺激烈的东北党政军官员的人事安排上。许多人为抢官做而争夺得异常激烈。蒋介石又担心原东北军势力重新抬头，叮嘱熊式辉："毋使尽用前汉卿（注：即张学良）旧人，免将来指挥不灵。"[1] 10月18日，宣布杜聿明为东北保安司令长官，开始着手军事工作的具体部署。这时离日本宣布无条件投降已经两个来月了。

国共两党在东北的军事较量经历了三个阶段。

第一阶段，从国民党军队进攻山海关到占领长春、推进至松花江畔，两军隔江对峙。对解放军来说，这是战略防御阶段。

最初，中共中央曾设想"独占东北"。10月16日，刘少奇在起草的中共中央致东北局电中说："蒋军在东北登陆，及从任何方面进入东北之蒋军，须坚决全部消灭之。"[2] 毛泽东在19日

---

[1] 熊式辉日记，1945年12月18日，美国哥伦比亚大学手稿与珍本图书馆藏。
[2] 《中共中央文件选集》第15册，第351页。

熊式辉

致东北局电中同意这个方针。

但这个方针很快就改变了。原因有两个:

第一,国共双方的军事力量对比有很大差距。杜聿明指挥向山海关进攻的两个军:第十三军是汤恩伯的起家部队,全部为美械装备,火力强大,有卡车数十辆;第五十二军是关麟征的起家部队,为半美械装备。他们的补给可以依靠秦皇岛和北宁铁路。解放军部队中当地刚刚参军的新兵甚多,缺乏训练;从山东、苏北出关的主力远道跋涉,武器弹药不足,衣服单薄,极需休整;特别是没有建立起可以依托的根据地,群众没有来得及充分发动,土匪甚多,地理、敌情不易了解。这时需要避免在不利条件下仓促应战,以免被对方各个击破。11月16日和26日,解放军先后放弃山海关和锦州等要地。这以后,国民党方面又将精锐主力新一军、新六军,还有七十一军和六十军调入东北,到1946年三四月间,已有六个军,连同地方保安部队,总兵力达三十一万人。

杜聿明携夫人到达沈阳，任东北保安司令长官

第二，原在东北的苏联部队，因外交约束，最初虽还在一定程度上给过自动进入东北的解放军一些帮助，但反复无常。"11月20日，中共中央在接到东北局关于苏方强令东北人民自治军［注：解放军进入东北后使用的名称］撤出铁路沿线及各大城市的报告后复电指出：'彼方既如此决定，我们只有服从'，'大城市退出后，我们在东北与国民党的斗争，除开竭力巩固一切可能的战略要点外，主要当决定于东北人民的动向及我党我军与东北人民的密切联系'。"[1]

根据这种实际情况，中共中央及时调整工作方针和部署，提出"让开大路，占领两厢"。12月24日，刘少奇致电东北局负责人："你们不要在自己立足未稳之前，去企图建立在东北的优势。你们今天的中心任务，是建立可靠的根据地，站稳脚跟。然后依情况的允许去逐渐争取东北的优势，这应作为下一阶段

---

[1]《中国人民解放军第四野战军战史》，解放军出版社1998年10月版，第60页。

的任务。"[1]

28日，毛泽东为中共中央起草《建立巩固的东北根据地》的指示，把当前东北工作中这个根本性问题说得十分明确而透彻。指示一开始就写道："我党现时在东北的任务，是建立根据地，是在东满、北满、西满建立巩固的军事政治的根据地。""建立这种根据地的地区，现在应当确定不是在国民党已占或将占的大城市和交通干线，这是在现时条件下所作不到的。也不是在国民党占领的大城市和交通干线的附近地区内。这是因为国民党既然得了大城市和交通干线，就不会容许我们在其靠得很近的地区内建立巩固的根据地。"[2]指示指出：党在东北的工作重心是群众工作，群众工作的内容，是发动群众进行清算汉奸的斗争，是减租和增加工资运动，是生产运动。指示要求将正规军的相当部分分散到各军分区去，下乡发动群众，消灭土匪，建立政权，组织游击队、民兵和自卫军，以便稳固地方，配合野战军，粉碎国民党的进攻。

根据中共中央的指示，东北局扩大会议在1946年7月7日讨论并通过陈云起草的《东北的形势和任务》的决议，指出："大城市是我们所需要的，但大城市暂时一般地不易确保，如果偏重大城市，轻视建立根据地，我们将有既无大城市又无根据地的危险。因此，必须规定，无论目前或今后一个时期内，创造根据地是我们工作的第一位。""创造根据地的主要内容是发动农民群众。"决议要求："造成干部下乡的热潮，克服干部中的错误思

---

[1]《刘少奇选集》上卷，人民出版社1981年12月版，第374页。
[2]《毛泽东选集》第4卷，第1179页。

想。""号召他们走出城市,丢掉汽车,脱下皮鞋,换上农民衣服,不分文武,不分男女,不分资格,一切可能下乡的干部要统统到农村中去,并确定以能否深入农民群众为考察共产党员品格的尺度。"[1]

在东北根据地,普遍掀起反奸清算、减租减息、分粮分地的斗争。同时,广泛开展了清剿土匪的斗争。农村面貌发生根本变化,农民革命和生产的积极性空前高涨。这是东北局势大变的深刻原因所在。

东北人民自治军总司令林彪也对东北军事工作正确地提出"忍、等、狠"的三字方针。"忍",是要忍受大城市和交通干线的丢失,忍受部队面临的各种困难,在忍中积蓄力量,在忍中积极准备。"等",是等敌人战线拉长、主力分散、背上了包袱,暴露出弱点,逐步化强为弱;等我方发动群众,消灭土匪,建立根据地,站稳脚跟,逐步由弱变强;耐心等待并创造时机的到来。"狠",就是在忍和等的过程中发现并捕捉战机,一旦战机成熟,就狠狠地给敌人以致命的歼灭性打击。这个通俗明白的方针,在部队中普遍地宣传解释,使干部和战士都知道,发挥了重要作用。

他又提出"一点两面""三三制""四慢一快"等战术方针,也就是集中优势兵力、各个歼灭敌人的意思,而且有很强的可操作性。

蒋介石对形势却作了完全错误的估计,以为解放军的大踏步后退是溃不成军。当国民党军队在1946年5月23日攻占长春、

---

[1]《陈云文选》第1卷,人民出版社1984年1月版,第309、311、312页。

推进到松花江畔时,他十分兴奋,当天就飞往沈阳,并在25日的日记中写道:"东北共军主力既经击溃,应速定收复东北全境之方针,令杜聿明长官部向哈尔滨兼程挺进,必先占领该战略据点,东北军事方得告一段落,然后再策定第二期计划。"[1]他的注意力始终放在几个大城市上,在31日后的"上月反省录"又写道:"先锦州、次沈阳、驻长春之具体计划,整个实现矣。"[2]至于北满农村,他并不在意。

事实上,从双方的军事力量来看:东北民主联军(注:1946年1月由东北人民自治军改名)尽管撤出了长春,主力仍保持着,并以大力在北满农村发动群众,建设巩固的根据地;而国民党军队由于战线拉长,兵力分散,部队疲惫,在关内又难以抽出更多增援兵力,后勤补给也将面临困难,继续向松花江以北冒进实已力不从心,只是说说而已。时任国民党军第四十九军军长的原东北军将领王铁汉说:"此时国军以有限之兵力,从事于海阔天空广泛无限之东北接收工作,因此,接收的地方愈大,兵力就愈分散。兵力分散,战斗力也随之减低(因国军并无机动兵力)。"[3]毛泽东对此看得很清楚。他说:"蒋占长春后兵力分散,补给线甚长,再要前进必感困难。"[4]这确是一针见血之论。

更重要的是,当国民党军队进占这些大城市后,自身的种种问题加速暴露出来,严重丧失民心。时任东北保安副司令长官的

---

[1] 蒋介石日记,1946年5月25日。

[2] 蒋介石日记,1946年5月31日。"上月反省录"。

[3] 《王铁汉先生访问纪录》,(台北)"中研院"近代史研究所1985年5月版,第88页。

[4] 毛泽东致周恩来电,1946年5月23日。

郑洞国在回忆录中描述道：大小官员贪污、受贿、营私、敲诈；地方豪绅欺压百姓、雄霸一方；各派系之间角逐激烈，排除异己；许多高级将领和中级军官竞相用贪污和克扣军饷赚来的钱，购置房产土地，经营私人企业，甚至走私军火，买卖黄金；军队纪律日益废弛，一些部队所到之处，奸淫掳掠，无恶不作。他感叹地说："所有这些使东北民众大失所望，原来对国民党政府和'中央军'所抱的幻想随之破灭了。当时在东北国民党占领区流传着一句话：'想中央，盼中央，中央来了更遭殃。'人民对国民党政权的强烈不满，由此可见一斑。现在回顾起来，应该说，从那个时候起，国民党政权在东北就已开始走下坡路了，它在东北的最后失败，不是偶然的。"[1]

时任国民党政府沈阳市市长的董文琦以后在"东北失败检讨"中也说："蒋精锐部队分散戍守于光复之县市，致使兵力分散，所谓'守者千里，攻者一点'，遂予共军以各个击破之机会，完全陷于被动挨打之局面。"接着，他又说："且国军将领或贪骛外事，或专尚宣传，或追求享受，或兼营商业，其尤恶劣者，则吃空额之风十分盛行，军队不能核实发饷，弊窦丛生，当时国军号称五十万，实则不足三十万。在此情况下，国军锐气一挫，即由主动变为被动，终至江河日下，不可收拾。"[2] 他所说的，也是同样的意思。

第二阶段，就是解放军所说的"三下江南，四保临江"，这

---

[1] 郑洞国：《我的戎马生涯》，团结出版社1992年1月版，第437页。
[2] 《董文琦先生访问记录》，（台北）"中研院"近代史研究所1986年6月版，第164页。

是战略相持阶段，可以说双方处于拉锯状态。

这个阶段的初期，国民党军队在作战上还保有一定的主动权。1946年夏季，蒋介石以悍然围攻李先念领导的中原根据地为起点，开始了国共之间的全面内战。他对内战关注的重点放在关内的中原、苏北、平绥路一带，因攻占淮阴、解围大同而兴高采烈，没有把很多精力放在东北战场上。6月，中共中央决定以林彪为东北局书记、东北民主联军总司令兼政治委员。"九月，蒋介石在庐山召开军事会议，进一步谋划对各解放区的进攻策略。国民党军参谋总长（注：指陈诚）于庐山军事会议以后直飞沈阳，召开东北国民党军高级将领会议，根据东北国民党军兵力不足，无力对南北满同时发动进攻，以及东北民主联军南满部队对沈阳威胁较大的现实情况，制定了'南攻北守，先南后北'的方针与计划，即在南满采取攻势，在北满暂取守势，首先消灭东北民主联军南满主力，占领南满解放区，切断东北解放区与华北解放区的联系，阻隔东北解放区与山东解放区的海上通道，解除后顾之忧，等待关内抽兵增援东北，再全力转兵北上，夺取北满解放区，占领全东北。"[1]这个军事方案经蒋介石和南京政府国防部批准后，10月19日，国民党军队倚仗兵力和技术装备的优势，以八个师三路向南满进攻，开始实施"南攻北守，先南后北"的作战计划，企图歼灭南满解放军主力，或迫使南满解放军主力北撤，然后集中力量进攻北满。

国民党军队在大举进攻下，10月25日攻占安东（今丹东），基本切断南满和北满的联系。蒋介石在26日日记中写道："收复

---

[1]《中国人民解放军第四野战军战史》，第147、148页。

安东后应即将南满各县从速进占,对通化、辑安铁路,尤应积极打通,切实掌握长、吉以南之南满各地以后,再与俄国交涉接收大连。"[1] 31日写的"上星期反省录"中又说:"辽吉线之清原占领后,小丰满之电力可直送沈阳,则工业经济亦易恢复矣。本月实为安定东北之最重要一时期也。"[2]

那时,南满解放区只剩下长白山麓的临江等四个县比较完整,两个纵队的兵力集中在这一狭小山区,粮食缺乏,回旋余地狭小,处境十分艰难,当地一些领导干部主张将主力北撤。12月上旬,中共南满分局书记、军区政治委员陈云主持会议,作出坚持南满根据地的决策。"他循循善诱,形象地说:东北的敌人好比一头牛,牛头牛身是向着北满去的,在南满留了一条尾巴,如果我们松开了这条尾巴,那就不得了,这头牛就要横冲直撞,南满保不住,北满也就危险。如果我们抓住了牛尾巴,那就了不得,敌人就进退两难。因此,抓牛尾巴是个关键。"[3] 陈云详细分析事情的利弊得失,统一了思想,使问题得到了解决。

12月13日,毛泽东为中共中央起草致林彪并东北局的电报称:"在目前情况下暂取守势,力求拖延敌对北满之进攻,并准备迎击敌之进攻部署甚妥。南满方面应集中主力各个歼敌,收复失地,于拖延敌对北满进攻必有帮助。"[4] 根据这个部署,从12

---

[1] 蒋介石日记,1946年10月26日。

[2] 蒋介石日记,1946年10月31日,"上星期反省录"。

[3] 萧劲光:《在南满的战斗岁月里》,《四保临江》,中共吉林省委党史工作委员会1987年11月版,第95页。

[4] 《毛泽东军事文集》第3卷,第577页。

郑洞国

月中旬起,东北解放军进行了规模浩大的"三下江南、四保临江"的作战。

"三下江南、四保临江",就是坚持南满,巩固北满,南北密切配合,南打北拉,北打南拉,迫使国民党军队两面作战,以打破他们先南后北、各个击破的计划。解放军这次作战从1946年12月到1947年4月,历时三个半月,收复县城十一座,使国民党军队连连受挫,被歼五万余人,更重要的是迫使国民党军队不得不停止进攻,在东北由攻势转为守势,解放军则由防御转向进攻,扭转了东北战局。

经过这一阶段的作战,国民党军队损失惨重,士气低落。兵力不足更演进成严重问题,顾此失彼,已不足以对付日益壮大的东北解放军的攻势。5月上旬,杜聿明派副司令长官郑洞国到南京见蒋介石,要求给东北增加两个军的兵力。蒋介石说:"东北的情况确实很严重,你们一定要设法稳住局面。但目前我派不出军队到东北去,你们要自己想办法。"他又说:"东北固然重要,南京更为重要。现在各个战场上的兵力都不够用。""你回去告

熊式辉（左）与陈诚（右）在东北行辕门前办理交接

诉熊主任和杜长官，根据目前情况，我军在东北应采取'收缩兵力，重点防御，维持现状'的方针，将来再待机出动。现在要增加兵力是绝对没有办法的。"[1]有生力量消长的严重后果，经过一年来的积累，这时显出颜色了。国民党军队在东北已开始处于被动挨打的地位。

东北解放军第一纵队司令员李天佑写道："东北我军历时三个多月的三下江南、四保临江作战，使敌人失掉战略主动，实行所谓'机动防御、内线作战'。我军则由战略防御开始逐渐转为战略反攻。"[2]

第三阶段：从1947年5月中旬起，东北解放军转入战略反攻和进攻阶段，接连发动夏季、秋季、冬季三次声势浩大的攻

---

[1] 郑洞国：《我的戎马生涯》，第446页。

[2] 李天佑：《东北解放战争中的第一纵队》，军事科学出版社1994年8月版，第68页。

势，重创国民党军队，特别是切断了沈阳、长春、锦州三地之间的联系，使东北战局根本改观，为辽沈战役打下了可靠基础。

发动夏季攻势是要趁国民党军援兵未到之际，针对分散守点的敌军各个击破，改变南满与北满被分割的局面。虽然四平未能攻下，但在五十天的攻势中，歼敌八万三千人，收复城市四十二座，"扩大解放区十八万平方公里，使东、西、南、北满联成一片"[1]，使东北战局的面貌发生了变化。

解放军夏季攻势结束后，蒋介石对东北保安司令长官杜聿明不满，解除了他的职务。1947年8月2日，蒋介石命令最得他信任的参谋总长陈诚前往东北"负责指挥军政"。蒋那时仍坚持要"确保东北"，8月5日在给东北行辕主任熊式辉的电文中说："无东北，则华北无屏障。东北为我惟一之工业区，如为俄共所取，则彼以无量之工业生产，即可侵略中国之全境。如果至此，则远东无宁日，世界和平亦无保障矣。又辽东与胶东为我国海防枢机。无辽东则胶东不能独存。山东一失，则华中、华南亦无法生存矣。"[2] 8月22日，正式发表由陈诚以参谋总长兼任东北行辕主任（东北保安司令部的工作已并入东北行辕）。这时被调到东北作战的王铁汉说："中央派参谋总长到东北去，可见对扭转东北劣势颇具决心。"[3]

陈诚到东北不久，曾雄心勃勃地宣布"要六个月恢复东北优势，收复东北一切失地"[4]。他积极整编补充军队，将正规

---

[1] 韩先楚：《东北战场与辽沈战役》，《辽沈决战》上册，第101页。
[2] 秦孝仪总编纂：蒋介石《大事长编初稿》卷6（下册），第529页。
[3] 《王铁汉先生访问纪录》，第92页。
[4] 郑洞国：《我的戎马生涯》，第459页。

军编成四个兵团，将地方部队编成暂编师补入正规军，总兵力增加到十个军、五十多万人。但东北解放军已发展到九个纵队、三十九个师，连同地方武装总兵力达到五十一万人，战斗力更加增强，9月14日又发动秋季攻势。战前，毛泽东在8月29日致电林彪、罗荣桓："新的作战，似宜以有力兵团进攻山海关、沈阳线上之敌，以另一有力兵团进攻中长线上之敌，以求分散敌人，各个击破。"[1]也就是以锦州、长春一带为主攻方向，扫清外围，而尤以锦州地区为重。可见毛泽东这时已在考虑东北决战的问题了。陈诚在10月3日致电蒋："沈阳防务空虚，谋求加派军队。"[2]蒋介石在第二天赴北平，命令李宗仁、孙连仲从华北抽调一个整编师增援沈阳。但国民党军在东北的处境仍未见好转。解放军这次攻势到11月结束，歼灭国民党军六万九千多人，扩大解放区三万八千余平方公里，完全掌握了东北战场上的主动权。陈诚一筹莫展。

这以后，国民党继续收缩兵力、固守要点。解放军又发动冬季攻势。1948年1月1日，东北民主联军改称东北人民解放军，总兵力上升至七十三万多人，其中东北野战军四十二万多人。1月8日，蒋介石在日记中写道："接叔铭（注：指空军副总司令王叔铭）电称昨日沈阳前方失利，情形危急。余得此始以为不至如此危急。及得辞修（注：即陈诚）电乃知公主屯附近两师已被匪消灭，情势果甚危迫也，不胜焦虑，但亦惟有默祷天父之保佑

---

[1]《毛泽东军事文集》第4卷，第220页。
[2] 秦孝仪总编纂：蒋介石《大事长编初稿》卷6（下册），第564页。

卫立煌

而已。"[1]

1月10日,蒋介石飞沈阳,召开军事会议。他在会上痛骂东北将领:"你们当中绝大多数是黄埔学生,当年的'黄埔精神'都哪里去了?简直是腐败!像这样下去,要亡国了!"[2]但他也没有拿出什么实际办法来。第二天回南京,"各方多主召回陈诚"。17日,发表卫立煌为东北行辕副主任兼东北"剿匪"总司令。蒋介石在当天日记中写道:"自沈阳视察回京后,对东北与华北军事倍增忧患。辞修因病而发生心理变态,更为可虑。乃即决派卫立煌为东北剿匪总司令,前往替代,或可转危为安也。"[3]

卫立煌是蒋介石的嫡系将领。早在蒋任国民革命军第一军军长时,卫任少将团长。卫一向勇猛善战,被称为蒋介石嫡系部队中的"五虎将"之一(其他四人是刘峙、顾祝同、蒋鼎文、陈诚),但他不是黄埔出身,而是由粤军改编而来,所以被人称为

---

[1] 蒋介石日记,1948年1月8日。
[2] 郑洞国:《我的戎马生涯》,第467页。
[3] 蒋介石日记,1948年1月17日,"上星期反省录"。

"嫡系当中的杂牌"。1932年国民党军对红四方面军进行第四次"围剿"时，卫立煌率部攻陷鄂豫皖革命根据地首府金家寨。国民党政府特地在这里建立一个新的县治，命名为立煌县（今安徽省金寨县）。西安事变时卫曾和蒋介石一起被扣留。蒋介石当时对他是很看重的。

全面抗战爆发后，卫立煌先后担任第二战区副司令长官、第一战区司令长官，在抗日烽火中长期在第一线作战，同八路军建立起很好的友好合作关系，对周恩来、朱德十分钦佩，还访问过延安，并在不少方面给过八路军物资支持。他后来又先后担任过中国远征军司令长官和陆军副总司令，在滇缅边境立有不少战功。抗战胜利后，他受到蒋介石的冷落，从1946年11月底起，到欧美十个国家进行了为期一年的出洋考察，到1947年年底才从美国经日本归国。那时，陈诚在东北已无法再干下去，蒋介石嫡系高级将领中难以找到其他合适接替人选。卫立煌的资历和声望都可以胜任，以往又曾屡立战功，东北国民党军将领不少曾是他的部下。因此，他刚刚回国，蒋介石立刻要他去东北担任"剿总"总司令。卫立煌对蒋介石发动全面内战十分不满，到东北后对蒋介石的决定特别是将主力撤出沈阳的命令一再反对，或拖延不办。这对解放军在辽沈战役中取得胜利是十分有利的。

解放军在东北发动的夏季、秋季、冬季三次攻势，前后共十个月，到1948年3月15日结束，共歼灭国民党军队三十多万人，解放城市七十多座。特别是冬季攻势，毛泽东在战前已电告林罗刘："估计可能利用冰期歼灭大量敌人，可能将沈阳、铁岭、抚顺、本溪、锦州、葫芦岛、秦皇岛等几个大据点之间的中小据点、广大乡村及锦州以西以北地区的全部或大部归于我手。只要办到这一点，尔后就只剩下打大据点的问题了。"[1]这是一个大胆的改变东北全局态势的战略设想。

这个大胆的设想，到冬季攻势后期便实现了。其中具有关键意义的事情有两件：一件是在东北战场的北线，攻克国民党军队长期重兵固守的四平，切断长春同沈阳的铁路交通，又迫使原同长春形成犄角之势的国民党军第六十军曾泽生部放弃永吉，撤入长春，使长春成为远离国民党军其他据点的绝地；另一件事是在南线，攻占北宁铁路上的战略要地沟帮子（这里还有一条铁路通往营口）后，切断了沈阳同锦州间的陆上交通。这时卫立煌刚到东北，陈诚还没有离开。1948年1月30日，蒋介石致电陈诚："锦州必须固守，万不可失陷。"这封电文后加了几句按语："盖北宁铁路上之沟帮子（距锦州东北方约六十公里）已告失陷，共匪方亟图进犯锦州也。"[2]这样，长春、沈阳、锦州成为互不相连的三个孤岛。辽沈战役中便于解放军分别加以解决的有利格局终于形成（锦州同关内之间的北宁铁路当时仍能通车）。

蒋介石所说的"收缩兵力，重点防御"，成了坐困孤城。他所说的"维持现状"成了坐以待毙。

前面说过，国民党军队无论其调动，还是武器弹药和粮食的供应，都严重依赖重要交通线（特别是铁路）的保障。铁路线一被切断，就得依赖空运接济，而空运力量十分有限，就成了无法克服的难题。不少有相当战斗力的部队就是这样一个个被断送掉的。此种实例一再出现，是国民党军难以治疗的痼症。

---

[1]《毛泽东军事文集》第4卷，第348页。
[2] 秦孝仪总编纂：蒋介石《大事长编初稿》卷7（上册），第25、26页。

2月21日，陈诚给蒋介石的签呈写道："（一）查东北现有军队人数（包含各军事机关人员）约五十万人（锦州及迤南地区部队不在内），日需食粮约四百吨（需C-46机约一百三十余架次），大部均赖内地运补。卫总司令电称：以目前控制地区狭小，就地筹办困难，请求空运补给。（二）依东北现有部队数量计算，每次会战约需各种弹药近四千吨（需C-46机一千二百余架次）。（三）复查全国运输机，目前仅七十架左右堪用，除用于关内各地担任紧急空运空投补给外，大部使用于东北方面，目下正赶运粮款流通券二千亿元及械弹七百余吨中。（四）锦州机场因设备及安全等关系，尚不能完全使用，目前对东北空运系使用北平基地，每日只能往复一次，且常受天候限制。"[1]这种一再出现的呼救，时间一长就难以维持，酿成不可收拾的局面，对解放军取得辽沈战役的全胜准备了极为重要的条件。但蒋介石又拿得出什么有效的应对办法呢？

解放军冬季攻势结束后，在东北进行主力决战的条件已经成熟。毛泽东提出"封闭蒋军在东北加以各个歼灭"的要求后三天，林彪在2月10日致电毛泽东表示："我们同意与亦认为将敌堵留在东北各个歼灭，并尽量吸引敌人出关增援。这对东北作战及对全局，皆更有利。今后一切作战行动，当以此为准。"[2] 3月25日至4月15日，东北人民解放军总部在哈尔滨召开第二届参谋工作会议。"林彪在会上作了重要报告，他指出：形势和任务要求军队由分散的作战转到集中的作战，由非正规战转到正规

---

[1] 秦孝仪总编纂：蒋介石《大事长编初稿》卷6（下册），第529页。
[2] 林彪致毛泽东电，1948年2月10日。

战，由运动战转到攻坚战。大兵团、正规化、攻坚战将成为今后的斗争方式。"[1]经过认真讨论，会议确定"大兵团、正规化、攻坚战"为东北解放军今后建军和作战的总方针。几乎和这次会议同时（3月10日至4月14日），解放军又召开了后勤工作会议。

从同年3月中旬到4月底，东北人民解放军全面展开新式整军运动。这次运动，同样是在诉苦教育的基础上，对干部以整思想、整作风为主，对连队战士着重进行土地改革和民主教育。接着，从4月至8月，各部队开展了四个多月的军事大练兵。这次大练兵的目的性很明确，就是为了适应林彪报告中所说"大兵团、正规化、攻坚战"的需要。那是东北解放军过去不熟悉、不习惯，而为进行这样一场主力会战所必需的。以炮兵为重点的特种兵建设，也取得重大进展。

表面上，东北的战局平静了几乎半年。其实，这些都是在为辽沈决战作准备。

当解放军在1947年接连发动夏季、秋季、冬季攻势以后，忽然出现了这样半年多的"平静"，实在很不平常，就像暴风雨袭来前的那种暂时寂静，却没有引起蒋介石和南京统帅部的关注和警觉，他们反而以为战局已趋缓和，更谈不上据此部署相应的对策。这只能说他们的眼光和反应实在太迟钝了。

锦州和长春的解放

既然"封闭蒋军在东北加以各个歼灭"的方针已经确定，在

---

[1]《中国人民解放军第四野战军战史》，第270页。

东北进行决战的准备也已近完成，那么先打哪里？这有两种选择：一是长春，二是锦州。毛泽东倾向于先打锦州。这以前，还在秋季攻势正进行的时候，1947年10月13日，毛泽东以个人名义致电林彪：“你们攻克吉林后，应将主攻方向转至北宁平绥两线。沈阳、锦州间，锦州、山海关间，山海关、天津间，天津、北平间，北平、张家口间均为很好作战地区。”[1]也就是说：他主张南进，切断东北和华北之间的联系。这是一个大胆的设想。但他还没有考虑成熟，所以没有明确地提出要先打锦州。用他个人名义致电林彪而不是以中共中央军委名义下达命令，也带有征求第一线将领意见的性质。

在1948年2月7日那封电报中，毛泽东虽已提出"以封闭蒋军在东北加以各个歼灭为有利"，但对具体作战方向仍采取慎重的态度。电文中说："你们上次电报曾说锦州方向无仗可打，该方向情况究竟如何？如果我军能完全控制阜、义、兴、绥、榆、昌、滦地带，对于应付蒋军撤退是否更为有利？"[2]他打算先打锦州的倾向很明显，但对这样关系重大的决策还是先征求意见，话没有说得很明白，电报也仍以他个人署名。

同年4月18日，东北解放军的参谋工作会议结束后第三天，林（彪）、罗（荣桓）、高（岗）、陈（云）、李（富春）、刘（亚楼）、谭（政）联名致电毛泽东等，提出先打长春，以七个纵队攻城，两个纵队阻止增援，"计划十天半月左右的时间全部结束战斗"。并且提出："如我军攻锦州，则所遇敌人更较长春强

---

[1]《毛泽东军事文集》第4卷，第305页。
[2]《毛泽东军事文集》第4卷，第391页。

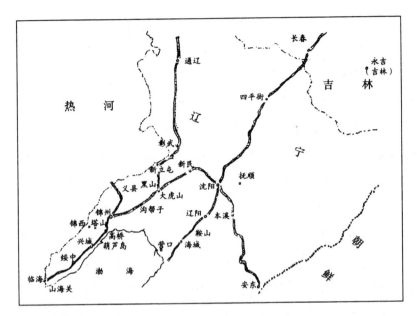

辽沈战役作战图

大。""且大军进到那些小地区，衣服、弹药、军费等无法解决。同时，东北战士入关经长途跋涉士气必降，逃跑必发生。在我主动南下情况下，长春之敌必能乘虚撤至沈阳，打通锦沈线。"[1]

当时，东北解放军的主力集结在北满，那一带是大片巩固的根据地，各方面都能得到民众的有力支持，长春到沈阳以北的铁岭之间共三百九十里都为解放军控制，而国民党在长春的军队长期困守，粮弹两缺，看起来似也有可能较快攻下。林彪等对大举南下先打锦州的顾虑也不是毫无理由：解放军主力脱离长期依托的北满老根据地远途奔袭锦州，不仅粮弹的补给线长，供应可

---

[1] 林、罗、高、陈、李、刘、谭致毛泽东并朱、刘、工委并转军委电，1948年4月18日。

能发生困难，如果久攻不下，国民党军队以沈阳和华北两地的重兵东西夹击，也可能陷入相当危险的境地。在这样的大决策作出前，反复磋商是必要的。

毛泽东对重大问题的思考，只要有可能，通常需要有个过程，从多个角度来反复思考。这时对先打锦州的决心还没有完全下定，既然东北各领导人联名来电主张先打长春，并且表示十天半月就可全部结束战斗，他在经过四天考虑后于4月22日复电："同意你们先打长春的意见。"但他自己更看重的仍是南下打锦州，所以电文中有很大保留，说："我们同意你们先打长春的理由是先打长春比较先打他处要有利一些，不是因为先打他处特别不利，或有不可克服之困难。你们所说打沈阳附近之困难，打锦州附近之困难，打锦榆段之困难，以及入关作战之困难等，有些只是设想的困难，事实上不一定有的。有些是实际的困难，在你们打开长春南下作战时会要遇着的，特别在万一长春不能攻克的情况下要遇着的。因此，你们自己（特别在干部中）只应当说在目前情况下先打长春比较有利，不应当强调南下作战之困难，以免你们自己及干部在精神上处于被动地位。"[1]

5月下旬，东北解放区以十三个师的兵力发起长春外围战。但长春国民党军队十万多人在郑洞国指挥下还有相当战斗力，长春又是坚固设防的大城市，解放军的进攻一时难以得手。

7月20日晚，林彪、罗荣桓、刘亚楼电告中共中央军委："最近东北局常委重新讨论了行动问题，大家均认为我部仍以南下作战为好，不宜勉强和被动的攻长春。""我们意见：东北主

---

[1]《毛泽东军事文集》第4卷，第455页。

力，待热河秋收后和东北夏季结束后，即是再等一个月，到八月中旬时，我军即以最大主力开始南下作战。"[1]毛泽东接电后自然十分高兴，在22日立刻为中央军委起草复电："攻击长春，既然没有把握，当然可以和应当停止这个计划，改为提早向南作战的计划。"[2]这样，向南作战的方针终于确定下来了。

以后，林彪等的考虑又有过多次反复。8月11日，他们又致电中共中央军委说："我们前几天得到消息说，九十四军增加到了锦州，第八军已回到了唐山以北。""南下则是因大批粮食的需要无法解决，向热河运粮道路甚远，必须利用铁路、汽路。但今年雨水之大，为三十年来所未有，铁路、汽路冲毁甚多，近日来形势更猛。""目前对出动时间，仍是无法肯定。"[3]这次毛泽东生气了。他在第二天清晨立刻为中央军委起草复电，提出严厉批评。电报说："关于敌人从东北撤运华中之可能，我们在你们尚未结束冬季作战时即告诉了你们，希望你们务必抓住这批敌人，如敌从东北大量向华中转移，则对华中作战极为不利。关于你们大军南下必须先期准备粮食一事，两个月前亦已指示你们努力准备。两个月以来你们是否执行了我们这一指示一字不提。""对于北宁线上敌情的判断，根据最近你们几次电报看来，亦显得甚为轻率。为使你们谨慎从事起见，特向你们指出如上，你们如果不同意这些指出，则望你们提出反驳。"[4]接到中央军委这样严厉的批评后，中共中央东北局对作战行动重新作了研究。24日，林彪

---

[1] 林、罗、刘致中央军委电，1948年7月20日。
[2]《毛泽东军事文集》第4卷，第541页。
[3] 林、罗、刘致中央军委电，1948年8月11日。
[4]《毛泽东军事文集》第4卷，第563、564页。

等电告中央军委:"我部队大约可于本月底或九月初出动,在九月六日前后,即可在北宁线各城打响。"[1]

9月7日,毛泽东为中共中央军委起草给林彪、罗荣桓等的电报,明确规定了辽沈战役的作战方针。电报写道:

> 你们如果能在九、十两月或再多一点时间内歼灭锦州至唐山一线之敌,并攻克锦州、榆关、唐山诸点,就可以达到歼敌十八个旅左右之目的。为了歼灭这些敌人,你们现在就应该准备使用主力于该线,而置长春、沈阳两敌于不顾,并准备在打锦州时歼灭可能由长、沈援锦之敌。
>
> 如果在你们进行锦、榆、唐战役(第一个大战役)期间,长、沈之敌倾巢援锦(因为你们主力不是位于新民而是位于锦州附近,卫立煌才敢于来援),则你们便可以不离开锦、榆、唐线连续大举歼灭援敌,争取将卫立煌全军就地歼灭。这是最理想的情况。
>
> 于此,你们应当注意:(一)确立攻占锦、榆、唐三点并全部控制该线的决心。(二)确立打你们前所未有的大歼灭战的决心,即在卫立煌全军来援的时候敢于同他作战。(三)为适应上述两项决心,重新考虑作战计划并筹办全军军需(粮食、弹药、新兵等)和处理俘虏事宜。[2]

10月2日,林彪得到国民党军新五军和第九十五师海运葫

---

[1] 林、罗、刘致中央军委电,1948年8月24日。
[2] 《毛泽东选集》第4卷,第1335、1336页。

芦岛的消息后,在先打锦州还是先打长春的问题上又发生过动摇。这一下,毛泽东觉得不能容忍了。他为中央军委接连起草两个电报,提出严厉批评。3日,林、罗、刘再电中央军委称:"我们拟仍攻锦州。只要我军经过充分准备,然后发起总攻,仍有歼灭锦敌之可能,至少能歼灭敌之一部或大部。目前回头攻长春,则大费时间。"[1]4日,毛泽东为中央军委起草复电:"你们决心攻锦州,甚好甚慰。""在此以前我们和你们之间的一切不同意见,现在都没有了。希望你们按照你们三日九时电的部署,大胆放手和坚持地实施,争取首先攻克锦州,然后再攻锦西。"[2]

基本作战方针一经确定,东北野战军立刻毫不停顿地投入行动。这以后,林彪的作战指挥是得力的。10月5日,东北野战军指挥机关到达并设置在锦州西北十多公里处。野战军主力从沈阳以北快速隐蔽地向锦州地区奔袭,首要目标是锦州北面的义县和它在北宁铁路通往关内的高桥、兴城、绥中,以便一举切断锦州同沈阳和关内的联系。

为了使国民党处于不备,这次行动高度保密。东北是铁路网密集的地区。解放军原在四平、长春周围的主力,一部分在黑夜从彰武乘火车南行,接近指定地域后下车步行前进。绝大部分是步行南下的。这些都是在不引起国民党军队注意的情况下,悄悄而有秩序地进行的。另外,解放军还部署一些部队用来阻止沈阳国民党军队出援和继续包围长春。国民党军队果然毫无戒备。"这段时间里,东北国民党军既无增援,也无撤退迹象;对东北

---

[1] 林、罗、刘致军委电,1948年10月3日。
[2] 《毛泽东军事文集》第5卷,第39、40页。

我军的行动,虽然有过一些估计,也没明确的结论。"[1]

一场准备封锁并全歼国民党在东北的五十万军队的轰轰烈烈的战略大决战,在国民党军队缺乏清醒认识和足够准备的情况下,静悄悄地就要打响了。

锦州的战略地位十分重要。它地处东北和华北之交的走廊地带,一侧是高山,一侧是渤海,东有大凌河流经,地势险要。蒋纬国写道:"锦县(州),为山海关外扼北宁、承锦两铁路之交会点,为关外辽西第一重镇,亦华北与东北交通连络之咽喉要地。锦州之得失,对东北与华北之军事局势,俱产生严重之影响。"[2]可以补充一点:锦州还是国民党政府向沈阳和长春空运粮弹物资的基地,是大军从陆路出入华北和东北的必经之地。它的重要性不言而喻。锦州一旦解放,等待着沈阳和长春国民党军队的只能是全军覆没。

蒋介石知道锦州的重要性,曾几次考虑过将沈阳、长春的军队撤至锦州,奇怪的是在兵力上却没有部署一支战斗力强的有力部队在锦州把守。这可能因为蒋介石在指挥作战时目光短浅,只看重沈阳和长春这些更大的城市,以为锦州一时还没有多少危险,老是看一步走一步。锦州守军的长官原是东北"剿总"副总司令兼第六兵团司令官孙渡,他是云南部队的老资格将领,原来统率第六十军和第九十三军到东北。1948年初,蒋介石将孙渡调任热河省政府主席,实际上剥夺了他的兵权,把他架空了,而以陆军副总司令范汉杰(黄埔一期生)改任东北

---

[1] 韩先楚:《东北战场与辽沈决战》,《辽沈决战》上册,第114页。
[2] 蒋纬国:《历史见证人的实录——蒋中正先生传》第3册,第226页。

孙渡

"剿总"副总司令兼锦州指挥所主任,以滇军的卢浚泉(他是云南省政府主席卢汉的幺叔)接任第六兵团司令官。"守锦州的兵力为七个师,守义县的一个师。"[1]这八个师中,新编第八军的三个师和第六兵团直属的一个师都是被解放军歼灭后重建的,战斗力弱。较有战斗力的三个师是云南部队九十三军以及六十军的一部分。这两个军是龙云的滇军主力,蒋介石在抗战胜利后派他们从云南到越南北部接受日军投降,这当然是光荣的任务,随后就把他们从越南北部直接运到东北打内战,并且乘滇军主力全部调出云南的机会用武力强行解除龙云的云南省政府主席职务,因而他们同蒋介石矛盾很深(国民党军队在东北最早起义的就是云南部队第六十军的潘朔端师)。范汉杰在山东指挥过的第五十四军阙汉骞部(陈诚的嫡系部队)从青岛海运到东北

---

[1] 卢浚泉:《锦州国民党军被歼记》,《辽沈战役亲历记》,文史资料出版社1985年11月版,第81页。

后放在葫芦岛,而没有到锦州来。所以,锦州驻军虽号称十万,但战斗力不强,内部矛盾重重。

蒋纬国这样写道:"守备锦州之部队,既无精锐之基干,战斗力且不齐一,其中第九十三军及第一八四师之装备为美械、日械,人数不过七成,新八军的暂编第五十四、第八十八师为国械,人仅七成五,暂编五十五师系地方团队改编,装备甚劣,人数不过三成五。且除第九十三军外,均未完成训练。尤以第九十三军及第一八四师,均为卢浚泉之滇籍子弟,而指挥所主任范汉杰与卢浚泉间,则貌合神离,指挥难期如意。"[1]

在关键性的战略要地,如此部署兵力,希望它能"固守",还要借此同解放军"决战",其后果可想而知。从这一角度又可以观察到蒋介石对不同派系军队的深刻猜忌和指挥战争的能力。

东北解放军主力此时远道奔袭锦州,又采取极端隐蔽的行动,完全出乎国民党统帅部和锦州守军意料。他们仍把锦州看作比较安全的后方。时任第九十三军军长的盛家兴回忆道:"八月下旬,范汉杰由南京开会回来,召集高级干部探讨敌情。当时虽曾有人认为锦州要地关系东北全局,将成为解放军进攻目标,锦州失落,东北全局势必瓦解。但一般人均以为锦州邻近关内,海上增援容易。沈阳还有大军三十万,可以西进,北平和沈阳空军随时都能支援。而且目前解放军尚缺乏坦克部队,炮火也不强大,攻坚力弱,如大军从北满远来辽西,交通补给很不容易,屯兵于坚城之下,必陷困境,为兵家所忌。唯长春孤悬,乃是最弱一环,当前的问题仍在长春。于是沉溺于暂时的安静,自我安

---

[1] 蒋纬国:《历史见证人的实录——蒋中正先生传》第3册,第290页。

慰，得过且过。"

盛家兴描写当时锦州城内的情景："一九四八年夏，辽西局势暂平静。关内外火车与秦（皇岛）、葫（芦岛）港口的后勤船只来往频繁，锦州空军运送长春、沈阳的补给，忙碌不休，锦州表面上呈现出太平热闹景象。特别是南京高级机关所派来的视察、点验和总统府的督察专员们与当地军政人员进行宴乐酬酢，一无虚日。范汉杰去南京开会，还携眷回锦州。"[1]

范汉杰还有一个想法：锦州离葫芦岛港口很近，从海上同关内交通比陆路更可靠。当时在上海出版的《观察》上有一篇文章这样描写范汉杰："对外以秦、葫两岛作气孔，对内以锦州、锦西、葫芦港为基地，另置后方总部于秦皇岛，控制滦东地区。"它又写道："以辽西共军现有的兵力看，没有力量撼动兵力集结的锦州。不过范汉杰的防地是关内外滨海地区的一个长条，很容易被共军切断联络。绥中、兴城防御力非常的单薄，看情形，范汉杰对于铁路交通并不过分重视，将一切的希望寄托于秦、葫两港的海上。"[2]范汉杰把自己从山东带来的战斗力较强的第五十四军部署在葫芦岛而不是锦州，看来也是出于这种考虑。

从蒋介石的日记来看，他在7月22日写道："余以为只要沈阳粮煤可以自给无虞，则不如准其固守待时，而不必急令其出击，打通沈锦路也。只要沈阳能固守不失，整补战力，则东北之匪决不敢进扰华北，故决令坚守。"[3]8月份他正忙于应付"币制

---

[1] 盛家兴：《第九十三军锦州被歼概述》，《辽沈战役亲历记》，第88、89页。

[2] 《观察》特约记者：《范汉杰与辽西战场》，《观察》第5卷第3期，1948年9月11日。

[3] 蒋介石日记，1948年7月22日。

改革",已焦头烂额,对军事问题未多顾问,更顾不上关心锦州的局势有什么变化。他在8月底的"上月反省录"中还记道:"本月份军事稳定,各战区无甚变化。"[1]对东北军事,只间或提到长春问题,以为东北解放军的主攻方向仍在长春。9月8日的日记中写道:"昨日下午研讨苏北、西北、华北与长春军事方略。除长春以外,甚为太原与西安近情深忧也。"[2]他对东北战场只注意长春,并未注意到锦州地区的动向。蒋介石把一切权力都集中在自己一个人手中,也实在太"忙"了。到9月中旬,他既要慌忙应付解放军发动的济南战役,无力他顾,还在日记中怪自己:"以余专事于经济之指导,而对于军事则反忽略。"[3]

东北解放军有意采取佯动,也诱使国民党军统帅部作出错误的判断。东北人民解放军司令部的《阵中日记》在9月18日写道:"在敌人尚未判明我总的企图之前,为迷惑敌人,令六纵以一部利用敌机来回飞行之机会,公开向长春前进,使敌不易判明我之动向,并于××(注:原文如此)日令长春围城部队延几日再行调整部署,使敌误以为我仍攻长春。"[4]

国民党中央的机关报《中央日报》9月17日还在发布消息:"北宁线情势已趋和缓","连日有国军有力兵团东北严密监视之下,已使战火无从蔓延"。[5]

---

[1] 蒋介石日记,1948年8月31日,"上月反省录"。
[2] 蒋介石日记,1948年9月8日。
[3] 蒋介石日记,1948年9月18日,"上星期反省录"。
[4] 《阵中日记(1946.11—1948.11)》下册,中共党史资料出版社1987年10月版,第938页。
[5] 《中央日报》,1948年9月17日,第2版。

解放军炮击锦州

对锦州战局,蒋介石直到 9 月 26 日才在日记的"本星期预定工作课目"中提到一句"锦州战局之督导",这已是辽沈战役开始后十多天了,可见他全无思想准备,对战局如此重大动向的信息也迟迟毫不知情,更谈不上预筹对策和早作部署了。这实在远出乎常人想象。

蒋介石对此的反应如此迟钝,十分有利于解放军取得足够的时间,从容地调动和部署兵力,做好以大部队长途奔袭锦州的各项准备,并使战役的发动具有很大的突然性。

进攻锦州先从外围打起。《大公报》当时写道:"如说锦州是一个人头颅,那么锦西、义县可说就是两只眼睛,所以共匪攻势所发动,想打头,必先击眼。"[1]除了"共匪"之类的污蔑语言,

---

[1]《锦州外围激战爆发》,《大公报》,1948 年 9 月 25 日,第 2 版。

文章讲得倒符合事实。

辽沈战役是在9月12日开始的。东北野战军按预定计划，突然从南北两面同时猛烈行动：南面，一部从冀热辽地区出发，在当天包围锦州向西南通往山海关的北宁线上的绥中和兴城；北线主力中作为先行部队的两个纵队向锦州以北奔袭，在16日突然包围义县。辽西山地绵亘，义县是封锁通往锦州的山口要隘，是固守锦州的屏障，大军难以自由出入。因此，要攻锦州，必先控制义县，使其他大部队能随之迅速南下。锦州北面和南面的对外陆路交通都被切断。此种局面的突然出现，对国民党军队来说，有如迅雷不及掩耳，使之顿时陷于混乱。

这时，蒋介石和国民党统帅部才恍然大悟，开始明白解放军在东北的主攻方向是锦州。

锦州地区的仗一打响，又面对一个问题：先打锦西、山海关，还是直接先打锦州。26日，东北野战军林、罗、刘致电中共中央军委："义县、高桥解决后，准备接着歼锦西、兴城之敌，然后如山海关之敌未逃时，即攻山海关，如敌已逃，则回头打锦州。"[1]第二天，毛泽东为中央军委复电林、罗、刘，指出应先打锦州。电文说："如不能同时打两处，则先打山海关还是先打锦州值得考虑。因先打山海关，然后以打山海关之兵力回打锦州则劳师费时，给沈阳之敌以增援的时间；如先打锦州，则沈阳之敌很可能来不及增援，继续陷于麻痹状态（目前已是麻痹状态）。"电文最后叮嘱："如此方使敌人完全处于被动地位，我军则完全

---

[1] 林、罗、刘致中共中央军委电，1948年9月26日。

处于主动地位。你们现在就应计算到这些步骤。"[1]

"锦州敌较锦西之敌弱。"[2] 9月27日,东北解放军攻占锦州同锦西之间的高桥,切断了锦州同锦西、葫芦岛的联系,把较有战斗力的国民党军第五十四军隔断在锦西和葫芦岛。28日,解放军以猛烈炮火封锁锦州机场,锦州对外的空中交通被切断。当天,林、罗、刘致电中央军委:"我们已决定先攻锦州再打锦西(注:锦西在葫芦岛和锦州之间,现已改为葫芦岛市锦西区)。因锦州敌虽多但不强,易突破,易混乱,纵深战斗时间可能不甚长,且便于随时打沈阳来援之敌。如攻锦西,则敌虽只有四个师,但五十四军战力较强,战斗时间可能不比锦州短,且不便于抽出打沈阳来援之敌。"[3] 这个部署同毛泽东原来早已提出的想法相符。第二天清晨,毛泽东立刻为军委起草复电:"先打锦州后打锦西,计划甚好。""你们是否尚有足够兵力确有把握地于二十天左右时间内歼灭义县、锦州、锦西三点之敌。我们认为,你们必须将作战重心放在攻占这三点上面,因为这是你们整个战局的关键。""当然卫立煌亦有不顾长春,径向锦州增援之可能。假定如此,你们更应于攻克义县之后,力求迅速攻克锦州,否则敌援接近,你们集中全力去打援敌时,锦州、锦西两处之敌势必集中一处扰我后路,并使尔后难于歼击该敌。若你们能够迅速攻克义县、锦州两点,则主动权便可握在你们手中。"[4]

10月1日,解放军开始进攻义县,经过四小时的激战,攻占

---

[1]《毛泽东军事文集》第5卷,第22页。
[2]《阵中日记(1946.11—1948.11)》下册,第997页。
[3] 林、罗、刘致中央军委电,1948年9月28日。
[4]《毛泽东军事文集》第5卷,第28、29页。

义县,歼灭国民党军二万余人,完成对锦州的包围。第二天,周恩来为中央军委起草致林、罗、刘电:"你们应靠自己的力量对付津榆段可能增加或出关北援之敌,而关键则是迅速攻克锦州,望努力争取十天内外打下该城。"[1]

这样,在十天内外"迅速攻克锦州"便成为东北野战军面对的最迫切的中心任务。

东北野战军对锦州地区的猛烈攻势展开后,蒋介石如梦初醒,发觉解放军在东北的目标是要先攻占锦州来封闭东北的国民党军队撤向关内的大门,深感形势的严重。他不仅需要紧急增援锦州,还要考虑是不是赶快将东北的国民党军主力南撤关内。

将主力撤回关内或转移到锦州、葫芦岛地区,意味着放弃长春、沈阳以至放弃东北,这不是一个新问题,蒋介石长期对此举棋不定。随着东北局势的变化,特别是在解放军发动夏、秋、冬季攻势以后,他越来越倾向把主力南撤,但这个决心并不好下。卫立煌担任东北"剿总"总司令后,又一直反对放弃沈阳,力主维持现状。蒋纬国在《历史见证人的实录——蒋中正先生传》一书中写道:

> 其坚持理由为:一、共军已控制沈、锦间要隘沟帮子,若由沈阳向锦州转进,其间必须横渡巨流河、饶阳河,以我军装备笨重,北宁路沿线地区,利于守不利于攻,且正值融雪季节,大军进出困难。二、沈阳工事坚强,长期固守,确

---

[1]《周恩来军事文选》第3卷,第485页。

有把握。三、沈阳兵工厂生产能力大，弃之可惜。抚顺有汽油，本溪有煤，粮食亦可以想办法，资源不虞匮乏。四、放弃沈阳，影响国际视听及士气、民心甚大。

蒋纬国还写道："此外尚有东北社会名流、民意代表等，亦持异议，影响所及，致本方案竟被搁置。时机一失，长、沈、锦各地孤立之国军，遂形成长期困守之局面。"[1]蒋介石自己对这些问题也拿不出什么办法，犹豫不决，事情一再被"搁置"下来是不足为怪的。

9月24日，济南解放，而锦州局势日趋紧张。26日，"蒋介石下令要沈阳国民党军主力直出辽西径解锦州之围，并夹击锦州地区的解放军。他召卫立煌去南京接受任务，并当面讨论执行命令的要领。卫立煌不赞成蒋介石的作战方针，主张应待关内增援部队解锦州之围后，渡大凌河，出沟帮子，向辽西地区前进时，沈阳主力才能西出与东进兵团会师。蒋介石不采纳卫立煌的意见，要他立即回沈阳指挥部队出辽西。卫立煌虽没敢公然反抗，但始终不接受蒋介石的作战方针，只含糊其词地推脱说，回去同负责将领详细商量后再作处置。蒋介石派参谋总长顾祝同随卫来沈阳，并监督执行他的命令"[2]。

蒋介石在当天日记中写道："本日朝课后即召顾（祝同）、卫（立煌）等研讨东北战局。共匪已于昨日进攻锦州，卫犹豫迟疑，希图自保沈阳也。余甚痛其不学无术也，乃令其全力出击、增援

---

[1] 蒋纬国：《历史见证人的实录——蒋中正先生传》第3册，第283页。
[2] 廖耀湘：《辽西战役纪实》，《辽沈战役亲历记》，第157页。

锦州及放弃长春之训示，强制其执行也。"[1]28日日记："下午研究锦州战局，始报其机场已落匪炮弹，不能使用。因之不能增援空运部队为忧。继报匪炮已驱逐，可运，略慰，但锦州已入危局矣。"[2]29日日记："本日朝课后研究锦州战局。机场已被匪炮击中，空运停止，情势可虑。""下午与巴大卫（注：即前述美国军事顾问团团长巴大维）谈战局，研究锦州增援问题，决定明日飞北平指导。"[3]蒋介石的反应实在迟钝。毛泽东和中共中央策划攻占锦州已经很久，并且早已悄悄地付诸实施。到这时蒋介石才恍然大悟，发觉锦州局势严重，关系全局，但已晚了一大步。

蒋介石这次真正急了。他亲飞北平指挥增援锦州，下狠心作出两条重大决定：

一条是调华北的军队增援东北，这是他考虑过多次、一直下不了决心的事。具体说来，是在锦州以西、沿渤海的锦西、葫芦岛，除原驻的四个师外，再从华北增调六个师，又把原驻烟台的两个师调来，组成东进兵团，由第十七兵团司令官侯镜如指挥，以塔山为主攻方向，向锦州攻击前进。他自己还到大沽登上重庆号巡洋舰，到葫芦岛召集军官训话，"说明此次希望军事胜利的意义之重大，谓不仅解锦围，并须会沈阳之师聚歼顽匪。中有'要知我不惜撤守烟台，调来新八军，并令天津一带之九十二军、六十二军及九十五师等六个师，悉集此一地带，即为成功此一攻势'。语多兴奋与勖勉"[4]。他还说："这一次战争胜败，关系到整

---

[1] 蒋介石日记，1948年9月26日。
[2] 蒋介石日记，1948年9月28日。
[3] 蒋介石日记，1948年9月29日。
[4] 《徐永昌日记》第9册，第131页。

廖耀湘

个东北的存亡、几十万人的生命,都由你们负责。你们要有杀身成仁的决心。这次集中美械装备的优势部队,兼有空军助战和海军协同,是一定可以击灭共军的。"[1]

另一条更重要、以往更下不了决心的是,要求东北"剿总"总司令卫立煌下决心率部从沈阳撤出,全力援锦。随蒋介石北上的陆军大学校长徐永昌在9月30日日记中写道:他向蒋介石"建议此时敌决不虞沈阳国军之倾巢而出,径救锦州。果将锦敌击溃,情况许可时再回占沈阳亦无不可。否则,屯集锦葫之线以保卫华北,最为上策。蒋先生是之"[2]。但卫立煌坚决反对,"以'不变应万变'的态度,认为必须静待关内增援"。廖耀湘等其他高级将领也担心:"沈阳主力如单独西出,背三条大河,侧敌前进,增援锦州,更有被节节截断,分别包围、各个击破

---

[1] 侯镜如:《第十七兵团援锦失败经过》,《辽沈战役亲历记》,第244页。
[2] 《徐永昌日记》第9册,第128页。

的危险。"[1]

这两条合在一起，可以看出蒋介石的总意图：他倾巢而出，不仅是为了解锦州之围，而且是要东西对进，对包围锦州的东北解放军主力实行反包围，一举解决东北问题。这完全是孤注一掷的赌徒心理。

10月2日，蒋介石亲自飞到沈阳（蒋介石在辽沈战役期间亲到沈阳，这是第一次，以后还有两次），压迫东北将领执行他的命令和计划。他除同卫立煌谈话外，还召集师长以上军官训话。随同蒋介石去沈阳的郭汝瑰在日记中写道："总统继鼓励各将领努力达成任务，并谓锦州一失则沈阳比长春亦不如，盖长春今日尚可望沈阳援助也。此正我转危为安之时，只要大家有决心必可打胜仗，即使粮弹不济，亦应以革命精神作战，无此精神即无异军阀。今日惟死中求生，如此战失败，我们历史上无面目见后世云。"[2] 蒋介石自己在第二天日记中写道："昨夜对将领训勉，情词诚挚，明告其此次与大家晤面，当以不成功便成仁之遗训互勉。如果出击不胜，尔等自必成仁，只要尔等无亏厥职，则余决不愧为尔之统帅，亦将无颜立世。故此会或为余等永别之会，望尔等专心遵命作战，不必要作其他之想念为要。"[3]

廖耀湘建议，为了撤出沈阳主力，可以趁辽南解放军兵力相对薄弱之时，直取营口，从海路撤退（事实上，营口在辽河岸边，距海口有十公里，辽河口因淤泥多造成水浅，只能通中小轮

---

[1] 廖耀湘：《辽西战役纪实》，《辽沈战役亲历记》，第154页。
[2] 郭汝瑰日记，1948年10月2日。
[3] 蒋介石日记，1948年10月3日。

船。它又并非像大连那样的不冻港，冬季结冰。因此，人员众多的大兵团全部从营口海运南撤是很难做到的。但急于南撤的廖耀湘顾不了那么多，一直坚持着这个想法）。出乎廖耀湘意料，蒋介石考虑的根本不是这么一回事，而是告诉他："现在的问题不纯粹是撤退沈阳主力的问题，而是要在撤退之前与东北共产党进行一次决战，给他一个大的打击。"

蒋介石的决心又变了！难怪廖耀湘等会感到意外。在力量已居弱势、事先又无准备的情况下，要沈阳主力远途跋涉到锦州去，会合华北和山东烟台的军队，同解放军主力"决战"，其后果可想而知。但蒋介石亲自到沈阳直接向师长以上军官斩钉截铁地讲了这番话，卫立煌便无法再反对，廖耀湘等更不好再说什么了。

廖耀湘后来回忆那天会议的情况道："蒋介石说，将继续增调军队至葫芦岛，已计划调三个军去，海军的最新最强的舰只'重庆'号与'灵甫'号亦去葫芦岛海面，直接支援陆上的攻击。他说我们任务就是要指挥沈阳的主力直出辽西，先到达新立屯地区，再由新立屯经阜新直出锦州、义县，从共军的后方，攻其侧背，与葫芦岛东进部队东西夹击。在锦州地区给东北共军一个歼灭性的打击。蒋介石的目的是要进行一次战略性的决战。"他明白了蒋介石这次重大决策的总意图，但仍心存疑惑，后来在回忆中说："蒋介石不明了当时东北解放军力量增长的情况，把问题看得太容易。他说：'这没有问题，葫芦岛方面的部队已经部署，那里离锦州很近，而我们又有这样大的力量，迅速打到锦州，不成问题。问题是在你们这边，你们已耽误好几天，应该马上集中完毕，迅速完成攻击准备，按我刚才指示的要领，积

解放军攻打锦州城

极行动。'"[1]可是,他也不能再说什么了。

蒋介石在沈阳只停留了一天,便匆匆离开,回到北平。沈阳主力编成由廖耀湘率领的出辽西的机动兵团,辖新一军、新六军等六个军和其他一些部队,拥有重炮、坦克、装甲汽车部队、通信部队等,这是国民党军在东北的精锐所在。廖耀湘是黄埔四期生,和林彪是同期同学,以后又在法国圣西尔军官学校、法国机械化骑兵专校学成毕业,抗战后期他在进入缅甸作战后率新编第二十二师和孙立人率领的新编第三十八师退入印度,以后分别扩编为新六军和新一军,全部改为美式装备,由美国军官训练,称为驻印军,以后又进入缅甸北部,在极为艰苦的环境中有过出色的表现。因此,廖耀湘在黄埔的班次虽然

---

[1] 廖耀湘:《辽西战役纪实》,《辽沈战役亲历记》,第163、164页。

较低，却深得蒋介石的信任。这个兵团在 10 月 8 日开始集中，9 日向彰武进攻前进。

蒋介石所说"要在撤退之前与东北共产党进行一次决战，给他一个大的打击"，听起来仿佛是天方夜谭，他却是认真的，认为是可以实现的。从沈阳回北平后，他又在 10 月 5 日到塘沽先后乘二〇三号炮艇（原为扫雷艇）和英国所赠重庆号巡洋舰偕徐永昌等到锦西、葫芦岛前线督师东进。6 日下午，到茨儿庄第五十四军军部向各师团长训话，并同被围锦州的范汉杰通电话。徐永昌在日记中记载：当晚，"又召集师长以上到舰上聚餐，并说明此次希望军事胜利之重大，谓不仅解锦围，并须会沈阳之师，聚歼顽匪。中有要知我不惜撤守烟台、调来新八军并天津一带之九十二军、六十二军以及九十五师等六个师，悉集此一地带，即为我成功此一攻势。语多兴奋与勖（茨儿庄训话略同）"。徐永昌第二天（7 日）在日记中又记载："上午近十一时，蒋先生的谈话。见其兴致颇佳，首问余曰：你看怎么样？余知其即指锦沈军事也。因答：照昨日总统训话之恳切勉励、军官之精神尚旺，第一步打通锦葫之线可能达到，若云第二步企图则难言矣。蒋先生闻言即坐起，连谓：怎么讲？余即曰：士无斗志。渠固问言所由来。答以言者殊夥，最近船上桂永清即言之。渠无言，顾而呼曰：端饭。时才十一时半也。又责窗棂之何启开，色殊不豫，饭未竟而去。"下午回北平，徐永昌又向蒋介石提出建议："说明驻平专待捷音，否则再至沈阳、葫芦岛督师。渠谓沈阳兵已出。余谓亦然，或不时于空中视察指导，如此庶收效较宏。蒋先生闻余言仰面而言曰：我上海还有事，那么我明日便不能走了。余即答以此须请总统酌其轻重矣，即辞而出。"[1]

正在军情如此紧急、准备同东北解放军"决战"的生死关头，这实在是一个十分奇怪的插曲。

蒋介石在7日对徐永昌说："我上海还有事。"8日，他便突然由北平飞回上海，傅作义劝他不要走。"蒋说他有私事要去。"[2]蒋在日记中说："中午接锦州战局无变化，乃即决定由沪转京。"[3]蒋介石在日记中也没有说实话。其实，那是因为蒋经国在上海推行经济管制、"打老虎"时，把杜月笙的儿子杜维屏捉了起来，但遇到孔祥熙的儿子（也就是宋美龄的外甥）孔令侃这只真正的"大老虎"就打不下去了。当他被杜月笙举此来"将军"后，不得不派人去搜查并查抄孔令侃的扬子公司，宋美龄"打急电给在北平的蒋介石，说上海出了大问题，要他火速乘飞机南下。当时，北平形势紧张，蒋介石正在北平主持军事会议和亲自督战，闻讯后立刻要傅作义代为主持，自己即乘飞机赴上海"。"第二天蒋介石召蒋经国进见，痛骂一顿，训斥道：'你在上海怎么搞的？都搞到自己家里来了！'要他立刻打消查抄扬子公司一事。父子交谈不到半小时，蒋经国出来时一副垂头丧气之色。"[4]这一来，蒋经国的"打老虎"也好，经济管制也好，都只能草草收场。徐永昌在日记中写道："闻蒋先生日前亟亟到沪，十之八九因孔大少不法囤集等问题，蒋夫人速其诣沪解围云

---

[1]《徐永昌日记》第9册，第131、132页。
[2] 杜聿明:《辽沈战役概述》，《辽沈战役亲历记》，第17页。
[3] 蒋介石日记，1948年10月8日。
[4] 贾亦斌:《半生风雨录》，中国文史出版社1996年10月版，第155、156页。

第四章 辽沈战役

蒋氏父子：后排左为蒋经国，右为蒋纬国

云。"[1]这个事实，蒋介石在日记中只字未提，但近一个月后，他在日记中写道："最近军事经济形势险恶已极，而社会上智识分子尤其是左派教授及报章之论评，诋毁诬蔑，无所不至，甚至党报社论亦攻讦我父子无所顾忌，此全为孔令侃父子所累。人心动摇，怨恨未有如今日之甚者。"[2]这里才透露出一点真实信息。

蒋介石离开北平后，10月11日还在国民党中央党部扩大纪念周上说："军事行动必然是主动的，我们不能分散兵力，让匪军各个击破，所以今后军事上某些地方应撤退即行撤退，以期集中兵力，主动打匪。"[3]但他所设想的"集中兵力""东西夹击""在锦州地区给东北共军一个歼灭性的打击"，事实上成为全部落空的大话。

从葫芦岛东进的兵团共辖有四个军又两个师，除第五十四军

---

[1]《徐永昌日记》第9册，第139页。
[2] 蒋介石日记，1948年11月5日。
[3] 秦孝仪主编：蒋介石《思想言论总集》卷22，第499页。

原驻葫芦岛外,再从华北抽两个军,从山东烟台抽一个军,这些部队的战斗力比锦州守军强得多,他们在葫芦岛登陆后经锦西向锦州推进,又有海空军协助。那里离锦州只有三十公里。进攻部队以塔山为主攻方向。

塔山位于锦西和锦州之间,东临渤海湾,西依虹螺山,相隔十二公里,地势平坦,有一条铁路和一条公路从这里穿过,经过高桥,通往锦州,是拥有重装备的国民党军队增援锦州必须经过的通道。东北野战军主力攻下锦州城是不成问题的,关键在于要能在塔山顶住国民党军东进兵团增援部队的通过,才能确保主力在较短时间内顺利结束进攻锦州的战斗。根据东北野战军的命令,第二兵团司令员程子华指挥第四、第十一纵队以及两个独立师和炮兵旅,迅速向塔山地区集结,组织坚守防御。东野主力第一纵队(司令员李天佑,政治委员梁必业,这年11月改称第三十八军)南下至锦州和塔山之间的高桥,作为战役总预备队,准备随时增援锦州或塔山。

程子华回忆道:"那时的形势是:能不能全歼东北敌人,关键在于能不能打下锦州;而锦州能否攻克的关键,则在于我指挥的部队能否阻挡住从葫芦岛登陆和锦西增援锦州的敌人。任务是艰巨的、光荣的。"[1]

塔山不是山,只有一些小丘陵,无险可守。因当地有个百来户人家的塔山村而得名。正面扼守这里的东北野战军第四纵队(司令员是吴克华,政治委员是莫文骅)只有三个师,是前来进攻的国民党军队十一个师(还有一个师因锦州很快解放而没有来

---

[1]《程子华回忆录》,第311页。

塔山之战解放军阵地

得及参加作战）的近四分之一，武器装备之比更为悬殊。当时派往塔山的东北野战军参谋处长苏静回忆道："敌人那种进攻的劲头，确有乌云压城之势，空中敌机来回穿梭于锦州、塔山间，进行轮番轰炸扫射。海上敌舰用大口径的舰炮协同陆地炮兵，倾下数以吨计的钢铁。经过五昼夜的激战，我守塔山的英雄部队坚守阵地，反复冲杀，部队阵地失而复得，与敌组织的所谓敢死队展开了肉搏战，使敌人死伤惨重，而不能越雷池一步。"[1] 东北野战军在这里能顶住国民党军队的六天猛攻，毫不退却，实在可说是军事史上的奇迹。

它的根本原因确实只能归结为双方士气的巨大差别。

英国军事学家李德·哈特曾写道："精神与士气乃战争之主

---

[1] 苏静：《关于锦州战役的回顾》，《辽沈战役》续集，人民出版社1992年10月版，第219页。

宰。""拿破仑的格言的新解是：士气以三比一重于实力。"[1]解放军士兵大多是翻身农民，有着保卫土地改革胜利果实的巨大热情。部队进行了有力的政治动员，说明：一、塔山阻击战意义重大。能不能全歼东北敌人，关键在能不能打下锦州，锦州能不能攻克，关键又在能不能守住塔山。只要守住塔山、保障主力攻下锦州，就是胜利。二、塔山阻击战必将是一场十分激烈而残酷的争夺战，必须死守阵地，一步不退。三、塔山阻击战必将胜利。锦州敌军已陷入重围，败局已定。援锦敌军表面上气势汹汹，实际上在整个战局失败的形势下，内部矛盾重重，士气低落，指挥混乱。只要我们万众一心，死守阵地，来犯敌人必将以失败告终。[2]在战斗中，许多阵地接连打退国民党军一波又一波的进攻，自己也有巨大牺牲，但没有一处主动放弃阵地而后退。塔山距锦州只有十五公里，围攻锦州的炮声在塔山清晰可闻，这对战士也是很大鼓舞。

国民党军却士无斗志，而且内部矛盾重重，难以形成协同的合力。蒋介石在10月11日日记中讲到锦西的东进兵团时写道："士气消沉至此，殊为悲痛。"[3]蒋介石对随他到东北去的杜聿明发火说："我们的将领真无用，以三个军加上优势空军炮火，把塔山都打平了，都不能攻进去。"[4]塔山阻击战进行了六天六夜，消灭国民党军六千五百多人，解放军伤亡三千多人。直到锦州解

---

[1][英]李德·哈特著，林光余译：《第一次世界大战战史》，上海人民出版社2010年10月版，第391、406页。

[2]《莫文骅回忆录》，解放军出版社1996年7月版，第476页。

[3]蒋介石日记，1948年10月11日。

[4]杜聿明：《辽沈战役概述》，《辽沈战役亲历记》，第18页。

放，国民党军的东进兵团仍不能前进一步。勇气和斗志可以转化为战斗力，在一定条件下对胜负起了决定性作用。这场阻击战的胜利属于谁，用事实对它作出了最有力的证明。

蒋介石"东西夹击"以至同东北解放军"决战"的计划能否实现，关键在于国民党军能否坚守锦州。毛泽东对辽沈战役中这个关键问题看得十分清楚，抓得很紧，考虑得很远。10月10日，他为中共中央军委起草给林彪、罗荣桓等的电报中指出"这一切的关键是争取在一星期内攻克锦州"。电文分析道：

> 这一时期的战局，很有可能如你们曾经说过的那样，发展成为极有利的形势，即不但能歼灭锦州守敌，而且能歼灭葫、锦援敌之一部，而且能歼灭长春逃敌之一部或大部。如果沈阳援敌进至大凌河以北地区，恰当你们业已攻克锦州、使你们有可能转移兵力将该敌加以包围的话，那就也可能歼灭沈阳援敌。这一切的关键是争取在一星期内外攻克锦州。
>
> 你们的中心注意力必须放在锦州作战方面，求得尽可能迅速地攻克该城。即使一切其他目的都未达到，只要攻克了锦州，你们就有了主动权，就是一个伟大的胜利。[1]

锦州的国民党守军如前面所说，主要是云南部队，战斗力不强，对蒋介石把他们从越南北部调到东北来十分不满，士气低落。东北解放军司令部的《阵中日记》，在10月1日也这样估

---

[1]《毛泽东选集》第4卷，第1336、1337页。

计:"锦敌虽多,但战斗力较弱,已陷于孤立,虽有八个师的兵力,但缺乏骨干,半数为今年新成立,中间尚有派系斗争与矛盾,便于我各个击破。"[1]东西两路援军的进展又那么缓慢,无法到达。"十月八日,林彪、罗荣桓、刘亚楼等登上帽儿山现地勘察锦州敌情、地形"[2],并确定攻城部署。10月10日,锦州外围战开始。14日,解放军在扫清锦州外围后,以五个纵队又一个师和炮兵纵队主力共二十五万人,在韩先楚、邓华等具体指挥下向锦州发动总攻,大炮五百多门密集射向锦州预定目标。在打开突破口后,进入激烈的巷战。只经过三十一个小时的战斗,到15日午后,国民党守军八万多人全部被歼。这就关闭了东北国民党军进出的大门,为辽沈战役的完全胜利迈出了关键性的一步。范汉杰被俘后说:"这一着非雄才大略之人是做不出来的。锦州好比一条扁担,一头挑东北,一头挑华北,现在是中间折断了。"[3]

11月8日,林、罗、刘、谭(政)给毛泽东并东北局的报告中,对塔山阻击战在攻取锦州的军事行动中的作用给予很高的评价,说:"这一防御战之顽强,对我当时攻击锦州、取得调整与部署与攻击准备时间,起了决定的作用。"[4]

解放军攻克锦州的当天,即10月15日,蒋介石从南京第二次飞往沈阳。他这次去沈阳,主要是想救出在长春的十多万国民党军队。在沈阳的次日清晨五时,他给驻守长春的东北"剿总"副总司令兼第一兵团司令官郑洞国写信并转两位军长,要他们立

---

[1]《阵中日记(1946.11—1948.11)》下册,第1011页。
[2]《中国人民解放军第四野战军战史》,第316页。
[3] 韩先楚:《东北战场与辽沈战役》,《辽沈决战》上册,第127页。
[4] 林、罗、刘、谭关于九、十两月作战一般情况的总结报告,1948年11月8日。

林彪、罗荣桓、刘亚楼在锦州前线指挥

刻率部向沈阳突围。

郑洞国是 3 月 15 日（即解放军攻克四平后两天）调到长春的。25 日，他在长春宣誓就职。"他宣布说，蒋介石给他的任务是'固守待援，相机出击'。"时任国民党政府长春市市长的尚传道说："蒋介石的战略要求，是想尽可能坚守住长春、沈阳、锦州三个据点，争取喘息和整训的时间，以便相机出击，稳住东北战场的颓势，牵制东北人民解放军，不让它南下进关。所以，他命卫立煌'坐镇'沈阳，并派出东北'剿总'两位副总司令范汉杰、郑洞国分别坚守锦州、长春。"[1]东北野战军由第一兵团司令员萧劲光（亦称肖劲光）和政治委员萧华指挥第十二纵队、十二个独立师和一个炮兵团十六万人执行围困长春的任务。这时，长

---

[1] 尚传道：《长春困守纪事》，《辽沈战役亲历记》，第 394 页。

春外围战役已经结束。6月，中共东北局给围城指挥所下达打长春的总方针是"久困长围、政治攻势、经济斗争"。[1]

困守孤城，民食军需成为最紧迫的问题。十万军队在城市要生存下去，吃饭活命是首要条件。据国民党长春市政府调查："全市存粮只能维持到七月底。"[2]这时的长春，久已处于解放军四面包围之中。除城郊的大房身机场外，同外界的一切联系都已切断。城内粮食、燃料匮乏，一般居民最初以豆饼、酒糟充饥，到7月中旬不少人已只能吃野菜、树皮度命，大批冻饿而死，怎样在这种情况下，不让成千上万的百姓饿死，是一个艰难任务。萧劲光回忆："当时，在第一线担任封锁任务的干部战士，十分同情这些出来的群众，把自己的饭拿出来给群众吃。后来，出来的群众越来越多，靠一线部队自己的力量已不能解决问题，我们指挥部就开会研究，决定设立难民处理委员会，在前沿和后方设置了大大小小的难民收容所数十个，有计划地收容难民、疏散难民。""围城期间，难民委员会共发放了四千吨救济粮、六亿元救济金及五百斤食盐。"[3]许多难民得到救济后及时疏散到各地去，但不准将粮食运入城内。

长春城内的守军有十万多人，主要是新七军和六十军。新七军的新三十八师是原新一军的基干队伍，全部美械装备，战斗力强，但其他两个师是以后编入的，战斗力弱。第六十军和锦州的第九十三军一样，也是云南部队，同蒋介石的嫡系部队矛盾很

---

[1]《萧劲光回忆录》，解放军出版社1987年5月版，第383页。
[2] 佟冬主编：《中国东北史》第6卷，吉林文史出版社1998年8月版，第896页。
[3]《萧劲光回忆录》，第393页。

深，处处受到歧视，又是从四季如春的云南被调到常常冰天雪地的东北来打他们不愿意打的内战，官兵普遍不满。在放弃永吉转移到长春后，军心不稳。"该军到达后，长春所有物资已被新编第七军所把持，样样仰人鼻息，简直在过乞讨生活，困难与日俱增。"[1]两军在粮食供应上的差别很大，使彼此的矛盾更加激化。长春城防工事坚固，但粮食和燃料都要仰赖空运供应，逐渐粮尽弹绝，这自然无法持久。当大房身机场被解放军占领后，城内守军便到了山穷水尽的地步。这日子已不可能继续维持下去。用第六十军军长曾泽生的话来说："事实已非常清楚：守，是等死；突围，根本无望；只有一条路——起义！"[2]

英国军事学家李德·哈特说："无助引发无望。历史曾证明，丧失希望，即使未丧失生命，战争也即可拍板定案。"[3]国民党军队在长春失败的命运这时早已注定。

8月25日，郭汝瑰在日记中写道："总统指示：先电长、沈，告以十月打通长、沈交通。俟共军集中四平街一带，则国军打通沈锦线。如共军向辽西移，则长春守军经西丰方面。"[4]但蒋介石并没有拿出，也拿不出如何打通长、沈交通的办法，说的仍是一篇空话。9月10日，郭同蒋介石通电话后乘飞机赴沈阳，当晚同卫立煌见面。"伊反对长春突围，认为突围二日即将被全部歼灭。同时，伊又以为如沈阳方面出兵援助，则沈阳方面亦必乱得站不住脚。"第二天，郭再同卫商讨长春作战意

---

[1] 孙渡：《云南部队到东北》，《辽沈战役亲历记》，第597页。
[2] 郑洞国：《我的戎马生涯》，第509、510页。
[3] [英]李德·哈特著，林光余译：《第一次世界大战战史》，第424页。
[4] 郭汝瑰日记，1948年8月25日。

见。"伊坚不主张长春突围,亦不作任何处置,惟求加强空运而已。"[1]

10月初,郑洞国酝酿趁解放军主力南下锦州的机会,拼死向沈阳突围。但士兵因军心涣散,又饥饿过久、体力不支,已无力突破包围圈。10月10日,蒋介石派空军投给郑洞国和两军长的信大意说:"目前共军主力正在猛攻锦州,东北局势十分不利,长春的空投物资亦难维持。望吾弟接信后迅速率部经四平街以东地区向东南方向转进。行动之日将派飞机掩护,沈阳方面亦有部队在路上接应。"蒋介石这时不再讲什么"固守待援"了,但为时已晚。郑洞国接信后,立刻找两军军长商议。曾泽生摇头说:"总统下命令容易,真正突围谈何容易?现在城外共军兵力雄厚,而我军是兵无斗志,根本突不出去的。"蒋介石嫡系的新七军副军长史说也说:"就是突出去,这七八百里地,中间没有一个'国军',官兵又都腿脚浮肿,不要说打仗,就是光走路都成问题呀!"[2]他们谈不出一个结果,只得将会议结果电复蒋介石。这自然不能打动蒋介石。他在13日日记中写道:"昨接郑洞国等来电,尚不愿撤退,亦不敢突围,严电遵令实施突围,勿再自误误国之词斥责之。"[3]

锦州解放后,蒋介石10月16日在沈阳所写给长春将领的那封亲笔信,是当天下午空投给郑洞国的。信的措辞十分严厉,但都脱离实际太远。他写道:"西灰(注:即十月十日)手令计达。

---

[1] 郭汝瑰日记,1948年9月10日、11日。
[2] 郑洞国:《我的戎马生涯》,第510页。
[3] 蒋介石日记,1948年10月13日。

集会上讲话的曾泽生

现匪各纵队均被我吸引于辽西方面,该部应遵令即行开始行动。现机油两缺,尔后即令守军全成饿殍,亦无再有转进之机会。如再迟延,坐失机宜,致陷全般战局于不利,该副总司令、军长等即以违抗命令论罪,应受最严厉之军法制裁。"[1]郑洞国立刻找两军军长来商议,决定后天(18日)突围。曾泽生回忆道:"当时,摆在第六十军面前有三条路:一是死守长春,其结果是城破军亡;二是向沈阳突围,其结果是被解放军歼灭在长春到沈阳的路上;三是反蒋起义,参加革命,向人民赎罪,这是条活路。究竟走哪一条路呢?"9月22日晚,他找陇耀、白肇学商议。他先表明态度:"我认为,我们应该率部反蒋起义。"陇、白都同意反蒋。陇耀更坚决,说:"我早就想着你会这样决定!""我们六十军,这些年来受蒋介石嫡系部队的气太多了。排挤,歧视,分割,监视,装备坏,待遇低,送死打头阵,撤退当掩护,赏是他

---

[1] 郑洞国:《我的戎马生涯》,第509、510页。

东北"剿总"副总司令、第一兵团司令郑洞国投诚后到哈尔滨

们领,过是我们背。这样的窝囊气,我早就受够了。我拥护起义。"[1] 10月14日,曾泽生派两个被解放军俘虏后放回来的团长出长春去同解放军联系。这两个人在黄昏时回来,报告他已联络上了,解放军同意曾部起义。

17日,第六十军宣布起义,解放军在当天深夜开入第六十军驻防的长春东半部。19日,不可能再支持的新七军也放下武器,长春宣告解放。

至此,东北野战军已歼国民党军两个兵团部、正规军及地方部队共二十万人,解放锦州和长春。这在国民党统治区引起巨大震动和连锁反应。蒋介石在10月16日日记中写道:"军事失利以后,其军事本身恶劣之影响并不甚大,而社会、经济、外交与人心极端恶化的现象,绝非想象所能及也。""此乃自来亡国之景

---

[1] 曾泽生:《长春起义记事》,《辽沈决战》上册,第424、426页。

象,不料今日由余亲尝其滋味,悲惨曷极。"[1]

辽西会战和沈阳解放

蒋介石不是要"东西夹击","在锦州地区给东北共军一个歼灭性的打击"吗?从葫芦岛出发的东进兵团,前面已说过,被东北野战军第四纵队在塔山坚决顶住,寸步难行。那么,廖耀湘率领的西进兵团在蒋介石严令下已从沈阳出发,这时又到哪里去了?

国民党军在东北的精锐部队,几乎集中在廖耀湘担任司令官的第九兵团(即西进兵团)中。它辖有六个军又一个师。其中,新一军和新六军是抗战期间的驻印军,全副美式装备,接受过美国军官训练,是蒋介石五大王牌军中的两支。第七十一军,曾是中央警卫军,也是全副美式装备,在四平街战役等中有过顽强的表现。此外,新三军、第五十二军、第四十九军和第二〇七师,都有一定的战斗力。该兵团本来驻守在沈阳地区。毛泽东设想的"封闭蒋军在东北加以各个歼灭",最重要的是指这支部队。

蒋介石也极看重这支部队。前面说过,1948年5月初,他曾决心撤退沈阳地区国民党军队的主力,通知卫立煌去南京面商。卫立煌对廖耀湘表示:东北解放军主力位于辽北和辽西地区,如果沈阳主力经辽西向锦州撤退,背辽河、新开河、饶阳河三条大河侧敌行动,有被解放军层层截断、分别包围被歼的危险;而且那样做,无异于抛弃长春守军。廖耀湘同意这些意见,卫立煌就要他代赴南京报告。

---

[1] 蒋介石日记,1948年10月16日。

廖耀湘是黄埔四期生（和林彪同期），是蒋介石的嫡系将领。据他回忆："到南京后，蒋介石首先单独召见我。蒋介石告诉我，他之所以要撤退沈阳的主力，首先是想在东北解放军来进攻锦州之前，先主动把沈阳主力撤往锦州，其次是当时国民党的空运能力有限，不能够负担沈阳十几万大军的补给。""后来据罗泽闿说，蒋还想把由过去驻印军组成的沈阳主力（新编第一军、新编第六军、新编第三军）转运至南京地区，作他的机动预备队，必要时用以巩固南京老巢。"廖耀湘再三说明这样做的困难："解放军可能围城打援，沈阳主力如单独西出，背三条大河，侧敌前进，增援锦州，更有被节节截断、分别包围、各个击破的危险。"他主张："沈阳部队应待葫芦岛与锦州部队会师后，东渡大凌河出沟帮子向东推进时，才能够西进与东进的部队相会合，打通锦沈交通。""蒋介石当时也没有来得及详细思考，所以也未作别的指示，只是再补充一句：'这问题留待以后再详细研究。'"[1]这样，沈阳撤兵的问题就拖下来了。那还是五个月前的事。

到解放军进兵锦州，蒋介石急于要沈阳国民党军主力直出辽西解锦州之围，并且派参谋总长顾祝同到沈阳监督执行。卫立煌仍坚持原来的意见。廖耀湘也认为直出辽西并不可行。他另有打算，主张趁东北解放军主力进攻锦州、辽南空虚的机会，将国民党军在沈阳的主力南取营口，从海上撤出。双方争执不下，顾祝同断然表示，你们已耽误好几天时间，必须服从命令，"先开始行动"，才能再说话。这样，卫立煌同意先命令廖兵团的部队向新民、巨流河地区集中，表示已"开始行动"。

---

[1] 廖耀湘：《辽西战役纪实》，《辽沈战役亲历记》，第153、154、155页。

有如前面所说，到 10 月 2 日蒋介石飞沈阳亲自督战时，他的主意又改变了，命令沈阳主力出辽西后，不只是解锦州之围，还要和东进兵团东西夹击，对围攻锦州的解放军实施反包围，同东北解放军主力决战。卫立煌这时表示同意廖耀湘带沈阳部队主力到营口从海上南撤的意见。"蒋介石认为这种想法不是以增援锦州、求与共军主力作战为主，而是避战、保全实力，坚决不同意。"[1] 他单独找廖耀湘谈话，说："形势的发展，实在出乎吾人所料。锦州是东北我军的咽喉，势在必保。我此次来沈，是来救你们出去的。过去你们要找共军主力找不到，现在已经集中辽西走廊，正是你们为党国立功的好机会，只要大家以革命精神下定决心，坚决服从命令，我想一定可以成功。今日惟有力保机密，行动迅速，顾及全局，努力完成使命，求共军主力进行决战，予敌致命之打击。"[2] 蒋介石硬要在不利条件下进行决战，难怪郝柏村在读蒋介石日记时要发表这样的感慨："蒋公此际仍一意决战。大军指挥，被动决战是冒险行为。"[3]

廖耀湘也清楚，这样远赴锦州去决战是不会有好结果的，仍想将沈阳主力转向营口，从海上撤出东北。这同蒋介石想的不是一回事。所以，"廖虽然接受蒋介石的最后决定，仍由沈锦线径援锦州，但思想上还是不愿意，行动不积极，借口河流障碍，架桥费时，右翼侧背威胁等等，滞迟其行动"。"他说：'我判断不会过几天，锦州就会被解决，那时我们就不要前进了。'"[4]

---

[1] 杨煜：《辽西战役补述》，《辽沈战役亲历记》，第 190 页。
[2] 蒋纬国：《历史见证人的实录——蒋中正先生传》第 3 册，第 288 页。
[3] 《郝柏村解读蒋介石日记（1945—1949）》，第 365 页。
[4] 杨煜：《辽西战役补述》，《辽沈战役亲历记》，第 191 页。

8日，廖兵团在沈阳以西的新民地区集合后，不是朝西南的锦州方向急进，而是转往偏西北，在10月11日攻占彰武。彰武是东北解放军向锦州地区运送兵员、弹药和物资的重要据点，并有储存，对东北解放军有一定的重要性，成了廖耀湘改变行动方向的借口。参加这次行动的国民党军第四十九军军长郑庭笈回忆道："按蒋介石的规定，辽西兵团要集中主力沿北宁路前进，迅速增援锦州，牵制围攻锦州的解放军，达到解锦州之围的目的。但廖耀湘担心辽西兵团进到大虎山附近，解放军会分从彰武和锦州进兵把它包围在该地区予以歼灭，所以他把主力向彰武和新立屯方向攻击前进。他认为切断解放军的后方交通线，就可能使解放军放弃对锦州的进攻；同时，如果锦州早日被解放军占领了，辽西兵团还可以退守沈阳。因此，新编第三军占领彰武后，就停止在该地区不动，大量地劫运粮食。"[1]

10月12日，蒋介石已十分着急了，致电卫立煌并转廖耀湘："刻葫芦岛出击部队，既被阻于塔山、高桥一带，万一锦、葫不保，则沈阳必成束手待毙之局，故此时我沈阳出击部队不可再作等待两锦部队东进会师之打算，应即乘此匪攻两锦疲困之机，不问两锦如何恶化，廖司令官所部应一意西进，勿再犹豫。万一锦州不保，亦须尽其全力，负责恢复，此为东北整个国军生死存亡之关头，亦为今日惟一之战略，接电应立即遵行，切勿延误，并盼立复。"但只求自保的廖耀湘接电后并无多大动作。蒋介石派往沈阳的参军罗泽闿电陈："卫总司令及廖司令官对增援锦

---

[1] 郑庭笈：《辽西兵团的覆灭》，《辽沈战役亲历记》，第225页。

攻打锦州的敢死队战士

州,均不欲冒险前进","我南北兵团向锦州夹击计划恐难实现"。[1]

当锦州被解放军围攻、处境危急时,从南面还可以听到东进兵团在塔山的炮声,而北面的西进兵团却远在彰武,连影子都看不到。

毛泽东认清这一态势,在11日为中共中央军委致电东总:"只要不怕切断补给线,让敌进占彰武并非不利,目前你们可以不受沈阳援敌威胁,待锦州打得激烈时,彰武方面之敌回头援锦,它已失去时间。"[2]12日,毛泽东再次指出:"沈敌进占彰武,置于无用之地。"[3]13日,蒋介石严令廖部星夜渡新开河进占新立屯,再向锦州前进,"如再延误将以军法从事"[4]。17日,廖兵团

---

[1] 秦孝仪总编纂:蒋介石《大事长编初稿》卷7(上册),第149、150页。
[2] 《毛泽东军事文集》第5卷,第65页。
[3] 《毛泽东军事文集》第5卷,第70页。
[4] 廖耀湘:《辽西战役纪实》,《辽沈战役亲历记》,第168页。

不得不沿铁路线南下到达黑山、大虎山以北的新立屯。而解放军已攻占锦州，它确实"已失去时间"，并且为解放军下一步歼灭廖兵团造成了有利态势。

锦州解放后，蒋介石仍不甘心就此罢休。他在10月15日日记中写道："锦州初陷，敌力不强，当易恢复也。""即使锦州失陷，东西两兵团援军仍继续前进，收复锦州。否则东北之主力部队无法撤回关内也。应电卫、廖等应作收复锦州之决心，而不仅以赴援为目的，明示其积极进取之方针。""既定方针与决心不宜变更，仍应贯彻决心，力图打通此关，方有全军撤回关内之望。否则，即使能有半数部队入关，亦可整顿补救，恢复战力，仍可重整旗鼓，确保华北，徐图消除此万恶之赤祸共匪也。"[1]这也清楚地表明蒋介石对东西兵团夹击的目的，主要还不在援锦，而在于寻求同东北解放军主力"决战"。

他自己也第三次赶往沈阳，尽管锦州已解放，仍严令西进和东进两个兵团继续向锦州攻击前进。卫立煌、杜聿明、廖耀湘等这时已很难再提出不同意见。东北"剿总"参谋长赵家骧在对东北国共两军实力做了比较后，不赞成蒋介石提出的向锦州前进的这个方案，说："继续向锦州攻击，是值得考虑的。"蒋介石大怒，说："我们空军优势，炮兵优势，为什么不能打？"[2]

林、罗、刘、谭给毛泽东并东北局的报告中写道："蒋介石误认为刚攻克锦州之师必不可能迅速继续作战，再加上指挥锦、葫作战之陈铁，被我攻克锦州之七、九两纵向锦州西南郊移动及

---

[1] 蒋介石日记，1948年10月15日。
[2] 杜聿明：《辽沈战役概述》，《辽沈战役亲历记》，第22页。

一部分重炮增加到塔山阵地所迷惑,而发生错觉,以为我可能乘机攻击锦、葫,向上叫喊。同时,我将锦西附近两个独立师和十一纵一个师向南佯动,并通知沿铁路线到山海关一带地区,准备大军房舍及粮草,虚张声势。这更促成蒋介石决心以廖兵团继续沿北宁线攻击前进,企图重占锦州。"[1]

可是,蒋介石这些"方针"与"决心"实在太脱离实际。在锦州解放前,解放军主力用在尽快攻占锦州上,只以一部分兵力担负阻击,国民党东西两兵团在这种情况下尚且无法前进。现在,解放军主力已腾出手来,集中力量对付这两个兵团(特别是廖耀湘率领的西进兵团)。而这两个兵团得知锦州被解放的消息后,军心一片慌乱。要他们继续向锦州攻击前进,实际上是无法做到的。东进兵团背靠葫芦岛港口,还可以从海上撤走。西进兵团却陷于进退两难的窘境,廖耀湘心中始终急于全军转向营口,期望同样能从海上撤走。

针对这种状况,毛泽东和中共中央军委认为,下决心集中力量全歼廖耀湘兵团的时机到了。

最初,在攻下锦州后,他们曾一度打算把下一步的行动放在先打锦西、葫芦岛,那样既可以确实控制锦榆唐线,把国民党军东北和华北两大集团完全分割开,又便于就近使用兵力。这时,根据战场形势发生的变动,并且考虑了东北野战军总部的建议,解放军断然调整了作战部署。10月19日,毛泽东为中央军委起草致林、罗、刘电:"沈敌似已决心撤退,退营口的可能性很大。""你们在锦州各部须争取至少再休整一星期,准备歼击由

---

[1] 林、罗、刘、谭关于九、十两月作战一般情况的总结报告,1948年11月8日。

新立屯向你们前进之敌。如该敌不再前进，则攻新立屯，抓住廖耀湘攻击，使他走不脱，各个歼灭之。因沈敌决心撤退，你们须用全力抓住沈敌，暂时不能打锦葫。在歼灭沈敌以前，锦葫应由攻击目标改变为钳制目标。"[1]

20日，毛泽东和中央军委作出更重要的决断：要抓住当前有利时机，迅速扩大战果，一举解决整个东北问题。毛泽东为中央军委起草致东北局、林罗刘电："除以一部守备营口外，主力由东向西配合锦州我军作战，准备全歼廖耀湘兵团，攻取沈阳。"[2]这个电报不仅发给东北野战军，而且发给东北局，可见它是有关东北全局的又一重大战略决策。

这时，作战的中心地点转移到黑山、大虎山。辽西地区河流纵横，地形复杂。黑山、大虎山就像辽西走廊上的一扇门户，北面是高越八百六十多米的医巫闾山脉，南面是连绵九十多公里的沼泽地带，中间留有十六公里宽的一条狭长的丘陵地带，北宁铁路和公路都从这中间穿过，对需要靠铁路运输的国民党重装备兵团来说是无法绕开的必经之路。西进兵团无论增援锦州，还是南撤营口，这里都是必争之地。为此，东北野战军与西进兵团首先在这里展开了激烈的攻防战。10月21日拂晓起，廖耀湘兵团在蒋介石严令下开始向黑山、大虎山攻击。23日，先头部队到达黑山、大虎山以东和解放军接战。他们共五个军十二个师，有大量飞机、坦克和上千门大炮配合作战的全美式机械化部队。解放军只有一个第七纵队，加上临时配属的两个师，武器除步枪、手

---

[1]《毛泽东军事文集》第5卷，第105页。
[2]《毛泽东军事文集》第5卷，第107页。

榴弹外，炮兵也建立不久。双方力量悬殊。但这条走廊狭窄，廖兵团的兵力也不易展开。廖兵团重炮部队火力异常猛烈，战机的炸弹成串落下，继之以步兵冲击。东北野战军第十纵队（司令员是梁兴初，政治委员是周赤萍）和第一纵队第三师、内蒙古骑兵师，以与阵地共存亡的决心顽强阻击。梁兴初有声有色地回忆起作战一开始战场上出现的情景："二十四日晨六时，四架野马式敌机带着滚雷似的轰隆声，飞扑黑山城上空，随着凄厉刺耳的尖啸，炸弹成串地往下落，黑山城顿时被撕裂开了。与此同时，架设在张家窝棚方向的重炮群，也以雨注般的炮火向高家屯一线遮头盖脑地打来。几天来昼夜等待着的一场恶战，从今天开始了。"[1]廖耀湘真是把自己所有的本钱全用上了。经过三昼夜的奋战，廖耀湘兵团始终无法突破解放军的阻击阵地。

黑山阻击战，解放军以顽强的斗志，顶住国民党这支精锐兵团的猛烈攻击，封住他们的南下之路，争取了时间，对辽西会战取得全胜做出了巨大贡献。26日，原来攻克锦州的东北野战军主力六个纵队和炮兵纵队只休整了三天，立刻回师，越过五百米宽的大凌河，赶到黑山、大虎山地区。双方力量对比顿时发生重大变化，廖耀湘兵团再也跑不掉了。

廖耀湘意识到已处于极为不利的处境下，遵照蒋介石命令继续向锦州推进已绝无可能，慌忙下达向营口或沈阳方向撤退的命令，但这时根据东北野战军的命令，第八纵队在段苏权、邱会作指挥下东进台安，切断了廖兵团通向营口的退路。"第五、第六纵队，在第六纵队司令员黄永胜、政治委员赖传珠统一指挥

---

[1] 梁兴初:《黑山阻击战》,《辽沈战役》上册，第445页。

辽西平原围歼廖耀湘兵团

下,迅速向预定地域急进"[1],关上他们退回沈阳的大门,趁乱猛打。赖传珠在10月27日的日记中写道:"终日战斗,俘敌二万余人,变成混战。"[2]第十纵队也转入追击。去营口和退回沈阳的道路都已被截断,这又是廖兵团没有想到的。携带着大量重武器而正处在运动中的廖耀湘兵团进退两难,挤在大虎山以东、只有一百二十平方公里的狭长地区内,顿时陷入不知所措的困境。

东北野战军按照中共中央军委的命令,立刻以刚从锦州地区赶到的各支主力部队对正在慌乱地运动中的廖兵团实行分割包围。混战中,解放军横腰拦截,猛打猛冲,大胆插入廖耀湘兵团各部队之间,一下子捣毁了廖兵团和一些军的指挥机构,割裂他们之间的相互联系,各军各师混在一起,完全打乱了它的指挥系统和战斗部署,汽车、大炮扔得遍野都是。廖兵团各部队失去指挥,迅速溃不成军,毫无战斗力了。到处可以看到:司令官找不

---

[1]《中国人民解放军第四野战军战史》,第337页。
[2]《赖传珠日记》,人民出版社1989年7月版,第787页。

到军长，军长找不到师长，师长也找不到自己的部队，士兵们不知道该怎样行动，甚至弄不清近在身边的是友邻部队还是解放军。十万多重装备大军的行动，事先没有明确的目标和缜密的计划，各部队间缺乏清楚的任务分工，行动徘徊犹豫，决心一再改变，官兵疲惫不堪。一旦陷入重围和一片混战中，指挥中枢又遭到突然捣毁，整个部队顷刻间由自乱而到覆灭。看起来似乎令人难以相信的事，就这样一步步发生了。

廖耀湘后来回忆道："因为这些部队都是处于行军状态，原来就未建立好通讯联络的体系，所以当兵团部及三个重要的军部被打碎之后，指挥官陷于无法指挥也再不能掌握部队的境地。而部队则因失去首脑，无所适从，以致陷于瘫痪和分崩离析的状态。"[1]

10月28日拂晓，辽西围歼战结束，全歼廖兵团五个军十二个师（旅）及特种兵部队十万多人（第五十二军大部已转往营口方向）。廖耀湘和三个军长被俘。从合围到全歼廖兵团，只用了两昼夜时间。国民党军这些精锐部队就这样快地在一片混乱中断送掉了。毛泽东在总结这一经验时写道："东北我军在辽西打廖兵团之所以能迅速解决，是因为我各纵大胆插入敌各军之间，而敌又指挥错乱（先向西遇挫，又向东南遇挫，又向东北），故能迅速解决。"[2]

蒋介石本来派杜聿明到锦西、葫芦岛，担任东北"剿总"副总司令兼冀热辽边区司令官，准备统一指挥侯镜如的东进兵团

---

[1] 廖耀湘：《辽西战役纪实》，《辽沈战役亲历记》，第181页。
[2] 《毛泽东军事文集》第5卷，第317页。

和廖耀湘的西进兵团相互配合进行反攻，这时自然再也无从谈起了。

蒋介石在以廖耀湘的第九兵团为基干组成西进兵团时，又以周福成的第八兵团为基干编为防御兵团，担任沈阳的防卫。廖兵团全是蒋介石的嫡系部队，而周福成部是原东北军，因此防御兵团并不是蒋介石的嫡系部队。显然，蒋介石的打算是：必要时，要救出他的嫡系部队，而牺牲那些非嫡系部队。这种划分，蒋介石早有考虑，并且向廖耀湘表示过。廖一听自然明白，但也有顾虑，曾对蒋介石建议："这样彻底改组沈阳部队的编组，最好暂不发表，因为泄漏出去会引起周福成及其他地方部队的不安，可把这个决定交赵家骧参谋长带回去转交卫总司令，在适当时机发表。"[1] 这种安排一宣布，周福成等何尝不明白它的含义：这是蒋介石牺牲杂牌、保存嫡系的惯用做法。这样的部队，这样的军心，又怎么可能拼死地坚守沈阳呢？11月1日，东北野战军向沈阳市区发起总攻，第二天就结束战斗，歼灭的与起义、投诚的国民党部队共十三万四千人，沈阳这个东北最大的城市得到解放。同天，营口解放，国民党军只有第五十二军一部分（近万人）乘船撤离。

锦西、葫芦岛原有国民党军"东进兵团"十三万七千多人。最初还根据蒋介石"东西夹击"的要求，向锦州攻击前进，得知廖耀湘"西进兵团"被困的消息后不得不停顿下来，到沈阳解放的第二天，大势已去，便从11月3日开始，靠运输舰艇从海上分别撤回华东和华北，最后一批在9日撤完。

---

[1] 廖耀湘：《辽西战役纪实》，《辽沈战役亲历记》，第154页。

沈阳国民党特种兵集体投降

至此,东北全境解放,辽沈战役结束。

王铁汉感伤地说:"三十四年(注:即一九四五年)十月十六日,杜聿明率第十三及第五十二军由山海关进占锦州,开始接收东北;三十七年(注:即一九四八年)十月三十日,杜聿明又以东北'剿总'副总司令身份,驻葫芦岛主持撤退事宜。最初怎么来的,最后怎么走的,亦一巧合也。"[1] 时隔三年,这个巧合对蒋介石可以说很有辛辣的讽刺意味。

东北战场这样的结局是蒋介石万万没有想到的,给他的打击极大。他在 10 月 30 日所写的"上星期反省录"中充满懊丧地叹道:"自本月十五日锦州失陷,继之以长春各部叛降,加之沈阳出击之主力全军覆灭,共计被匪消灭者实有三十二个师之众。此为平生以来最大之失败,亦为余最大之耻辱。""当时以情势而

---

[1]《王铁汉先生访问纪录》,第 100、101 页。

论,锦州既陷,明知反攻兵力不足,地形不利,尤以士气不振、将心不固为虑。苟能依照初意,由新立屯撤回沈阳固守一时,再向营口撤退,转进葫芦岛,以图恢复锦州,亦计之得者也。余不此之图,竟以长春部队叛降与国际外交情势恶劣之故,仍令不顾一切冒险出击,竟遭此莫大之失败,其责任之重,将何以自赎也。"[1] 两天后,他又在日记中写道:"心神常感愧惶恍惚,此亦为十年来所未有之景象。对于沈阳全军覆没之惨痛更觉自身责任与罪恶之重大,故愧怍交集,生后悔莫及之叹。"[2]

当年曾在东北国民党军中作战的郝柏村在读了蒋介石日记后,写下自己的感想:"本月的沈锦会战,乃由蒋公亲自穿梭于北平、沈阳、葫芦岛间所决策,并一度到锦西第一线五十四军司令部,但结果完全失败,亦是三年来进军东北的悲惨结局。自记'骄矜自大,铸此大错',就军事战略而言,期与林彪在锦州、沈阳决战,是蒋公个人的意志和决心,为一重大战略错误,军、师长曾有不同意见,蒋公未采纳。战略决战必须具有两个基本条件,一是兵力绝对优势,二为战略态势有利。锦州、沈阳间的决战,这两个基本条件都不具备,是冒险的行动。而大军作战不能采取冒险行动,如曾国藩所说,先求稳当,次求变化,而毛泽东不打无把握的仗,更是如此。"

他又写道:"国军与共军有形兵力虽相当,而国军士气,自今春新五军被歼,冬季缺煤,而官兵大多是南方人,高粱米非常吃不惯,更由于关内战局不利,国大开会政治纷乱,经济物价

---

[1] 蒋介石日记,1948年10月30日,"上星期反省录"。
[2] 蒋介石日记,1948年11月2日。

解放军攻占东北"剿总"司令部

上涨,故士气不高,而共军则反之,故精神上气的战略优势在共军。"

"廖兵团的覆没,即是东北全军的覆没,因为这是国军最精锐、最忠贞的嫡系中央部队。东北国军占国军军费五分之一,可见分量之重。东北国军解体,华北战局无可挽回。"[1]

《观察》上一篇文章评述国民党统帅部在东北战局中的表现说:"当局自始至终,并无定算。既缺乏'背城借一'的信心,又没有'壮士断臂'的勇气,驯至旅进旅退,且战且走,予人以可乘之机。"[2]

辽沈战役进行了五十二天。解放军以伤亡六万九千多人的代

---

[1]《郝柏村解读蒋公日记(1945—1949)》,第369、370页。
[2] 季明:《五十天军事局势的总检讨》,《观察》第5卷第12期,1948年11月13日。

价,歼灭国民党军四十七万两千人,其中包括新一军、新六军这样的精锐部队,使东北全境获得解放。

毛泽东从辽沈战役胜利的事实中,很快意识到这使解放战争双方军力对比发生了根本变化,是整个解放战争形势发生的重大转折,加速了解放全中国的历史进程。他及时作出新的战略大判断。这是作为军事统帅领导能力是否高明的重要标志。11月14日,他为新华社所写的评论《中国军事形势的重大变化》中鲜明地指出:

> 中国的军事形势现已进入一个新的转折点,即战争双方力量对比已经发生了根本的变化。人民解放军不但在质量上早已占有优势,而且在数量上现在也已经占有优势。这是中国革命的成功和中国和平的实现已经迫近的标志。

> 这样,就使我们原来预计的战争进程,大为缩短。原来预计,从一九四六年七月起,大约需要五年左右时间,便可能从根本上打倒国民党反动政府。现在看来,只需从现时起,再有一年左右的时间,就可能将国民党反动政府从根本上打倒了。[1]

全国解放战争便以这个为根据,对整个局势变化作出了新的战略判断,开始加快步伐,一步一步展开。毛泽东计算得很准确:不到一年,新中国便诞生了。

---

[1]《毛泽东选集》第4卷,第1360、1361页。

第五章　淮海战役

辽沈战役刚结束，南线一场规模空前的以徐州地区为中心的淮海战役打响了。这又是蒋介石所没有想到的。

徐州居于长江与黄河下游的中间位置，历史上就常是进行决战的古战场，地势宽阔，人口稠密，便于作战。它地处江苏、安徽、河南、山东四省要冲，贯穿中国南北和东西的津浦、陇海两条铁路在这里会合，交通便利。这里既是国民党政府首都南京和全国经济中心上海在北面的屏障，又是全面内战爆发以来国民党军历次向华东和中原解放区进攻的军事基地和指挥中心。

这里集结的国民党军队也最多，原由坐镇徐州兼领郑州的陆军总司令顾祝同指挥。1948年6月，因顾祝同接替陈诚为参谋总长，改由新设的徐州"剿总"的总司令刘峙和副总司令杜聿明等指挥，下辖邱清泉、黄百韬、李弥、孙元良四个兵团和冯治安、刘汝明、李延年三个绥靖区（刘、李两绥靖区不久后改编为兵团），连同以后由华中赶来增援的黄维兵团，总兵力达八十万人。其中包括第五军和第十八军这两支全部美式装备的主力：第五军是国民党军第一支机械化部队，第十八军是陈诚的起家部队，它们一直是国民党军进攻华东和中原解放区的主力，也是国民党在关内战斗力最强的两支精锐部队。

人民解放军投入这次战役的有华东野战军十六个纵队另一个

军、中原野战军七个纵队,连同地方武装共六十多万人。虽然辽沈战役后全国范围内解放军在数量上已占优势,但在这个地区国民党军队在数量上仍占优势,这种状况在三大战略决战中是仅有的一次。

但在这个地区,战争主动权已经转移到解放军手中。当时正兼任徐州守备指挥官的中共秘密党员张克侠,在1948年6月2日的日记中写道:"大中原战场,将呈现一种伟大场面。天下汹汹,民不聊生,该是解决阶段了吧!在徐州此古彭城旧地,忆昔楚汉在此一战,决定了雌雄,何等意味。四面铁路仍不通,而大战似尚未揭幕,但在形势下,已逐步走入'垓下',虽非最后之围,却成了个个孤岛。"他在这年年初的日记中还写道:"欧洲名诗人雪莱有一句名诗:'冬天到了,春天还会远吗?'这些都说明了在极其艰难困苦的时候,正是好转的征兆。"[1]

双方在战前的筹划

由于国民党军队的兵力在徐州地区一时仍占着优势,包括拥有那两支精锐部队,飞机、坦克、大炮多,战斗力保持得比较完整,所以,他们最初气焰很高,仍在策划对解放军主动发起攻势。台湾方面编写的战史《戡乱》写道:济南战役前后,"当时杜聿明评估,华东地区匪我双方兵力,国军的战力仍居优势地位,曾建议统帅部,趁匪华东及中原野战军分离之际,集中国军

---

[1]《佩剑将军张克侠军中日记》,解放军出版社1988年7月版,第355、339、340页。

蒋介石和杜聿明

主力,先寻求陈匪一部,予以击灭后,再进而击灭其主力,规复山东;同时,以华中国军主力,在豫西方面发起攻势,以牵制华中地区刘匪伯承部,阻止其向东转用"[1]。根据这个设想,杜聿明制订出一个对山东解放军的进攻计划。

但正在这时,辽沈战役爆发,全局情况发生很大变化。蒋介石正全力应对东北军事,根本无力顾及华东战场。杜聿明将主动出击的计划带到南京请参谋总长顾祝同核定。顾因蒋不在南京,未敢决定,要杜到北平请示蒋介石。10月2日,杜聿明到北平见蒋。他后来回忆:"蒋听了我的报告后,并未马上决定,只说:'待研究以后再说。'十月三日,蒋再次找我谈话。他说:'徐州的计划,可以照你的计划实施,你回去同顾总长商量着办。'我说:'我已见过顾总长,总长说请委员长批准后

---

[1]《国民革命军战役史第五部——戡乱》第5册,"戡乱前期(下)",(台北)"国防部"史政编译局1989年11月版,第85、86页。

才可以实施。'蒋当即批了'此案可行，交顾总长核办'十个大字。我当日飞南京，四日见了顾祝同。顾见到蒋的批示后有点踌躇不决。"又经再三协商，才决定10月15日照这个计划开始行动。但到15日清晨，蒋介石得知锦州危急的消息，又来电叫杜聿明停止执行这个计划，随他到东北去，指挥锦西、葫芦岛国民党军东进兵团恢复锦州的行动。"徐州国民党军此后二十一天（至十一月六日）一直停止在原来状态未动。"[1]

直到辽沈战役接近结束时，蒋介石更多的注意力仍在如何应对解放军可能乘胜从东北进入内蒙古，威胁平津。10月30日，他在日记中写道："上午与宜生（注：即华北"剿总"总司令傅作义）详谈，华北今后责任重大，付之全权，望其对中央各部队能严加管束，一如其直属部队，无负付托之重也。"下午他离北平返回南京，"在机场遇到杜光亭（注：即杜聿明），指示其对锦西任务，决定固守，不再攻锦州矣。并告宜生已令卫（注：指卫立煌）离沈，对东北绝望，只有速筹巩固华北计划而已"。[2]

辽沈战役惨败的打击，使国民党军统帅部在心理上蒙上深重阴影。在南线，他们再也没有原来准备主动发起攻势那股神气了，着重考虑的已是如何防止解放军南下，威胁江南。

济南解放后，徐州地区的国民党军失去了北面屏障，门户洞开，无遮无拦地暴露在解放军可能在从东到西任何一路发动攻势的面前，中间没有任何险要地势可守，这又是一个不能不考虑的

---

[1] 杜聿明：《淮海战役始末》，《淮海战役亲历记》，文史资料出版社1983年6月版，第7、8页。

[2] 蒋介石日记，1948年10月30日。

重要变化。

蒋介石回南京的前一天，据蒋纬国记载：10月29日留在南京的统帅部举行作战会议，讨论徐州地区下一步的作战方案，"提出了'守江必先守淮'之决策"。淮河是长江以北最重要的一道自然屏障，江淮之间无险可守，中国古代如东晋、南宋都有过"守江必先守淮"的看法。蒋纬国继续写道："但对于如何守淮，却产生了以下两案：（一）徐州剿总，除留置一至二个军坚守徐州外，陇海线各城市一律放弃，集中主力于徐州与蚌埠间津浦铁路两侧地区，行攻势防御，无论共军由平汉、津浦路南下，均可集中全力寻求决战。为了配合徐州方面之作战，华中剿总应令第十二兵团（黄维）向周家口（淮阳以西）进出，以资策应。（二）即退守淮河南岸，凭淮河地障，实施河川防御。经一再商讨，咸认如径行退守淮河，则我向平汉路或苏北方面转用兵力，势必困难，且当陇海路拱手让敌后，共军东西兵力之转用，必较灵便，国军将更陷于不利，最后决定采用第一案，并于当日电告徐州剿总，准备放弃商丘、东海。"[1] 这时蒋介石还在北平，会议由国防部长何应钦主持，对这样的重大问题，他们只能提出意见，不能作最后决定。

10月30日下午，蒋介石回到南京。他的日记载："五时回京召见顾、何，询问陇海路匪情及告以沈阳绝望之意。"但他又被经济形势弄得焦头烂额，主要精力一时难以集中在军事问题上。日记接着写道："八时半召党政高级干部商讨经济问题，市况与社会几无物资，又绝粮食，若不放弃限价，恐生民变，故决定改变

---

[1] 蒋纬国：《历史见证人的实录——蒋中正先生传》第3册，第300、303页。

政策也。"[1]"放弃限价"是迫于恶性通货膨胀的结果。它意味着前一阵被大吹大擂的"币制改革"彻底失败,物价如脱缰野马般不受限制地飞涨,国民党统治区的老百姓更加活不下去,民怨沸腾,蒋介石和国民党当局面对的是已无法收拾的经济危机和社会危机。进入11月,蒋在"本月大事预定表"上写了一句:"准备视察徐州与研究战局","研讨时局政治、军事、经济、外交方针"。[2]

那时,蒋介石对解放军准备发动淮海战役的意图仍毫不了解。但已成惊弓之鸟的他,担心解放军会南下攻袭徐州,并且认为将从西面向徐州发起攻击。因此,他考虑的第一着是派军队伪装解放军掘开鲁西南的黄河堤岸,用洪水阻挡解放军从山东南下,重演抗战初期花园口决堤的做法。邱清泉兵团的参谋长李汉萍写道:11月初,"蒋介石特用极机密的亲启电,令邱清泉派一个军伪装解放军,轻装出发,昼夜兼程前进,将鄄城以西之董口黄河堤掘开,造成鲁西泛滥,阻止解放军从鲁西方面包围徐州。蒋介石的亲启电,内容简单,并没有指示具体办法"。"这个计划原订于十一月上旬实施,但因五日徐州军事会议,情况发生变化,就临时停止下来。"[3]

蒋纬国写道:"十一月三日(注:当为四日),顾祝同偕同第三厅厅长郭汝瑰,于徐州召集军长以上干部,共商作战部署。会议结果,认为无论共军陈毅主力何在,徐州剿总所属各兵团,一线展开于陇海路沿线,态势殊为不利,必须及早调整,于是根据

---

[1] 蒋介石日记,1948年10月30日。
[2] 蒋介石日记,1948年11月1日,"本月大事预定表"。
[3] 李汉萍:《邱清泉第二兵团覆没记》,《淮海战役亲历记》,第304、305页。

'守江必先守淮'第一案之精神，立即调整部署。"[1]顾祝同此去，是为蒋介石准备亲去徐州打前站的。

4日清晨，蒋介石五时即起，正值力主加强援蒋的杜威在美国总统选举中落选，十分懊丧。"本拟飞徐巡视指导，以心绪烦闷中止。"[2]当晚，蒋介石召集何应钦、傅作义、徐永昌、张治中、林蔚、刘斐、邓文仪会议，重点讨论华北问题，但也谈到华东战场，又提到国防部作战会议的两个方案。徐永昌当天在日记中记载："何敬之（注：即何应钦）报告：傍晚国防部会议对华中现状认为危险。拟此时前方仅守徐州，其两翼有力之邱清泉、黄百韬、李弥等兵团应即撤淮河之线，俾作较有力之准备。不然如敌一面攻徐州，一面攻蚌埠，该线若坏，徐州已困，南京亦乱云云。蒋先生认为可行，当即决定电话在徐之顾墨三（注：即顾祝同）明日开始行动。"[3]

正要被蒋介石从葫芦岛调回重新担任徐州"剿总"副总司令的杜聿明，得知这个方案后很不满意。他后来写道："假如照国防部第一案决定的话，则自徐州到蚌埠间二百多公里的铁路两侧，摆了数十万大军，既弃置徐州既设永久工事而不守（徐州那样庞大纵深的据点工事，只留一两个军，几乎等于不守），又将各兵团置于铁路两侧毫无既设永久阵地的一条长形地带，形成鼠头蛇尾、到处挨打的态势。据我了解，古今中外的战史还找不到这样一种集中会战的战略先例。在蒋介石集团中集合何应钦、顾祝同等军事首脑和

---

[1] 蒋纬国：《历史见证人的实录——蒋中正先生传》第3册，第303页。
[2] 蒋介石日记，1948年11月4日。
[3] 《徐永昌日记》第9册，第150页。

萧毅肃、郭汝瑰等主管作战的高级幕僚，竟然在守江必守淮的方针下，拟出了这样一个出奇的方案（实际上是会战准备部署）！就是这个出奇的部署，蒋介石亦未照它的计划及时实施。""听说顾祝同曾于十一月四日亲到徐州指示，是根据第一案的原则，但也未能当机立断，及时实施。这说明蒋介石集团对于徐蚌会战计划并未作全盘考虑，对于军之'生死之道存亡之地'（古兵法语）亦未加慎重考虑，而只在人事上疑神疑鬼，勾心斗角。"[1]

这几天，由于推行金圆券的币制改革全盘失败，上海、南京、武汉、广州等地都出现大规模抢米风潮，民怨沸腾。这种状况严重影响着国民党军的士气。外交形势也十分不利："华盛顿讯，杜鲁门表示中国一切情势不安，官吏生活沮丧，所以美援须由美人密切监督，并称欲加强援助诸多困难云云。"[2]蒋介石已是内外交困、焦头烂额了。

他更没有想到的是：人民解放军发动淮海战役来得那么快，而且那样有力。

战局已发生根本变化，蒋介石和国民党当局已完全无法掌握战争的主动权。朱德总司令11月间在解放军总部一次讲话中说："二十年来的革命战争，向来是敌人找我们决战，今天形势变了，是我们集中主力找敌人决战。东北决战已把敌人消灭了，现在，正在徐州地区进行决战，平津战役也即将开始。"[3]

国民党军对兵力部署作了较大幅度的调动。这种调动在此前

---

[1] 杜聿明：《淮海战役始末》，《淮海战役亲历记》，第10、11页。
[2] 《徐永昌日记》第9册，第152页。
[3] 《朱德选集》，人民出版社1983年8月版，第245页。

刘汝明

不久已经开始：解放军攻克济南后，南京政府十分震动，在10月中旬将孙元良兵团从郑州撤至蚌埠、蒙城；10月下旬，将刘汝明第四绥靖区部队从开封撤至蚌埠。11月中旬，"又错误地判断解放军将先消灭海州李延年绥靖区"[1]，将李延年第九绥靖区部队由海上转撤至蚌埠，所属第四十四军先掩护李延年部撤退，再从陆路西撤，改归黄百韬兵团指挥。在他们看来，这样战线收缩，兵力比较集中。

　　蒋介石和国民党当局对作战部署的调整，目的是想汲取辽沈战役失利的教训，避免被解放军"集中优势兵力各个歼灭"，争取变被动为主动。事实上却无法做到，而且又带来新的问题。朱德评论道："蒋介石近来也跟我们学，放弃城市，进行机动作

---

[1] 杜聿明：《淮海战役始末》，《淮海战役亲历记》，第11页。

战,也不要后方,也搞大队行进。但他没有群众,所以没有饭吃,而且这样做已经迟了。他撤出孤立城市对我们也有利,这样我们的后方可以更加巩固。"[1]

面对国民党军队的这种部署,一个新课题就摆在人民解放军面前:必须集中更大兵力,把歼灭战发展到更大规模。如果不这样做,而去打中、小规模的歼灭战,战机很难寻找。豫东战役和济南战役的胜利,又证明打大规模歼灭战是可以做到的。这种大歼灭战,可能发展成同国民党军队之间在南线的战略决战。

解放军在这次战役中一个极为重要的特点是:华东和中原两大野战军实行联合作战。华东野战军和中原野战军长期同在南线,以往大体是在战略上密切配合作战,在统一指挥下联合作战这还是第一次。这对要进行比豫东战役和济南战役规模更大的大歼灭战是完全必要的。

作战从哪里打起?毛泽东在制订作战计划时,历来鼓励并重视在第一线指挥作战的将领提出意见。当时担任华东野战军代司令员兼代政委的粟裕正在考虑:"在长江以北决战比在长江以南决战有利得多,而在长江以北决战,又以在徐蚌地区为最有利。因为徐蚌地区不仅地形宽阔,通道多,适宜于大兵团运动;而且大部地区是老解放区和半老解放区,群众条件好,背靠山东和冀鲁豫老根据地,地处华东、中原接合部,距华北也不远,能得到各方面的人力、物力支援。还可以利用蒋桂之间的矛盾,集中兵力打蒋系的徐州集团。"[2] 济南战役的胜利,又使徐蚌地区失去原

---

[1]《朱德选集》,第 245 页。
[2] 楚青整理:《粟裕谈淮海战役》,《党的文献》1989 年第 6 期。

来在北面的屏障，毫无遮掩地直接暴露在解放军主力强大攻势的面前。这是过去不曾有过的条件。

济南战役即将结束时，经过反复思考，粟裕在9月24日向中共中央军委并报华东局、中原局提出："建议即进行淮海战役。"[1]第二天中午，刘伯承、陈毅、李达致电军委并粟裕："济南攻克后，我们同意乘胜进行淮海战役，以第一方案攻两淮，并吸打援敌为最好。"[2]当晚七时，作战方案得到中共中央军委的批准。毛泽东在为中央军委起草的电报中写道："我们认为举行淮海战役，甚为必要。"[3]

这样淮海战役的发动就确定了下来。

当时担任华东野战军司令部作战科科长的谭旌樵写道："桃子是要一口一口吃的，敌人也是应该分次分批地消灭，并且应该把初战建立在确有胜利把握的基础上。面对着敌人这六十多万'精兵'，我们从哪里下手呢？""中央的这些决定是非常英明的。因为在济南战役之后，摆在我们面前的有两个作战方向：一个是出鲁西南、跨陇海铁路，会合中原大军歼敌于徐州西南；一个是出苏北，战淮海，然后攻略徐州。在徐州西南地区作战，虽然战场广阔，便于大军行动，一仗之后，就可以完成对徐州的战略包围，对敌人是致命的威胁；但是这个方向的东北是徐州，东南为蚌埠，西南有敌人的武汉集团，我军进去后将三面受敌，战斗一开始便将与敌人较强大的集团进行硬碰

---

[1]《粟裕文选》第2卷，第571页。
[2] 刘、陈、李致军委并粟电，《淮海战役》第1册，中共党史资料出版社1988年10月版，第50页。
[3]《毛泽东军事文集》第5卷，第19页。

淮海战役总前委合影（左起：粟裕、邓小平、刘伯承、陈毅、谭震林）

硬的主力决战；而且我军脱离了根据地，进入新区作战，后方供应困难；加之鲁西南积水，进出不便。至于淮海地区，则可以避免上述许多不利条件。虽然山东、苏北，特别是鲁中南地区，在敌人重点进攻的过程中，敌我双方集中上百万人作战，群众的负担已经很重，根据地的经济已经消耗很大，但比较起来，条件总是要好一些，我军依托山东和苏北，更有利于歼灭敌人。"[1]这确是一个高明的决断。

首歼黄百韬兵团

淮海战役发展成南线的战略决战，并不是一开始就有完整的

---

[1] 谭旌樵：《淮海大战的前夜》，《星火燎原》第10册，中国人民解放军战士出版社1982年8月版，第106、107页。

成熟的设想,而是在实践中根据不断发展的形势逐步完善的,计划经历了一个过程。

由于国民党军向徐州地区集中,海州一带兵力相对薄弱,粟裕最初建议的淮海战役分两个阶段:第一阶段先以苏北兵团(加强一个纵队)攻占淮阴、淮安,并乘胜收复宝应、高邮,以全力准备打援;第二阶段,以三个纵队攻占海州、连云港,结束淮海战役。

"淮海",是指两淮和海州而言。"淮阴位于洪泽、高邮两湖,是过去三年来双方拉锯的要地,是苏北的重心,此地有一差池,京沪必立即感到威胁。"[1]海州、连云港是苏北以至徐州的出海港口。这是一个出徐州以东、开辟苏北战场、使山东苏北打成一片的计划,后来被称为"小淮海"计划。

为什么主张出徐州以东而不是出鲁西南?粟裕的考虑是:"可以就近取得山东老解放区的支援;夺取两淮后,又可就地解决粮食供应;加上由于蒋桂矛盾白崇禧为保存桂系实力,不会将华中'剿总'所属的张淦兵团转用于徐州方向。"[2]

毛泽东为中央军委起草的批准进行淮海战役的电报中提出一个极为重要的意见:"你们第一个作战应以歼灭黄兵团于新安、运河之线为目标。"[3]然后,准备在第二个作战中歼灭两淮、高邮、宝应之敌;在第三个作战中歼灭海州、连云港、灌云地区之敌。这就明确了以歼灭黄百韬兵团为淮海战役的第一个目标,这

---

[1]《观察》特约记者:《大局的抢救》,《观察》第5卷第13期,1948年11月20日。
[2] 张震:《华东野战军在淮海战役中的作战行动》,《淮海战役》第2册,第28页。
[3]《毛泽东军事文集》第5卷,第19页。

蒋介石与何应钦、黄百韬及第二十五军将领

一意见在粟裕和刘伯承等的电报中还没有那么明确地提出来。

　　黄百韬不是蒋介石的嫡系将领,曾先后在北洋军阀李纯、张宗昌等部队任职,张宗昌失败后随徐源泉投蒋。抗日战争时期担任过第三战区参谋长、第二十五军(该军是参与皖南事变的主力)军长。当时淮海战场上有五个主力兵团,"邱(清泉)李(弥)孙(元良)黄(维)都黄埔出身,一脉相连,但黄百韬算是'外江'"[1]。黄自知"不是黄埔嫡系,更别无靠山,所以战则争先,退亦守法,以讨好蒋介石"。"黄百韬骁勇惯战,虽然不是黄埔嫡系,但一到战时很可以利用他抵挡决战的方面,因此常叫他指挥同一级的单位一至三个。""因而他的资格,随着指挥部队

---

[1]《观察》特约记者:《大局外弛内张》,《观察》第5卷第16期,1948年12月11日。

愈多而愈老，自然形成黄的势在必升。"[1]解放战争时期，黄百韬升任第七兵团司令官。

淮海战役开始前，黄百韬兵团原辖四个军（后又将李延年部的第四十四军划归第七兵团，共五个军，总兵力有十二万人），驻守在徐州和海州之间、运河以东的新安镇。"该兵团原驻新安镇的任务是阻止华东野战军南下两淮，因而在该地区筑有比较坚固的工事。"[2]解放军准备发动淮海战役，打通山东和苏北解放区的联系，攻占两淮地区，需要先从这里下手，扫除这个障碍。

打这样的大仗，需要做好充分的准备和周密的部署。解放军发动淮海战役，以歼灭黄百韬兵团为第一个目标，是在尽量不使国民党军察觉解放军作战意图的情况下进行的。

为此，毛泽东考虑采取多路佯动来迷惑徐州守敌。10月14日，毛泽东为中共中央军委起草电报，要求华东野战军以两个纵队出鲁西南，会合当地地方兵团，从西北威胁徐州；又以一个纵队控制徐宿公路，从南面威胁徐州。电文说："以上各项部署，都是为着钳制徐州各部援敌，使其第一个感觉是我军似乎有意夺取徐州，而不能确切断定我军并非夺取徐州，而是歼灭黄兵团。等到我军对黄兵团攻歼紧急而决定增援时，又发现如不能解除南北两侧威胁，则很难赴援。这样就给我军以必要的时间歼灭黄兵团。"[3]这一着十分高明，果然使徐州"剿总"总部不能判明解放军的主攻方向，更没有把主要注意力放在徐州东侧的黄百韬兵团方面。

---

[1] 陈士章：《黄百韬的起家和败亡》，《文史资料选辑》第21辑，中华书局1981年11月版，第221、223、224页。

[2] 廖铁军：《碾庄圩地区作战回忆》，《淮海战役亲历记》，第179、180页。

[3] 《毛泽东军事文集》第5卷，第76、77页。

部署已定后,毛泽东便在 10 月 23 日为中共中央军委起草电报催促:"粟谭(注:指粟裕、谭震林)速赴南线指挥,以便按预定时间(戍微)(注:即十一月五日)发起战斗。"26 日,他又为军委起草电报致粟、谭等,告诉他们:"你们似只能从黄李两集团的接合部,即新安镇与运河车站之间,以两个纵队插入隔断李、黄联系","应当使用强力部队,而不应当使用第二等部队于主攻方面","为了确保胜利,宁可推迟几天发起战斗,不要仓卒从事"。30 日,他在为军委起草的致华东军区和华东野战军的电报中提醒:"似不如同时于虞晚或齐晚(注:虞即七日,齐即八日)各处一齐动作,使各处之敌同时受攻,同时认为已处于危险境地,互相不能照顾,要在两三天后才能查明我之主攻方向,但又因为我各部均已近处他们面前,又已无法互相增援,尤其使黄兵团各部丧失收缩集结的必要时间,极为重要。"11 月 1 日,毛泽东又为军委起草电报:"整个战役统一受陈邓(注:指陈毅、邓小平)指挥。"[1] 战前,中共中央根据刘伯承、邓小平的要求,把华东野战军司令员兼政治委员陈毅调去兼任中原局第二书记兼中原军区和中原野战军第二副司令,到河南和中原局第一书记兼中原军区和中原野战军政治委员邓小平在一起,就是为了便于对华东和中原两大野战军实行统一指挥。

这一切,都在悄悄进行。国民党方面对一场大战将要来临,毫未发觉。《中央日报》在 11 月 5 日的《一周战局》中还这样写道:"本周内各战场,除东北、华北外,其他华中方面,则比较沉寂。除了国军在苏北和鄂中、豫东继续扫荡打家劫舍的零股共

---

[1]《毛泽东军事文集》第 5 卷,第 121、131、161 页。

国民党第三绥靖区副司令官何基沣（左）、张克侠（右）

匪外，所有津浦、平汉、陇海各线亦均无大战斗。"[1]

其实，这只是暴风雨降临前的短暂"沉寂"。11月6日，华东野战军主力从山东向南开进，战斗在新安镇北面的郯城打响，向山东省保安旅发起攻击。震惊中外的淮海战役开始了。

第二天，毛泽东为中央军委起草致粟裕等并告陈、邓电，完全同意他们在战役开始后的具体作战部署，并写道："望你们坚决执行。非有特别重大变化，不要改变计划，愈坚决愈能胜利。在此方针下，由你们机断专行，不要事事请示，但将战况及意见每日或每两日或每三日报告一次。"[2] 这就使前线指挥员能够在迅速变动着的复杂环境中，能根据实际情况，不失时机地作出决断。这对取得战役胜利是十分重要的。

华东野战军立刻行动。张震回忆：就在这一天中午，"粟裕、陈士榘和我得知敌四十四军已撤离海州、连云港，向黄百韬兵团靠拢，驻守临城、台儿庄地区的三绥靖区及所属五十九军、七十七军的大部，翌日（八日）即将在何基沣、张克侠两位长期

---

[1]《一周战局》，《中央日报》，1948年11月5日，第2版。
[2]《毛泽东军事文集》第5卷，第177页。

在国民党军内部工作的共产党员率领下起义"[1]。他们毫不迟疑，急电山东兵团迅速南下，按预定计划切断陇海路东段徐州同黄兵团之间的联系，并指挥阻击可能东援的邱清泉、李弥兵团。

战争中，时机因素极为重要。时机若不抓住，转瞬即逝。黄百韬兵团已接到西撤的命令，如及早行动，可能同徐州主力靠拢，不易被分割围歼。但他们到7日解放军已攻下郯城后才知道情况紧急，开始西渡运河。几个因素使他们延误了时间：第一，由于解放军采取了前面所说种种佯动和牵制措施，国民党军事先并没有察觉华东野战军的行动和主攻方向，因此黄百韬兵团在西撤时没有强烈的紧迫感。第二，黄兵团奉命要掩护李延年部西撤，还要等待接受原属李部的第四十四军（川军）。黄百韬本来在6日上午已召开军事会议，确定了西撤部署，为等候第四十四军而到7日才离开新安镇西撤。邱清泉曾"直接找刘峙讲话，问：'黄百韬为什么不能早日西撤？'刘峙说：'因为要等候东海的第四十四军王泽浚。'邱又问：'为什么第四十四军不从海上撤走呢？'刘答：'这是老头子的命令。'至此，邱清泉才无话可说"[2]。第三，新安镇在运河以东，运河上只有一座铁桥，事前没有另做架桥准备，十二万人马要从这一座桥上过河，还有大批难民西行，拥挤不堪，行动十分迟缓。西撤时的8日下午，黄兵团被解放军先头部队赶上，只能边打边撤，局面更加混乱。过桥就走了三天，第六十军没有过河而首先被歼。

11月8日，蒋介石在国民党中央党部讲话，宣称："这次东

---

[1] 张震：《华东野战军在淮海战役中的作战行动》，《淮海战役》第2册，第31页。
[2] 李汉萍《邱清泉第二兵团覆没记》，《淮海战役亲历记》，第306页。

淮海战场上的国民党军

北军事虽然失败,但在关内政治经济军事各方面的基础丝毫没有动摇,与共匪实力比较,仍然属于优势。"[1]就在这一天,发生了将介石和国民党当局料想不到的事:驻守临城、台儿庄地区的第三绥靖区第七十七军和第五十九军两万三千人在副司令官、长期隐蔽的中共地下党员何基沣和张克侠率领下起义。他们两人分别在1939年和1929年秘密加入中国共产党,是特别党员。张克侠1946年还在南京秘密会见过周恩来。张克侠当时向周恩来报告:"我所在的部队和我相处很久,彼此均很熟悉和信任,在作战中,他们肯定会服从我的调动。现在,大多数官兵都认识到跟国民党走没有出路,起义是有条件的。只要下命令,我可以保证随时起义。"[2]"七十七军与五十九军为卢沟桥抗战时二十九军的主力。

---

[1] 《中央日报》,1948年11月9日,第2版。
[2] 张克侠:《第三绥靖区部队起义经过》,《淮海战役·回忆史料》,解放军出版社1988年12月版,第387、388页。

当时的二十九军，名义上是一个军，而其实力在十万人以上。所以抗战开始，为了纪念'七七'，将他们扩编为三个步兵军、一个骑兵军。骑兵军是郑大章，步军有明'七七'与暗'七七'，都含有纪念'七七'的光荣。他们是承受如此的新番号：冯治安七十七军，张自忠五十九军、刘汝明六十八军（五九与六八都是相合十四，二分为七七）"。[1]抗战期间，蒋介石对这支原由宋哲元统率、抗战有功的大部队心存疑忌，把它逐步削弱和拆散，使它处处受到歧视。"抗战中蒋介石并没有集中使用这部分兵力，以充分发挥它的作用，而是千方百计把它分割开来，逼得第一集团军总司令宋哲元只好托病辞职。"[2]济南战役中吴化文部起义后，因为同这支部队过去都属西北军，蒋介石对他们便更不放心，把张克侠原来兼任的徐州守备指挥官撤换了。军中从高级军官到士兵，长期对国民党当局不满。所以，起义比较顺利。

1948年10月中旬，中共中央华东局派联络部门负责人杨斯德等三人先后到张克侠、何基沣处，告诉他们："解放军将于11月8日发起进攻，应争取两个军起义。"[3]

18日凌晨，张克侠从徐州赶到贾旺前线（何基沣本在贾旺）。他们指挥部队立刻开到台儿庄，虽有一些人开了小差，但经过张克侠、何基沣等说明起义的意义，就稳定下来，经临沂又开赴莒南、大店一带休整。11月28日起义部队发表宣布起义的通电。12月10日，毛泽东、朱德致电祝贺。

---

[1]《观察》特约记者：《徐蚌会战的分析》，《观察》第5卷第14期。
[2] 何基沣：《运河前线起义》，《淮海战役·回忆史料》，第377页。
[3] 张克侠：《第三绥靖区部队起义经过》，《淮海战役·回忆史料》，第390页。

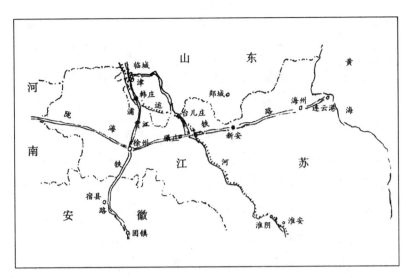

淮海战役战略图（一）

第三绥靖区防地在山东南部，正处在徐州和黄百韬兵团驻地之间的北面。他们突然宣布起义，等于敞开了大门，解放军主力便得以顺利地从这个缺口迅速通过第三绥靖区防地，赢得时间，迅速切断黄百韬兵团同徐州之间的联系，并且占领了下一步阻击邱、李兵团东援的有利纵深阵地。

朱德指出："刘峙原估计我们从徐州西面打他，结果我们从东面打，他发觉后已经迟了，慌忙改变原来的部署。冯治安部（注：指第三绥靖区）的起义，对战局影响很大，使敌人原来的部署大为混乱，这是兵家之大忌，特别是对大部队更是不能马上把部署调整好的。"[1]

坐镇徐州指挥的"剿总"总司令刘峙是个庸才，对整个战场

---

[1]《朱德选集》，第 246 页。

局势心中无数，又缺乏应对和指挥大兵团作战的能力，只是因为资格老（保定二期毕业生，黄埔教官，北伐前蒋介石任第一军军长时是该军第二师师长）又对蒋介石忠诚，深得蒋介石信任。11月9日，国民党中央社报道："刘峙总司令告记者称：继豫东会战后之徐州会战，业已开始。此为华中战场数年来捕捉歼灭匪军主力之最好机会。本人际此会战开始之时，特以最兴奋之心情，奉告各界，此次会战，本人确有把握，并决以必胜信念，必死决心，指挥三军，歼灭进犯之匪。"[1]

第二天，《中央日报》发表题为《论当前军事形势》的社论："济南、锦州、长春、沈阳都是孤立的据点。在这四个据点的守军，困处孤城，师老气衰。最高统帅部屡从战略上着眼，要把这几处守军撤退，但受了社会政治各方面的牵制，都没有及时做到。这几处军事失利的原因在此。今日华北的局面与徐蚌的形势，与它几处的状况是绝对不同的。无论是平津或是徐蚌，都有厚集的兵力，机动的战略和最高统帅全力的支持。今日共匪对于这两个地区的国军，还不敢使用它的主力来轻于尝试。即令共匪以主力来守战，国军必能给予沉重的打击。"[2] 蒋介石也好，刘峙也好，对解放军这次进攻的战略意图和主攻方向，其实仍茫无所知。

10日那一天，黄百韬兵团主力艰难地渡过运河后到达碾庄，当时解放军还没有对它形成合围。据蒋纬国说："当国军第七兵团主力于十一月十日到达碾庄时，即遭受共军约八个纵队之围攻，兵团司令黄百韬，原本既定计划继续西进。嗣因接奉徐州剿总电

---

[1]《徐州会战初捷》，《中央日报》，1948年11月10日，第2版。
[2]《论当前军事形势》，《中央日报》，1948年11月10日社论，第2版。

蒋介石与黄百韬

令'以碾庄为中心，行内线作战，待援军到达后，与敌决战'之指示，始停止前进，部署防御。"[1]这就失去了最后具有关键作用的一天。黄百韬曾痛骂："刘峙是有名的'长腿将军'，优柔寡断，毫无主见，在此生死关头，以蠢才指挥，这是自取灭亡。"[2]

事实上，这不能只怪刘峙。因为就在这天，蒋介石认为徐州几个兵团完全有力量同华东野战军决战，指示徐州"剿总"："应本内线作战之原则，集中全力先求运河以西、徐州以东之匪而击灭之。黄百韬兵团应在原地位置固守待援，其余各部队不应再向后撤，应协同邱兵团夹击运河以西、徐州以东之匪。"[3]同天，蒋

---

[1] 蒋纬国：《历史见证人的实录——蒋中正先生传》第3册，第309页。
[2] 李世杰：《黄百韬在碾庄圩指挥目睹记》，《淮海战役亲历记》，第187页。
[3] 南京政府国防部：《华东战场作战指导检讨》，转引自刘统《中国的1948年：两种命运的决战》，第419页。

李弥

介石"派飞机到碾庄圩地区上空,给黄百韬和各军军长空投亲笔手谕:'着该兵团就地抵抗','此次徐州会战,关系党国存亡,只许成功,不许失败。地形、工事、兵力,我都优越,胜利在握。望激励将士,以竟全功'"。[1]这一来,黄百韬就只能坐以待毙了,他们痛骂的"蠢才指挥"其实该是指谁呢?

"刘峙在大战开始前几天摸不清我军的主攻方向和重点所在,直到我军已将黄百韬团团围住时方才大梦初醒。"[2]

就差这一天,到11日,华东野战军主力将黄百韬兵团紧紧合围在运河之西以碾庄圩为中心、南北约三公里、东西约六公里的狭小地区内。那天,从东北回任徐州"剿总"副总司令的杜聿明刚到任。他们商议后,决定以刚从郑州东撤、原驻宿县一带的孙元良兵团守备徐州,令邱清泉、李弥两个兵团十六万人全力东

---

[1] 张震:《华东野战军在淮海战役中的作战行动》,《淮海战役》第2册,第33页。
[2] 《张震回忆录》上,解放军出版社2003年11月版,第337页。

进救援黄百韬兵团。东进的两个兵团距碾庄圩只有四十公里，中间是一片平原开阔地，易攻难守。他们满以为可以在这里东西夹击，消灭华东解放军主力。

面对东西两路国民党军，必须分清作战目标的主次。14日，毛泽东为中共中央军委起草电报："目前首要任务是阻止邱李、歼灭黄百韬，然后才能谈到围歼邱李的问题。"同天，他再电称："我们很担心寒删两日（注：即十四、十五日）不能解决黄百韬，又担心阻击兵力不足或阻击不得力，邱李能够靠拢黄匪。"[1]这两个任务都是极重要而又艰巨的。根据这个考虑，华东野战军以五个纵队和特纵主力，在粟裕直接指挥下，担任围歼黄百韬兵团的任务，而以更多兵力即六个纵队和中原野战军一个纵队在华东野战军副政委谭震林等指挥下，阻击邱、李两兵团，不让它们同黄百韬兵团会合。这两个兵团尽管在飞机、重炮、坦克支援下连续猛攻，但受到解放军的顽强阻击，十一天内前进不足二十公里，平均每天前进不足两公里。蒋介石多次严厉电令，并派参谋总长顾祝同飞临督战，仍无济于事。

黄百韬据守的以碾庄圩为中心的地区，位于运河以西、陇海路两侧。这里原是李弥兵团的驻地。国民党军统帅部此前因担心解放军主力从西面威胁徐州，匆忙地将李弥兵团从这里西调徐州，加强防御，而在碾庄圩地区留下比较完整的防御阵地。解放军最初由于刚从运动战转为村落工事攻坚战，准备不足，运河铁桥又被破坏，炮兵、坦克和辎重、弹粮过河比较晚，所以在开始进攻时进展并不顺利。解放军随即调整部署，展开猛烈攻击，采

---

[1]《毛泽东军事文集》第4卷，第213、215页。

黄百韬死后遗留的胸章

取先打弱敌、后打强敌的方针和村落攻坚战的战法,首先攻歼战斗力较弱的国民党军第一百和四十四军,后围歼在碾庄的兵团部和战斗力较强的第二十五、六十四军。14日,黄百韬致电蒋介石:"兵团经连日苦战,伤亡惨重,粮弹两缺,恳促邱兵团急进,以挽危局。"[1]蒋介石在当天日记中写道:"综核战报,碾庄之危机未过。邱兵团滞钝不能急进,徐州城防兵力太多,不能用全力在前方。刘经扶(注:即刘峙)指挥无方,不胜忧虑。"[2]

经过十二天逐村逐屋的争夺战,陆续歼灭黄兵团各军,到11月22日,黄百韬兵团十二万人终于全军覆没,黄百韬自杀。

看看几个重要当事人对此事所发的感想是很有意思的。

黄百韬在兵败自杀前对第二十五军副军长杨廷宴说:"我有三不解:(一)我为什么那么傻,要在新安镇等待第四十四军两天;(二)我在新安镇等两天之久,为什么不知道在运河上架设军桥;(三)李弥兵团既然以后要向东进攻来援救我,为什么当初不在曹八集附近掩护我西撤。"[3]

---

[1] 秦孝仪总编纂:蒋介石《大事长编初稿》卷7(上册),第178页。
[2] 蒋介石日记,1948年11月14日。
[3] 郭汝瑰:《淮海战役期间国民党军统帅部的争吵和决策》,《淮海战役亲历记》,第58、59页。

华东野战军副参谋长张震评论道:"敌人在战役指挥上为保住一个军,结果丢掉一个兵团,以后又为保住一个兵团,结果共丢掉五个兵团。敌人的指挥错误和失败,是由多种因素造成的,但又是必然的。"[1]

刘峙在回忆录中写道:"黄兵团覆没,所谓徐州会战的命运已经决定。"[2]

黄百韬兵团被全歼,还只是开始。这个阶段的战斗刚刚发动时,毛泽东和中共中央军委已在考虑下一步的作战计划。毛泽东总是把目光投向对全局有关键意义的地点。这时他注视到津浦铁路上徐州和蚌埠之间的安徽宿县,而且考虑由华东野战军和中原野战军联合作战。

最早提出这个问题的是刘伯承。他在11月3日起草致中央军委并陈毅、邓小平,提出:"蒋军重兵守徐州,其补给线只一津浦路,怕我截断,故令孙元良兵团到宿县(今已全到),邱清泉、刘汝明两敌亦有如陈、邓所料之趋势。只要不是重大不利之变化,陈、邓主力似应力求首先截断徐、蚌间铁路,造成隔断孙兵团,会攻徐州之形势,亦即从我军会战重点之西南面斩断敌人中枢方法,收效极大。"[3]

11月5日,毛泽东为中央军委各总部致电陈毅、邓小平(陈毅当时兼任中原野战军副司令员):"前闻邱兵团以一个师开宿县似未实行,如此则孙兵团必有一个军驻宿县。是否如此,望

---

[1] 张震:《华东野战军在淮海战役中的作战行动》,《淮海战役》第2册,第35页。
[2] 刘峙:《我的回忆》,(台北)文海出版社1982年1月版,第166页。
[3] 《刘伯承军事文选》,解放军出版社1992年12月版,第437页。

粟裕在前线指挥所指挥战斗

你们速查明。"并且提出一种方案请他们考虑："你们到永城后不停留继续东进，完成对宿县的包围，然后看情况，好打则攻歼之，如敌援甚快不好打则打援敌。"[1]

这时，解放军突然包围黄百韬兵团，邱、李两兵团从徐州东援黄兵团，徐州防务又空虚，于是把孙元良兵团从宿县调徐州。结果，宿县这个中枢却成了防务空虚的薄弱环节。

处在第一线指挥作战的粟裕也在考虑下一步的作战问题。张震回忆："粟总同我商量，拟在歼灭黄百韬兵团后，乘胜扩张战果，力争将南线敌主力歼灭在徐州及其周围。我完全赞同他的想法，因黄百韬部不久将被解决，这样，我华野十几个纵队腾出手来，同中野紧密配合，就可在徐州附近打更大的歼灭战。"[2]11月8日，粟裕、张震将上述意见上报军委。电报说："如果能在江北大量歼敌，则造成今后渡江的更有利条件，且在我大军渡江之

---

[1]《毛泽东军事文集》第4卷，第171页。
[2]《张震回忆录》上，第335页。

后，在苏、浙、皖、赣、闽各省不至有大的战斗（如在江北大量歼灭了敌人，则严重的战斗要在华南才有打的），也不致使上述各省受战争之更大破坏，使我军于解放后容易恢复。""则我们在此次战役于歼灭黄兵团之后，不必以主力向两淮进攻（新海敌主力已西撤），而以主力转向徐（州）、固（镇）线进击，抑留敌人于徐州及其周围，尔后分别削弱与逐渐歼灭之，……为此，在战役第一阶段之同时，应即以一部破坏徐蚌段铁路，以阻延敌人南运。管见是否有当，请即电示。"[1]

第二天，毛泽东立刻为中共中央军委起草复电，可见他对这个问题也已考虑成熟了。电文说："齐辰电悉。应极力争取在徐州附近歼灭敌人主力，勿使南窜。"再过一天，他为中央军委起草致陈毅、邓小平的电报："你们主力是否已达宿县附近，并开始向宿县攻击。你们务须不顾一切，集中四个纵队全力攻取宿县，歼灭孙元良等部，切断徐蚌路。华野三、广两纵队亦应用于攻击徐宿段，至要至盼。"[2]

"极力争取在徐州附近歼灭敌人主力，勿使南窜。"这是一个新的重大战略决策。"这样，就把原来以歼灭徐州右翼集团敌军为主的目标，扩大到求歼徐州国民党军主力，把原来仅限于两淮、海州地区的作战，扩大到了徐州、蚌埠，'小淮海'变成了'大淮海'。"[3]

歼灭黄百韬兵团，阻击邱、李两兵团，是一场异常艰苦而激

---

[1]《粟裕文选》第2卷，第618、619页。
[2]《毛泽东军事文集》第5卷，第184、188页。
[3]《张震回忆录》上，第336、337页。

烈的战斗,需要解放军统帅部集中巨大精力来对付。而这场战斗还没有结束,毛泽东和中共中央军委立刻根据战局的变化,当机立断,作出如此重大的战略决策,是十分大胆的。它使淮海战役能够不失时机地迅速推进到一个新的更高的阶段。机不可失,如果稍有迟疑,错失这个最佳时机,局势的发展就会不同。

为了实现这个远远扩大了的战略目标,迅速攻占宿县是关键。这时,中原野战军除以一部在刘伯承、邓子恢统率下继续在平汉铁路以西拖住黄维、张淦两兵团外,主力在邓小平、陈毅率领下解放郑州后正沿陇海铁路东进,转向徐蚌线,其中包括杨勇、陈锡联、陈赓、秦基伟等纵队。根据中共中央军委和毛泽东的决定,由中原野战军第三纵队陈锡联部在第九纵队一部配合下以突然行动在11月12日开始围攻宿县。

宿县北距徐州七十五公里,南距蚌埠九十公里,是津浦铁路徐州至蚌埠段的枢纽。它是一座古城,人称"南徐州",又是蒋介石徐州重兵集团的后方补给基地,积存了大量武器弹药和军用装备。在徐州通往海口的陇海铁路东段已被华东野战军控制后,津浦铁路的徐蚌段便成为徐州"剿总"同南京统帅部间唯一的陆路通道。

孙元良兵团被调北上担任徐州守备任务后,宿县这个战略要地的守军除第二十五军一个师(其实只有新兵两个营)外,主要是护路的交警部队,建制庞杂,指挥不统一,有碍协同。徐永昌在日记中说:"宿县仅一交警总队数千人。"[1] 按蒋纬国的说法:"斯时,国军第十六兵团(注:即孙元良兵团)已由开封撤至蒙

---

[1]《徐永昌日记》第9册,第159页。

城地区，旋于九日又奉命北开徐州。自第十六兵团北进后，蚌埠、宿县以西地区，几无国军驻守，于是共军乘虚而入。"[1]说法虽有差别，但孙元良部北开徐州后宿县防御力量十分空虚当是事实。

国民党军统帅部老是缺乏对战局的全盘考虑，总在拆东墙补西墙，结果是顾此失彼：因为解放军从西面威胁徐州，就把李弥兵团仓促地西调徐州，使黄百韬兵团孤悬东侧；当解放军主力突然包围黄兵团时，又急忙派驻在徐州的邱、李两兵团全力东进，救援黄兵团；这一来，徐州的防务又空虚了，只得把原驻徐州以南宿县一带的孙元良兵团北调，在南面留下一个大漏洞。可以说，国民党军统帅部在慌忙中一错再错的调动，每次都为解放军创造了良好的战机，有如被玩弄于股掌之中。

11月15日，解放军向宿县发起总攻，第二天凌晨结束战斗。"中原地区，四通八达，可是从徐州往南，情形就显然不同，到处是河流、沟渠、稻田。津浦铁路是主要交通线，此外很少畅通的大道。"[2]徐蚌段一被切断，并且宿县周围大片土地落入解放军的控制下，不仅使徐州刘峙集团粮弹两缺，而且隔断了蚌埠的国民党军北援徐州的道路，封闭了徐州国民党大军沿津浦铁路南逃的大门，使之不可能再实现他们有过的将主力退守淮河南岸的打算，只能置身在四面被隔断的孤岛上。解放军的中原野战军和华东野战军也在这里会合。陈锡联回忆道："攻取宿县，由南翼截断徐蚌线，是淮海战役第一阶段中，完成对徐州的战略包

---

[1] 蒋纬国：《历史见证人的实录——蒋中正先生传》，第312页。
[2] 《刘汝明回忆录》，第155页。

围的重要一仗,是中野三纵在兄弟部队配合下取得的一次重大胜利。"[1]

这标志着南线战局的大转折:淮海战役已实现从徐东会战发展成整个南线的大决战,夺取淮海战役全胜的战略决心就是这样根据战局实际情况的发展一步一步形成的。

11月23日,中共中央军委发出毛泽东起草的电报:"在战役发起前,我们已估计到第一阶段可能消灭敌人十八个师,但对隔断徐蚌,使徐敌完全孤立这一点,那时我们尚不敢作这种估计。这种形势的造成,主观上是因为我华东、中原两大野战军会合并攻占宿县,客观上是敌人只有某种程度的防御能力(对于这一点决不可轻视),很少有攻击能力(对于这一点必须有充分认识)。"[2]

随着淮海战役的规模越来越大,随着华东野战军和中原野战军已紧密协同作战,形成对徐州地区东西夹击的态势,毛泽东在11月16日为中共中央军委起草电令:

此战胜利,不但长江以北局面大定,即全国局面亦可基本上解决。望从这个观点出发,统筹一切。统筹的领导,由刘、陈、邓、粟、谭五同志组成一个总前委,可能时开五人会议讨论重要问题,经常由刘陈邓三人为常委临机处置一切,小平同志为总前委书记。[3]

---

[1] 陈锡联:《截断徐蚌线,会战双堆集》,《淮海战役》第2册,第105页。
[2] 《毛泽东军事文集》第5卷,第263页。
[3] 《毛泽东军事文集》第5卷,第230、231页。

在人民解放军历史上，两大野战军在统一领导和指挥下作战还是第一次。正如邓小平引用毛泽东说过的一句话："两个野战军联合在一起，就不是增加一倍力量，而是增加了好几倍的力量。"[1] 这表明：毛泽东和中共中央已下了决心，"在原拟淮海战役计划基础上，以徐州为中心与蒋介石最大的战略集团进行大规模决战，准备以三至五个月的时间各个歼灭敌人于淮河以北地区"[2]。

再来看看蒋介石在这段时间内是怎样想和怎么做的。

淮海战役的发展进程，是蒋介石没有想到的。他在11月7日的日记中才写到一句："审阅战报，陇海路之匪已向我军进攻矣。"第二天，得知第三绥靖区两万多人起义的消息，他又在日记中写道："冯玉祥旧部刘振三昨又在徐州西北方贾旺一带向北去投匪，此种险恶严重局势咸不堪设想。"[3] 但他从历来重视重要城市的观念出发，错误地判断解放军的目标将是直接进攻徐州，在9日的日记中写道："徐州北正面刘逆振三军部虽撤防降匪，但我已有备，即派李弥部向北设防，故匪未敢深入袭徐，殊为万幸。西面邱兵团当面之匪已被我击退，惟东面黄兵团被匪围攻，陷在运河两岸，未能如期撤集，故情势甚危。幸于黄昏安全撤至西岸，则徐州似已可保无虞。"[4] 他老是把注意力首先放在重要城市的得失上，而对战争全局缺乏通盘的考虑。这实在是作为军事

---

[1]《李达军事文选》，第283页。
[2]《中国人民解放军第二野战军战史》第2卷，解放军出版社1990年2月版，第240页。
[3] 蒋介石日记，1948年11月7、8日。
[4] 蒋介石日记，1948年11月9日。

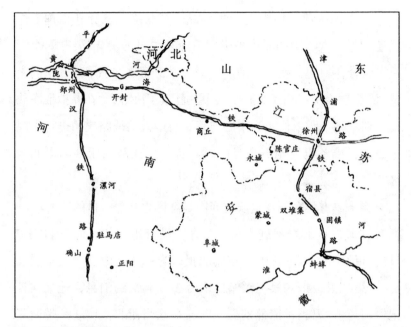

淮海战役战略图（二）

统帅的大忌。

到黄百韬兵团遭解放军主力围攻的实际状况逐渐明朗后，蒋介石才发觉解放军的第一个主要目标是围歼黄兵团，而不是直接进攻徐州，不得不仓促地再次改变计划，要求邱清泉等兵团从徐州东进，救援黄百韬兵团。他在10日的日记中写道："研究徐州战局，决令窑湾六十三军与黄兵团在原地防守，并令邱兵团向东转移，先击破运河西岸陈匪之主力也。"[1] 可以看出，蒋介石对这场战役仍心中无数，方寸已乱。

在黄百韬兵团被围歼、邱李两兵团迟迟不能推进时，蒋介

---

[1] 蒋介石日记，1948年11月10日。

石一筹莫展，在日记中只能不断地咒骂部下无能。他在 14 日的日记中说："综核战报，碾庄之危机未过，邱兵团滞钝不能急进，徐州城防兵力太多，不能用全力在前方，刘经扶（注：即刘峙）指挥无方，不胜忧虑。"[1]

15 日，他在日记中谈到"碾庄情势危急"，"乃命空军全力轰炸该方面，自朝至暮，无或间断。至下午四时匪攻势顿挫，碾庄亦趋稳定。一面派墨三（注：即顾祝同）代为飞徐，督导邱、李二兵团向东行，中央突破急进援黄也。余急于飞徐督战，但为各种约会要务又为布雷大殓致祭，故未能行也"。[2]

辽沈战役时，蒋介石去过沈阳三次；淮海战役时，他只讲过一次"急于飞徐督战"，结果并没有去；平津战役时，他从来没有提到过准备飞平"督战"。这可能反映出蒋介石对战局的发展，包括自己前去"督战"到底能起什么作用，越来越失去信心了。

既然蒋自称"急于飞徐督战"，为什么结果却没有去呢？他说的"各种约会要务"决不会比"飞徐督战"更重要、更紧迫，这是不言自明的。看来，陈布雷的死给他的刺激实在不小。

陈布雷素受蒋介石的特别信任。蒋介石许多产生过重大影响的讲话和文章都出自陈的笔下，并且陈还担任着国民党中央委员会的秘书长。陈布雷的旧式士大夫习气很深，出于对蒋的"知遇之恩"，从来对蒋忠心耿耿。但就个人来说，他虽居高位仍较清廉，对国民党统治集团特别是孔宋豪门集团的大肆敛财深为不满，对国民党政府的前途十分悲观。他在 11 月 3 日的日记中写

---

[1] 蒋介石日记，1948 年 11 月 14 日。
[2] 蒋介石日记，1948 年 11 月 15 日。

陈布雷

道:"追忆昨日周宏涛兄来谈时之情绪,可以反映中心领导之已发生动摇。军事紧张之局未弛,翁阁(注:指翁文灏内阁)又在坚辞中,如此内外动荡不安,将何以善其后?"在11月9日的日记中他写道:"近日京沪两地市场上缺乏食粮供应,物价狂乱跳跃,一日不止更改一次,以致人心慌乱不安。后方地面治安之保持实为必要之图。余无识无能,愧不能有所贡献,自疚之念与日俱深。"[1]他的健康状况又因严重神经衰弱而日益恶化。11月12日,陈布雷吞服大量安眠药自杀。当时中央社报道,说他是"以心脏病突发逝世"[2]。

十多年前读贾亦斌所著《半生风雨录》时,看到过一段令人吃惊的记载。贾在书中说他当时向正担任国民党中央党部联秘处副秘书长的好友徐复观询问此事实情。徐说:"老头子(指蒋介

---

[1]《陈布雷先生从政日记稿样》,第1030、1031页。
[2]《陈布雷在昨心脏病逝世》,《中央日报》,1948年11月14日,第2版。

石）发疯了！"并且告诉他："陈布雷看到形势紧迫，就向蒋介石进言，劝蒋要宋子文、宋美龄和孔祥熙出钱捐饷，蒋看到一贯听话的陈布雷也不听话了，大发雷霆，打了陈一个耳光。陈布雷平时备受尊敬，蒋介石见面总是口口声声'布雷先生'，优礼有加，现在突然遭此凌辱，加上对形势的悲观失望，因此产生了弃世的念头。"这段叙述虽然未见其他记载，但贾、徐两人都是国民党内层的人物。贾亦斌当时被称为"蒋经国的左右手""嫡系的嫡系"。"联秘处的工作是将国民党党、政、军的情报综合整理后上报蒋介石，因此各方面的消息很灵通。"[1]陈布雷正是徐复观的顶头上司。贾、徐两人又是多年的同乡好友。所以，这段记载是值得重视的。

陈布雷在自杀前给蒋介石留有两封遗书，只有自责，没有怨言，这也符合他的性格。信中说："今春以来，耳闻日睹，饱受刺激；入夏秋后，病象日增，神经极度衰弱，实已不堪勉强支持。值此党国最艰危之时期，而自验近来身心已毫无可以效命之能力，与其偷生尸位，使公误计以为尚有一可供驱使之部下，因而贻误公务，何如坦白承认自身已无能力为役，而结束其毫无价值之一生。"在后一封信中，他还有一段话："昔者公闻叶诋总理之言，而置箸不食，今我所闻所见于一般老百姓之中毒素宣传，以散播关于公之谣言诬蔑者，不知凡几。回忆在渝，当三十二年（注：即一九四三年）时，公即命注意敌人之反宣传，而四五年来，布雷实毫未尽力，以挽回此恶毒之宣传。即此一端，又

---

[1] 贾亦斌：《半生风雨录》，第144、166、167页。

万万无可自恕自全之理。"[1]这段曲曲折折的字面背后,是否还话中有话呢?是不是多少在表示接受所谓"毒素宣传"对蒋不满的"一般老百姓"已"不知凡几",他却因无词以对而"毫未尽力"呢?这也许是他内心更深的痛苦。

不管怎样,以陈布雷同蒋介石之非同寻常关系,他的自杀给蒋介石精神上的打击自不待言。他自杀当天,蒋介石在日记中写道:"布雷同志昨夜服安眠药自戕,今晨逝世。傍午得报,闻之悲痛异甚。今日再无人可以任其之代劳与调节各派之中坚主持之人矣,而其代笔撰稿尽如我意之学问则尚其次也,奈何!其致我遗词二纸,实不忍卒读也。失此忠实同志,诚无异折我手足耳。"又写道:"得布雷噩耗,出于意外,又增加无限刺激也,乃与经儿赴其寓亲吊。"[2]

现在再把话说回到蒋介石派顾祝同"代为飞徐"这件事上来。

11月17日,顾祝同去徐州时,飞机到碾庄上空和黄百韬通过话,并且投下蒋介石给黄的一封亲笔信:"焕然司令弟勋鉴:此次徐蚌会战,实为我革命成败国家存亡最大之关键,务希严令所部切实训导,同心一德,团结苦斗,期在必胜,完成重大之使命,是为至要。顺颂戎祉。各军师长均此。中正手书。"[3]这是蒋介石在军事紧急关头惯用的做法,但又有什么用,又能解决什么实际问题呢?

---

[1] 《陈布雷先生文集》,(台北)中国国民党中央委员会党史委员会1984年6月版,第277、278页。

[2] 蒋介石日记,1948年11月13日。

[3] 蒋纬国:《历史见证人的实录——蒋中正先生传》第3册,第308页。

19日，蒋介石在日记中写道："起床后接空军报告，碾庄兀立无恙，惟邱兵团正面仍无进步，乃电话杜光亭严斥邱清泉指挥无方，已成为老爷军，何能革命剿匪。如其今日不能到达曹八集，则碾庄必安而复危。万一有失，则邱应负其全责。杜答碾庄已无危险，可以生命担保。余言不能如此看法，如邱不能进展，则败匪仍能回来攻陷碾庄也，思之痛愤。"[1]但他的决策仍犹豫不定。郭汝瑰21日的日记写道："九时官邸会报，决定黄百韬不突围，令邱、李两兵团继续攻击。"22日的日记写道："九时半官邸会报，总统决定，令黄百韬突围。"[2]但就在这一天，黄百韬兵团被全歼了。第二天，蒋介石在日记中写道："朝起即接报知黄百韬兵团阵地已失陷。""近来环境之恶劣已极，此种刺激实为任何时期所未有，余亦屡萌生不如死之感。"[3]

淮海战役中在前线负责实际指挥的杜聿明，对蒋介石在战役开始时的表现，作了这样的评论："未能实施预定计划（哪怕是最不好的计划），及时集中兵力应战，在解放军变化莫测、运用极妙的战略战术下，就形成了打被动战的局面，使国民党军内部慌乱一团，手足无措。加以蒋介石的个人独裁指挥，不论大小情况的分析，大小部队的调动，都要通过蒋的决定指示。而蒋本人又不能集中精力掌握全盘情况，每日仅凭一次所谓'官邸会报'来决定指挥部署，或凭他本人'灵机'一动，乱下手谕。因之一切指示到了前方，不是过时失策，即是主观武断。前方部队长不

---

[1] 蒋介石日记，1948年11月19日。
[2] 郭汝瑰日记，1948年11月21日、22日。
[3] 蒋介石日记，1948年11月23日。

遵从，即有违命之罪；遵从则自投罗网。蒋介石集团中封建派别关系互相掣肘，任何一个情况出现，都是只顾小集团不顾整体；只想救自己，不顾全局。结果每一战役都是因小失大，决策一再变更。这种矛盾斗争贯穿着国民党军作战全部过程。从解放军方面来看，淮海战役的发展比预计的更为顺利，因而胜利也比预计的更快更大。"[1]这是蒋介石指挥作战时的常态，随着他的权力上升到高峰，就表现得更加登峰造极。杜聿明和蒋介石长期相当密切地共处，饱尝过此中的甜酸苦辣，才能作出这样一针见血的生动描写。

再歼黄维兵团

随着徐州战局的日趋紧张，蒋介石急忙调原驻河南确山、驻马店地区的另一支主力部队黄维兵团（第十二兵团）东援徐州。

毛泽东十分关注黄维兵团的动向。淮海战役还没有正式打响，他就在11月1日为中共中央军委起草电报指出：包围黄百韬兵团后，"你们除对付邱孙两兵团外，还要对付黄维兵团（四个军），你们对黄维进程之估计及对策盼告。"[2]

为什么毛泽东和蒋介石都如此重视黄维兵团？黄维兵团原有四个军十个师及一个快速纵队，都属于陈诚系统（后来又将何应钦系统的第八十五军编入，成五个军），其中包括精锐的第十八军。

---

[1] 杜聿明：《淮海战役始末》，《淮海战役亲历记》，第12页。
[2]《毛泽东军事文集》第5卷，第165页。

这个军是陈诚的起家部队，1930年以陈诚为师长的第十一师为基干扩建而成。这以后的历任军长罗卓英、黄维、彭善、方天、罗广文、胡琏、杨伯涛都是陈诚的亲信将领。全军都是美式装备，有着相当数量的重炮、坦克、机枪、自动化步枪、火焰喷射器等新式武器，训练严格，战斗力强，又有空军配合，是蒋介石的五大主力之一。解放战争开始后，它和整编第七十四师、第五军一起在华东战场同解放军恶战。整编第七十四师在孟良崮被歼后，它和第五军便成为解放军在南线的主要对手。

1947年，刘邓大军（这时改称中原野战军）主力千里跃进大别山。跃进时分为三路：中原局、野军指挥部和第二纵队（陈再道纵队）、第六纵队（王近山纵队）为中路；第一纵队（杨勇纵队）为西路；第三纵队（陈锡联纵队）为东路。他们不采取逐城逐地推进的方式，而是下决心不要后方，不攻县城，长驱直入，跨过陇海铁路，穿越宽达三十多里、遍地积满淤泥、浅则及膝、深则没脐、没有人烟、没有道路的黄泛区，抢渡沙河、汝河和淮河。刘伯承鼓励全军："走到大别山就是胜利。"[1]部队经过二十多天行程，跃进到大别山区。这就把战线从黄河南北推进到长江北岸，使中原地区由国民党军队进攻解放区的重要后方变成了人民解放军夺取全国胜利的前进基地，由战略防御转入战略进攻，从而改变了整个战争态势的格局。蒋介石把它视为心腹大患，调动原在华东和中原地区作战的约九十个旅的军队，包括整编第十八军在内，投入对大别山区的"围剿"。

---

[1] 刘伯承：《千里跃进大别山》，《刘邓大军南征记》，河南人民出版社1982年3月版，第12页。

1948年8月，国民党统帅部鉴于在各个战场上国民党军不断遭受歼灭，为了使解放军"吞不下"和"啃不动"，采用独立遂行战略任务的大兵团制。以整编第十八军为基干，编建第十二兵团，由黄维为司令官，原整编十八军军长胡琏为副司令官。黄维是黄埔一期毕业生，到德国留过学，担任军事教育工作的时间比较长，抗战期间曾任中央军校桂林分校教育长，解放战争时期先后担任联合后勤总司令部副总司令，新制军官学校校长，没有多少同解放军作战的实际经验。"蒋介石给予黄维第十二兵团的任务是在武汉外围机动作战，以确保武汉和阻碍人民解放军横渡长江，威胁中南半壁。"[1]

中原野战军在挺进和转战大别山，特别是抢越黄泛区时，也付出了很大的代价。野战军参谋长李达写道："为了轻装，我们还忍痛炸掉了一些重炮。战前，除了有限的几十门野炮、山炮、步兵炮和二百多门迫击炮外，基本作战武器是轻重机枪、步马枪和手榴弹，而且弹药不足。""但是，为了实现中央军委歼敌主力于淮河以北的意图，遵照总前委指示，中野毅然决心不惜一切代价，在华野协同下，与黄维兵团决战。邓政委说，只要歼灭了南线敌军主力，中野就是打光了，全国各路解放军还可以取得全国胜利，这代价是值得的。这种为了全局而知难犯险的胆略，极大地感染了部队全体将士。"[2]

淮海战役酝酿和发动时，中原野战军为了牵制黄维兵团使之不能很快东援徐海战场，并争取时间掩护野战军主力隐蔽东移，

---

[1]《杨伯涛回忆录》，中国文史出版社1996年4月版，第156页。
[2] 李达：《回顾淮海战役中的中原野战军》，《淮海战役·回忆史料》，第11页。

10月中旬，故意以一部在豫西积极活动，造成假象。国民党华中"剿总"总司令白崇禧误判这是中原野战军的主力活动，命令第十二兵团向平汉路西的桐柏山区猛攻，结果扑了一个空。豫西山区地势崎岖，道路不良，机械化部队在这番折腾中损耗很大。10月底，返回豫南的确山、驻马店山区原驻地，到11月4日、5日在该地区集合完毕，人马已疲惫不堪，亟须休息整顿。

淮海战役在11月6日打响后，蒋介石发急了。"第十二兵团（欠第八十五军）甫到驻马店附近，即奉命向徐州进发，并奉严令'不得以任何借口延迟行动'。兵团即于十一月八日由驻马店地区出发，遵照指定路线经正阳、新蔡、阜阳、蒙城、宿县向徐州东进，因为部队有战车营、榴弹炮营等重武器和汽车营及大量胶轮大车，且道路不良，沿途又需渡过南汝河、洪河、颍河、西淝河、浍河，以至部队行动迟缓，受到解放军的拦截和追蹑。"[1]

值得注意的是：他们不仅奉严令"不得以任何借口延迟活动"，刚回原驻地三四天，喘息未定，就匆忙出发，而且连如何行军也被规定得按"指定路线"行进。这条路线从驻马店地区出发奔向宿县，再北上徐州，走的几乎是一条直线，这反映了蒋介石的急迫心情，但根本不顾地形条件，不考虑在行军途中会遇到什么问题。而对重装备的黄维兵团来说，这却是一条极端不利的路线。

台湾出版的《国民革命军陆军第十八军军史》这样描写他们途中的实际状况："宿县、涡阳、蒙城、怀远地区，因为颍

---

[1] 黄维：《第十二兵团被歼纪要》，《淮海战役亲历记》，第485页。

白崇禧

水、西淝水、涡河、北淝水、浍河等五条河流皆自西北流向东南,汇注于淮河。河上均无桥梁,且经常泛滥、沼泽洼湿,芦苇丛生,大军行动极受牵制。新蔡、阜阳至宿县,仅有一条公路相通。且路面泥土松软,晴则灰尘蔽天,雨则泥泞难行。所有村镇,其房屋多系茅草屋顶,秫秸泥壁,砦墙废圮,壕沟水浅,难守易攻。"

该书又写道:"十二兵团于十一月八日,自确山东进,日夜兼程千里驰援,前进之道路不仅只有一条,且河川交错,均需临时架桥,始得通过。先于新蔡以东渡谷河、大涧河,后于阜阳以东渡颍水、西淝水与茨河,工兵因材料缺乏,加以作业力不强,每次仅能架设二三轻便桥,尚不能按规定时限完成。再加运动计划与渡河计划欠周密协调,往往数万之众猬集一处,纠缠不清,有后到先渡者,有半途而插入另一单位者,又有等候七八小时而不得过者。入夜辄就地炊爨露营。火光四起,人喊马嘶,致使兵力疲惫，秩序紊乱，掌握困难。"[1]

由于出发时过于匆促，部队携带的粮食和弹药很有限。加之出发后急于驰援，孤军深入解放军的老根据地内，沿途又处在这种极端不利的地形条件下，这相当程度上已预决了黄维兵团的命运。这正如《孙子兵法》所说："是故卷甲而趋，日夜不处，倍道兼行，百里而争利，则擒三将军。""是故军无辎重则亡，无粮食则亡，无委积则亡。"[2] 它的后果以后就逐渐显现出来。

美国名将巴顿说过："不应该定了计划，然后要环境去适应那些计划。应该使计划适应环境。我认为，对高级统帅部来说，成败得失的关键，就是取决于它是否有能力做到这一点。"[3]

后来在台湾担任过"国防部长"的俞大维，多次同郝柏村谈及"徐蚌会战"中两个"战略错误"，其中之一是："第十二兵团增援蚌埠，应由铁运至汉口，再船运至浦口，沿津浦北运增援，不应由南阳渡七条淮河支流东进，且左侧背暴露在刘伯承威胁之下，大军侧敌前进是非常危险的。"[4]

对地形的细心观察和熟悉，因地制宜，是制定正确作战计划的重要前提。这是人所共知的常识。要这支重装备兵团按照这条"指定路线"，急行军东进，充分暴露出蒋介石在战术指挥上的拙劣而外行，也反映出他在淮海战役突然爆发后急于东援竟不顾一

---

[1]《国民革命军陆军第十八军军史》，（台北）"国防部"军务局史政处1998年6月版，第204、209页。

[2]《孙子兵法·军事篇第七》。

[3][英]利德尔·哈特（又译李德·哈特）著，伍协力译：《第二次世界大战史》下册，上海译文出版社1978年1月版，第255页。

[4]《郝柏村解读蒋公日记（1945—1949）》，第386页。

切的慌乱心理，真到了老话所说"慌不择路"的地步。

毛泽东敏锐地察觉出这一点。11月13日，他为中共中央军委起草电报，要求中原野战军第二、第六两个纵队："不分昼夜，不惜疲劳，兼程前进，务必于十四日，至迟于十五日，赶到太（和）、阜（阳）黄维的前头，由正面阻止黄维向亳、涡、永前进，不得误事。"第二天，又致电："我们应即决定以中原一、二、三、四、六、九纵及豫皖苏地方兵团之全力，以徐蚌路为枢纽，对付黄维及南面可能增加之敌人。华野全部则对付陇海线上之敌人。"[1]15日，解放军攻占宿县。蒋介石要黄维兵团仍按原定路线加快向北推进。蒋纬国写道："先父电令第十二兵团速东进驰援黄百韬兵团，但为刘伯承部所阻。"[2]刘峙也给黄维发电报："努力排除万难，迅速向宿县推进，俾此次徐州会战趋于有利，是为至要。"[3]

围歼黄维兵团的作战任务，是由中原野战军在华东野战军协同下担负起来的，并且作了周密的部署，吸引黄维兵团一步一步进入设下的圈套。

黄维兵团在16日才强渡涡河，第十八军军长杨伯涛向黄维报告："发现解放军几点迥异寻常的东西，截然改变了解放军过去长期一贯的作战方式，大堪我们注意：第一，过去刘邓大军和陈粟大军是分处中原、华东地区各自为战，现在两大兵团紧密靠拢在一起，很明显企图一定不小，吞吃我军的口胃更大了，大战

---

[1]《毛泽东军事文集》第5卷，第207、215、216页。
[2] 蒋纬国：《历史见证人的实录——蒋中正先生传》第3册，第310页。
[3] 刘峙给黄维的电报，1948年11月14日。转引自《中国人民解放军全国解放战争史》第4卷，第298页。

淮海战场上的国民党士兵

迫在眉睫。第二，过去解放军一贯采取避实击虚、侧击、不意袭击、变化多端的运动战方式，这次对我军北进，则采取迎头堵击，利用河川障碍有利地形，设置整然的防御阵地，涡河迤北俱发现解放军在构筑阵地，堡垒式的坚固掩体星罗棋布，这样规模为从所未有，似有大打硬仗之势，以主宰战场。第三，这次解放军动员军队和人民群众的政治工作，规模空前广泛，声势特大。过去很少看到大批的公开的宣传文件，这次则如火如荼，形成狂热。另据情报得知，各地人民地方武装部队都云集到徐海地区来了。根据以上的情况，我第十二兵团处在非常严重的阶段，必须慎重考虑。"[1]这些意见，得到黄维的同意。

11月18日，黄维兵团进至安徽蒙城。这时，中原野战军已攻占宿县，主力全力转向阻击黄维兵团。黄维回忆道："当时摆在第十二兵团面前的问题是解放军主力部队已在当面，如我由蒙

---

[1]《杨伯涛回忆录》，第163页。

城正面渡河向宿县进攻,则面对北淝河、浍河的障碍,如解放军据以节节顽强阻击,并从涡阳方面对我左侧威胁,就会使我前进困难,陷于不利。因而当时曾拟利用涡河的掩护,由蒙城以主力转到怀远附近渡河,与铁路正面的友军联系,再向宿县进攻,如此或可出解放军之意外,前进可较为安全。这一意见,曾电国防部请示,未得同意,仍限令照原定计划攻击前进,以击破当面解放军,迅速赶赴徐州。"[1]他们期待的由蚌埠北上、从"铁路正面"接应的李延年、刘汝明两个兵团又惧怕被歼,行动迟缓。这样,黄维兵团覆灭的命运实已注定。

郭汝瑰在日记中写道:"此次黄维兵团孤立向宿县挺进,为我战略上之失策。惟共军内线作战如此灵活,则殊使人佩服。黄维兵团命运大约十日内即可见分晓。"[2]

接着,黄维兵团继续按原定路线前进,先后渡过北淝河、浍河,宿县已经在望。但发现解放军在浍河以北有些地区主动撤走,而且正面设有大纵深阵地,还有大部队在运动,显然是设下口袋,等候黄维兵团钻入。那时,东线的黄百韬兵团已将被歼,华东野战军的粟、陈、张在11月20日电复刘、陈、邓并报军委、华东局:"首先求得彻底歼灭黄维兵团为主,我们除以六纵接替秦何九纵(注:指中原野战军秦基伟纵队)阻击李延年任务(二十五日可到任桥),使九纵西去参加突击外,必要时拟以韦吉(注:指韦国清、吉洛)率二、十一(王张)两纵,准备西去参

---

[1] 黄维:《第十二兵团被歼纪要》,《淮海战役亲历记》,第486页。
[2] 郭汝瑰日记,1948年11月27日。

黄维兵团用八百辆战车在双堆集构筑防线

战,并归刘陈邓统一指挥。"[1]黄维兵团正面的解放军兵力确有很大增强。25日,黄维兵团的攻击部队见势不妙,从浍河北岸撤回南岸。但已经来不及了。早有准备的解放军随即四面出击,迅速在浍河南岸的双堆集地区完成对第十二兵团的合围。陈赓率领的第四纵队等也投入这场合围战斗。同时,蒙城被解放军占领,第十二兵团撤退的后路已被截断。

黄维兵团落到这种境地,可以说是蒋介石和南京统帅部瞎指挥的结果。台湾出版的战史写道:"十一月二十、二十一两日,黄(百韬)兵团在碾庄已濒临覆灭,此时徐州剿总,仍令第十二兵团继续北进救援,已无必要。同时已知津浦路正面,第六兵团之北攻受阻,当可判知宿县地区匪军兵力必大,稍后更可以由碾

---

[1]《粟裕文选》第2卷,第652页。

庄地区抽调兵力,向南增加。故第六、第十二兵团,不应仍使处于分离状态,应即令第十二兵团停止北进,向东转移。第十二兵团亦不应于二十三日仍向浍河北岸攻击,迨至二十四日北渡浍河攻击受阻,入夜后始接奉剿总向东转移之命令,惜为时已晚。刘匪主力即于是夜进至浍河以南,并向该兵团之东翼包围,所以二十五日晨即遭匪军之袭击,加以在指挥上连续发生错误,终至被匪军围困于双堆集。该兵团若于二十三日即停止北进,并开始东移,当日夜即可以到达固镇以西地区,亦可免于被围歼之命运。"[1]当然,它失败的命运终究是难以避免的,但一系列指挥错误确实也加速了它被围歼的命运,只是这部战役史只敢说到徐州"剿总"的命令,不敢说出蒋介石的命令罢了。

这时,解放军面对着杜聿明集团、黄维兵团、李刘两兵团这几路国民党军的大集团,下一阶段的主要目标该指向哪里?特别是,先打从蚌埠北上的李延年、刘汝明,还是先打即将被合围的黄维?"总前委认为邱、李、孙紧靠徐州,李、刘背靠蚌埠,均不易抓住;而黄维兵团孤军冒进,易为我军围歼。"[2]10月14日,刘、陈、邓致电中央军委称:"歼灭黄维为上策。因为黄维在远道疲惫、脱离后方之运动中。"[3]黄维兵团被合围前两天,刘、陈、邓在23日又请示中央军委:"歼灭黄维之时机甚好","只要黄维全部或大部被歼,较之歼灭李、刘更属有利。如军委批准,

---

[1]《国民革命军战役史第五部——戡乱》第5册,第148、149页。
[2]《李达军事文选》,第302页。
[3]《邓小平军事文集》第2卷,军事科学出版社、中央文献出版社2004年7月版,第143页。

我们即照此实行"。[1]第二天，毛泽东立刻为军委起草电报答复："完全同意先打黄维"，"情况紧急时机，一切由刘陈邓临机处置，不要请示"。[2]

这样，淮海战役第二阶段的主要目标——歼灭黄维兵团，便确定下来。11月25日晨，中原解放军完成对黄维兵团的合围。

蒋介石在得知黄维兵团被围后，在第二天下令该部："应不顾一切即以主力向东攻击，击破当面之匪，与李延年兵团会师。"[3]27日晨，黄维集中四个师向东南方向突围。担任前锋的第八十五军第一一〇师在师长、秘密中共党员廖运周带领下乘机起义。其他三个师都被击退。这件事给黄维兵团的士气打击很大，致使军心动摇。蒋介石在28日改令黄维兵团站稳脚跟，就地固守。

黄维自恃武器精良，采取环形防御，固守待援。"他还下令将所有的汽车装满土，同被打坏的坦克一起排成一字长蛇，构成如城墙般坚固的防御工事。并采取以攻为守的战法，每天抽调一至三个有力团配以战车和炮兵的火力，向解放军阵地突击。"[4]

国民党军统帅部为了挽救败局，又提出一个规模更大的南北对进的方案：在北面由于津浦铁路无法打通、徐州已完全孤立，难以久守，决定放弃徐州，命令杜聿明指挥邱清泉、李弥、孙元良三个兵团经永城、蒙城向南，准备先救出黄维兵团，再一起南下；在南面，命令刘峙带领徐州"剿总"机关移往蚌埠，指挥李

---

[1]《邓小平军事文集》第2卷，第146页。
[2]《毛泽东军事文集》第5卷，第269页。
[3]《中国人民解放军第二野战军战史》第2卷，第248、249页。
[4]《李达军事文选》，第296页。

延年、刘汝明两个兵团北上，接出黄维兵团到蚌埠。这两路进攻，来势都很猛，如果有一路挡不住，就会造成严重后果。蒋介石还同以前一样，还想由从徐州南下的杜聿明三兵团、从蚌埠北上的李刘两兵团向被困双堆集的黄维兵团里应外合，对围困黄维兵团的解放军实行反包围，进行一场大决战。粟裕回忆说："淮海战役中最紧张的是第二阶段。我曾经连续七昼夜没有睡觉，后来发作了美尼尔氏综合症，带病指挥。"[1]

怎样应对如此严峻的局面？总前委反复进行研究，决定首先全力歼灭黄维兵团，在北面暂取守势抓住南下的杜聿明集团，在南面增加阻击李延年、刘汝明兵团的兵力。"十二月一日，陈毅通过电话对粟裕说：'我们这里正在收拾黄维这个冤家。你们北边要把杜聿明抓住，南边要把李（延年）刘（汝明）看好。'刘伯承则风趣地把这一战役部署比喻为胃口很好的人上酒席，嘴吃着一块，筷子挟着一块，眼睛又盯着碗里的一块，说我们现在的打法，就是'吃一个（黄维兵团），挟一个（杜聿明集团），看一个（李延年、刘汝明两兵团）'。"[2] 这真充分表现了在强敌和恶战面前从容应对的大将风度。

但困难和风险仍是巨大的。解放军将黄维兵团在双堆集合围后，发动全面攻势。双堆集地区纵横五至七公里。这一带地势平坦开阔，树木也很少，黄维兵团在火力上有很大优势。他们构筑的环形工事，以坦克、火炮、轻重机枪布成层层火力网，部队又有过严格的军事训练，解放军难以将它分割歼灭。解放军"从运

---

[1]《粟裕谈淮海战役》，《党的文献》1989 年第 6 期。
[2]《李达军事文选》，第 297 页。

动战转到阵地攻坚战，由于部队兵员、装备未得到适当补充，又缺乏像歼灭黄维兵团这样大规模的、持久的、平原阵地战的经验，同时部队中还存在着急躁情绪，因而在敌人进行顽强抵抗时，战斗进展缓慢"[1]。

针对这种情况，毛泽东在为中共中央军委起草的电报中指出："打黄百韬和打黄维两次经验均证明：对于战斗力顽强之敌，依靠急袭手段是不能歼灭的，必须采取割裂、侦察、近迫作业、集中兵力火力和步炮协同诸项手段，才能歼灭。"[2]这些话实实在在，说到了点子上，以后情况就有了明显改进。

国民党军第十八军军长杨伯涛回忆道："解放军没有硬拼，而是机智地采取了掘壕前进、近迫作业的沟壕战术。一道道的交通壕如长龙似的直伸向我军阵地边缘，形成无数绳索，紧紧捆缚。然后利用夜暗，调集兵力进入冲锋准备位置，在炮兵火力配合下，一声号令，发起猛烈的冲锋，当者很难幸免。这样使我军拥有火力的优势无从发挥。在人力方面，我军是被动挨打，士气低落，而且战斗伤亡一个，就少了一个，没有补充，远不如解放军拥有广大后备力量，可以源源补充，这在第十二兵团是致命的劣势。"[3]

这些情况出乎蒋介石的意料。一开始他对战局的发展依然十分乐观。11月20日，他还在日记中写道："黄维兵团已集中蒙城，不难击破当面残匪，速占宿县，此心略慰。"[4]他在24日的日记

---

[1]《中国人民解放军第二野战军战史》第2卷，第250页。
[2]《毛泽东军事文集》第5卷，第317页。
[3]《杨伯涛回忆录》，第172、173页。
[4] 蒋介石日记，1948年11月20日。

中仍写道:"召见刘、杜等商徐、宿计划。陈匪主力已由徐东移向宿县方向与刘匪会合,以期击破我黄维兵团,此实又为我聚歼陈、刘两匪之良机也。"[1]作为军事统帅,这些判断同实际情况相差实在太远,也太轻率了。果然,到下一天他在日记中便写道:"决令黄维兵团向固镇方向移靠,以其昨日尚未收复宿县,则态势甚不利也。"[2]事实上,这时黄维兵团已陷入重围,南北两面都呼应不上,根本突围不出来了。26日,蒋的日记中写道:"黄维兵团又有被围之势,不胜忧虑。"[3]

蒋介石仍同辽沈战役时一样,情况不明,又不周密思考,忽而充满乐观,仿佛一场决战已胜利在握,忽而张皇失措,作战决心一再临时变更。

当黄维兵团刚被合围时,解放军的阵地工事和攻击准备尚未完成。黄维判断:他们已"处于解放军的袋形阵地之内,态势不利","此时,兵团后方联络早已全被遮断,如仍坚持战斗,将会被解放军困死。因此,决心终止战斗,脱离当面的解放军,向铁路线固镇方向转移,以与铁路正面的友军联系,并力由该方面进攻宿县,赶赴徐州"。[4]对黄维兵团来说,这可能是最后一次机会。双堆集离蚌埠以北的李延年、刘汝明两个兵团不远。黄维兵团的兵力这时还基本完整,后来编入该兵团的第八十五军吴绍周部刚刚赶到,如果坚决突围,虽会遭受很大的损失,相当部分主力仍有可能同李、刘两兵团会合,再沿津浦铁路向北进攻。

---

[1] 蒋介石日记,1948年11月24日。
[2] 蒋介石日记,1948年11月25日。
[3] 蒋介石日记,1948年11月26日。
[4] 黄维:《第十二兵团被歼纪要》,《淮海战役亲历记》,第487页。

在这样间不容发的紧急关头，蒋介石却又像辽沈战役时那样轻率改变了主意：先是因为事先没有料到而惊慌失措；等定下神来，又一心认定自己的武力特别是现代武器装备比解放军强，不是着重考虑在不利局势下如何保存实力，而是想趁此同解放军决战。他经常不听前线高级将领的不同意见，仍断然命令黄维兵团在原地固守，由杜聿明率邱清泉、李弥、孙元良三个兵团从徐州向南赴援，李延年、刘汝明两个兵团从蚌埠向北赴援（他原来还准备从华中调宋希濂兵团和第二军赴援，但被华中"剿总"总司令白崇禧阻挠而没有调成），以为有六个兵团（包括第五军、第十八军两大主力在内）便可以实现他日记中所说的："此实又为我聚歼陈、刘两匪之良机也。"

这个完全脱离实际的决定，无异给正处险境的黄维兵团当头浇下一桶冷水。杨伯涛回忆道："南京国防部及最高统帅都不准走，认为第十二兵团可以顶得住解放军的攻击，只要有援军策应，到时候解放军会弃围撤退。严令黄维坚守待援，不得轻动。各军、师奉到死守待援的命令，莫不相顾黯然。"[1]黄维也回忆道："参谋总长顾祝同于二十八日乘飞机来到阵地上空，视察了当时的敌我位置和战况，还和我通了电话，嘱我站稳脚，就地固守，并把所占地区加以扩大。顾还说将空投粮弹补给。我遵照指示，尽一切可能督饬各军固守待援。"[2]黄维兵团全军覆没的命运已经注定。

胜利尽管在望，毛泽东决不掉以轻心。这是他历来的作风。11月29日，毛泽东为中共中央军委起草致刘、陈、邓等电强调：

---

[1]《杨伯涛回忆录》，第172页。
[2]黄维：《第十二兵团被歼纪要》，《淮海战役亲历记》，第488页。

"解决黄维兵团是解决徐蚌全敌六十六个师的关键,必须估计敌人的最后挣扎,必须使自己手里保有余力,足以应付意外情况。"[1]

结果也如锦州战役那样:尽管蒋介石有一番如意盘算,国民党军队却守的守不住,攻的攻不动,向各处抽调增援部队也大多调不出来,白崇禧那里的华中地区尤其是这样。黄维兵团出发时只带了七天使用的物资,最初还不计消耗地使用,不久就弹尽粮绝,全靠空投接济,到了山穷水尽的地步。12月8日,黄维兵团日趋瓦解,已无法再固守下去。筋疲力尽的重装备大兵团也无法从连道路都没有的田野中撤出去。当天,蒋介石在日记中写道:"下午研究黄维兵团突围计划。将领气馁胆怯,只想逃命,不知廉耻,痛斥之。"[2]

这时的黄维兵团其实已精疲力尽,连突围的力气也没有了。于是,蒋介石便准备冒天下之大不韪,使用化学武器。他在日记中连篇累牍地记载着这件事,可见这件事在他心中的分量。12月9日他写道:"本日时刻想望化学炸弹之功效能否济急,最为系念。直至黄昏始运到,而犹未能起货试验也。此实最后之一法,存亡成败皆在于此。上帝佑华,其必能使之有效也。"[3] 10日的日记:"朝课后催询化学弹运制情形","下午督导化学弹使用之准备计划,亲临空军指挥部研究","手拟黄维函稿,谆谆叮嘱使用化学弹应注意各点及鼓励士气、固守待援也。晚召集化学弹有关人员再三研究,决定明日再准备一日,以期周到无缺也。十时

---

[1]《毛泽东军事文集》第5卷,第291页。
[2] 蒋介石日记,1948年12月8日。
[3] 蒋介石日记,1948年12月9日。

后就寝,今日几乎全力用于化学弹使用之准备工作,忧喜与疑信参半也"。[1]11日的日记:"晚课后听取化学司今日试验化学弹报告,结果良好为慰。"[2]12日的日记:"上午与叔铭(注:指王叔铭,空军副总司令)屡通电话,研究化学弹应否使用,有人绝对反对,故不能决断。礼拜如常。正午决放弃使用化学弹。"[3]

化学武器究竟使用了没有?这种毒气弹准备了两种:一种空运给黄维兵团,要他们在突围时使用;一种准备由空军在黄维兵团突围时使用。杨伯涛回忆,从南京返回兵团部的副司令官胡琏对他说:"南京有一个极端秘密的计划,决定使用毒气大规模地消灭解放军。计划用飞机在兵团阵地周围,施放窒息性和糜烂性毒瓦斯。你回去秘密布置一下,把陆空联络的布板信号准备齐全,围着我们的阵地标示出来,并做好我们自己的防护的处置。"空军给黄维兵团空投了几百颗毒瓦斯弹,这部分是催泪性和喷嚏性的混合剂,第十八军使用过两次,但没有大规模使用。杨伯涛说自己有两个顾虑:"我在陆军大学曾学过战时国际公法,使用毒气作战是禁止的,是非人道的。日本人侵略我国,在战场上也仅使用过催泪性和喷嚏性瓦斯。我们怎能乞灵于这种国际公认的非法手段。同时也害怕放毒时不能很好控制,难免和解放军同归于尽。"[4]郭汝瑰在13日的日记中写道:"总统曾授意空军投糜烂性毒瓦斯,闻经俞大维劝阻乃止。"[5]蒋介石日记中所说"有人绝

---

[1] 蒋介石日记,1948年12月10日。
[2] 蒋介石日记,1948年12月11日。
[3] 蒋介石日记,1948年12月12日。
[4] 《杨伯涛回忆录》,第179、180页。
[5] 郭汝瑰日记,1948年12月13日。

被俘的黄维和国民党士兵

对反对",可能也是出于杨伯涛所说的同样原因。

12月15日夜间,黄维见局势已经无望,下令突围,事实上只是争先恐后地四散逃命,一片混乱,无法逃出。黄维等被俘,黄兵团全军覆没。淮海战役第二阶段结束。杜聿明回忆道:"事后蒋介石给我的信中,怪黄维不听他的命令在空军毒气掩护下突围,而擅令夜间突围,是自找灭亡。"[1]

黄维兵团的覆没,给蒋介石极大的打击。郭汝瑰在16日的日记中写道:"今日总统决心部署江防,淮河之线则视为战略前进阵地。"次日,他又评论道:"守淮、守江均不过迁移时间而已。共军集中力量,随时可以过江也。"[2]

但在12月16日(黄维兵团被歼第二天),国民党的中央社发布消息:"军息:黄维、李延年两兵团十六日下午会师。""匪已折损大半,复经北上李延年兵团夹击,当面之匪更无法阻挡,

---

[1] 杜聿明:《淮海战役始末》,《淮海战役亲历记》,第28页。
[2] 郭汝瑰日记,1948年12月16、17日。

乃狼狈向宿县方向溃退。"[1] 19日（也就是黄维兵团被歼后四天）《中央日报》上竟还发表消息："黄维兵团以宿县西南的双堆集为核心阵地，奋战了二十日，十五日夜开始向东南出击，十六日下午与北上应援的李延年兵团在方店子会师。匪军消灭黄兵团的企图粉碎，国军已布成一新态势，向匪展开猛攻。"[2] 看了这些，真不知让人说什么才好。

全歼杜聿明集团

毛泽东和人民解放军在淮海战役第三阶段的主要目标，是在徐州附近消灭杜聿明统率的国民党军南线主力邱、李、孙三个兵团。这个目标在淮海战役开始后不久便已提出，这在前面说过。这是一个富有远见的战略性的大决策。

国民党方面，很长时间内对解放军的战略意图懵然无知。刚从葫芦岛回到徐州的杜聿明说："这时徐州总部非常混乱，刘峙、李树正（注：徐州"剿总"参谋长）对解放军的作战企图并无全面分析判断，只是被各方面的情况所迷惑，束手无策。我这时对于情况也极模糊，一时无法作出具体判断和决心处置。"[3]

其实，不仅杜聿明对情况"无法作出具体判断和决心处置"，蒋介石又何尝不是如此。从他的日记来看，他这时关心的只是解放军会不会袭击徐州和如何救出已被合围的黄百韬兵团，并没有

---

[1]《宿蚌之间国军会师》，《大公报》，1948年12月17日，第2版。
[2]《综述淮北战局》，《中央日报》，1948年12月19日，第2版。
[3] 杜聿明：《淮海战役始末》，《淮海战役亲历记》，第17页。

杜聿明

想到解放军的目标是要全部歼灭国民党在南线的主力,更没有全盘的长远的战略考虑。对中原野战军突然攻占宿县、切断徐州和蚌埠间联系这样关键性的战局变动,蒋介石也麻木地没有立刻作出什么反应。

到黄百韬兵团全部被歼当天,蒋介石于23日在南京召开军事会议。据郭汝瑰当天日记载:"于官邸研究徐州会战后本部应有之决策。咸主张撤守淮河。""十六时又与部长、总长等研究,余起草命令,令徐总以主力向南击破当面之敌,与黄维兵团配合打通徐宿交通。但结果总统认为须待徐东敌情明了,再行下令。"他在24日日记中又写道:"九时于官邸会报,研究徐宿间作战。""总统令接刘峙、杜聿明、李树正等来京商量。十四时刘、李到。……十六时杜光亭到。"[1]蒋介石通知刘峙、杜聿明参加,要他们以主力南下,打通徐蚌之间的交通。杜聿明表示:这

---

[1] 郭汝瑰日记,1948年12月23日,1948年12月24日。

一决策我同意，但是兵力不足，必须增加五个军。蒋介石说：五个军不行，两三个军我想法子调，你先回去部署攻击。25日，在杜聿明指挥下由孙元良兵团留守徐州，邱清泉、李弥两个兵团依赖空军和炮火的掩护，向南发起强攻。但解放军顽强抵抗，逐村争夺，寸土不让，特别是在短兵相接的肉搏战中，国民党军的空军和炮火难以奏效，伤亡重而战果少，无法持久作战，更谈不上打通徐蚌之间的交通。至于蒋介石许诺的两三个军，始终未见踪影。

28日，蒋介石又电令杜聿明到南京，再次召开军事会议，有何应钦、顾祝同等参加。这次军事会议的重要决定是放弃徐州，将在徐州的三十万部队全部撤出，作为保障和守备南京的力量。

为什么在这时决定放弃徐州？台湾当局的相关著作这样写道："固守徐州，原可支撑一时。惟黄维兵团被围，急待解救，且徐州后方连络线中断，补给困难，乃决定放弃徐州，向南突击，俟解黄维兵团之围后，再行部署，转守淮河，掩护南京。"[1]

要将三十万重兵在解放军的严密包围下南撤，是很不寻常的重大决断，情况复杂，必须谋定而后动。杜聿明十分担心蒋介石的决心又一再改变。他一到南京，先见顾祝同，问顾："原来决定再增加几个军，为什么连一个军也没有增加呢？"顾祝同说："老头子也有困难，一切办法都想了，连一个军也调不动。现在决定放弃徐州，出来再打，你看能不能安全撤出？"杜聿明后来回忆道："我觉得蒋介石又是老一套，这一决心再变，黄维完了，

---

[1] 秦孝仪总编纂：蒋介石《大事长编初稿》卷7（上册），第188页。

徐州各兵团也要全军覆没。但无法增加兵力,打下去不可能,守徐州我也失了信心。我沉思了好久,对顾说:'既然这样的困难,从徐州撤出问题不大。可是要放弃徐州,就不能恋战,要恋战,就不能放弃徐州;要"放弃徐州,出来再打",这就等于把徐州三个兵团马上送掉。只有让黄维守着,牵制敌人,将徐州的部队撤出,经永城到达蒙城、涡阳、阜阳间地区,以淮河作依托,再向敌人攻击,以解黄兵团之围(实际是万一到淮河附近打不动时只有牺牲黄兵团,救出徐州各部队)。'顾同意这一案。"[1]他并且主张徐州各兵团撤出后"由双沟经泗阳趋五河"[2],也就是直接向淮河地区挺进。

杜聿明说的话中,最重要的一句是:"要放弃徐州,就不能恋战;要恋战,就不能放弃徐州。"杜聿明如此强调"不能恋战"的问题,因为在他看来,三个兵团在徐州还可以有长期经营的强固工事和充分储备作为支持;如果放弃徐州,那就该尽快地往西折南,依托淮河守御,那还可能把徐州兵力基本保存下来;如果脱离了徐而又"恋战",那就势必在野外运动中同解放军主力对峙,就可能放弃徐州后又无法逃离被围困的局面,导致全军覆没。因为这个问题太重要,他讲了以后仍不放心,又向蒋介石单独谈了一次,蒋也表示同意。

毛泽东这时也下了决心,把全歼徐州的三个兵团作为淮海战役中下一步的主要目标,决不能让他们撤到淮河地区再站住脚跟。这个决心下得十分及时。11月28日,也就是蒋介石在南京

---

[1] 杜聿明:《淮海战役始末》,《淮海战役亲历记》,第28、29页。
[2] 郭汝瑰日记,1948年11月28日。

召开军事会议决定放弃徐州的同一天,毛泽东接连为中共中央军委起草两封电报。前一封电报写道:"淮海战役的第三阶段是解决徐蚌两处之敌,夺取徐蚌。"后一封电报写道:"黄维解决后,须估计到徐州之敌有向两淮或向武汉逃跑可能。"30日,他又为中央军委起草电报,更明确地提出:"黄维解决后,我们现在倾向于集华野、中野全力解决邱李孙,然后休整一时期,再合力举行江淮战役。"[1]

集中全力围歼杜集团的方针,这时便最终确定下来。

同一天(11月30日),杜聿明率邱清泉、李弥、孙元良三个兵团的主力及地方党政机关、后方人员共三十万人为了轻装,只带了七天的给养和一百公里的油料,匆忙地撤出徐州,先沿徐州经萧县至永城那条公路向西南行(如此重装备大兵团的撤退,离开公路走是很困难的),准备走一段后再折而向南,奔赴淮河地区。

他们选择这个方向撤退,而不是直接向南努力打通津浦铁路,原因是感到自己没有足够力量打通这条铁路线,想先同处在西南方向的黄维兵团会合,或由黄维兵团牵制住相当部分的解放军,便于他们能向南方的淮河地区推进。至于对津浦路上战斗力很弱的李延年、刘汝明两部,他们本来就没有抱太多指望。津浦铁路的东侧,"河流纷歧,湖泊、池沼星罗棋布,不利于大兵团作战,重兵器尤不便使用"。而"西侧除徐州西南山地外,宿县蚌埠之间,平原坦荡,一望无际"。[2]因此,从地理条件来看,他

---

[1]《毛泽东军事文集》第5卷,第284、289、295页。
[2]《淮北会战》,《中央日报》,1948年12月14日,第4版。

们撤出徐州后,势必沿津浦铁路西侧南下。

解放军对杜聿明集团撤退后行军方向的判断是准确的。张震写道:"粟裕代司令员考虑,敌放弃徐州的可能性很大,如经连云港海运南逃,船只码头都有困难,遭我尾追后将背海作战,招致全军覆灭;如走两淮经苏中南逃,该地区河道纵横,不便于大兵团行动,且均为我老根据地,难于逃脱;如沿津浦路西侧绕过山区南下,则地形开阔,道路平坦,可与李延年、刘汝明两兵团呼应,南北对进,既解黄维之围,又可集中兵力防守淮河,'一举两得'。故敌走此路的可能性较大。"[1]

粟裕回忆道:"我们对杜聿明是网开三面,你向西去也好,向北去也好,向东去也好,就是不让你向南。其他方向都唱空城计。说明我们的力量也差不多用尽了。十二月四日拂晓,我们将杜聿明集团全部合围于陈官庄地区,并于十二月六日全歼了向西南方向突围的孙元良兵团,仅孙元良化装逃脱。""在此以前,战场形势还有很大的不确定性。在此以后,我们已有把握夺取全战役的胜利了。"[2]

杜聿明率领三个兵团撤出徐州时,人数众多,还有相当战斗力。能不能阻挡得住并进一步将它合围,毛泽东仍不放心。12月2日,他为军委起草电报叮嘱:"敌向西逃,你们应以两个纵队侧翼兼程西进,赶至敌人先头堵住,方能围击,不能单靠尾追。"[3]

时机确实十分紧迫。说来也巧,就在当天,蒋介石给杜聿明

---

[1] 张震:《华东野战军在淮海战役中的作战行动》,《淮海战役》第2册,第36、37页。

[2] 《粟裕谈淮海战役》,《党的文献》1989年第6期。

[3] 《毛泽东军事文集》第5卷,第308页。

淮海战场上的解放军炮兵

空投了一封信,其主意又变了。信的内容是:"据空军报告,濉溪口之敌大部向永城流窜。弟部本日仍向永城前进,如此行动,坐视黄兵团消灭,我们将要亡国灭种。望弟迅速令各兵团停止向永城前进,转向濉溪口攻击前进,协同由蚌埠北进之李延年兵团南北夹攻,以解黄维兵团之围。"[1]蒋介石还对人说:"已亲缄杜,乘共军分离,先击破其一部,战机稍纵即逝,务勿迟疑。"[2]这同杜聿明率部撤离徐州时提出的"撤即不能打"的想法大相径庭。杜回忆道:"我看了之后,觉得蒋介石又变了决心,必致全军覆没,思想上非常抵触。我先认为'将在外,君命有所不受',准备即向永城出发;但再一想空军侦察的情况,认为如果照原计划

---

[1] 杜聿明:《淮海战役始末》,《淮海战役亲历记》,第34页。
[2] 郭汝瑰日记,1948年12月3日。

撤退到淮河附近，再向解放军攻击，解了黄维之围，尚可将功抵过。但是万一沿途被解放军袭击，部队遭受重大损失，又不能照预定计划解黄兵团之围，蒋介石势必迁怒于我，将淮海战役失败的责任完全归咎于我，受到军法裁判。这样，我战亦死，不战亦死，慑于蒋介石的淫威，何去何从，又无法下决心。当即用电话将蒋介石信中要点通知各兵团，令部队就地停止。各司令官到指挥部商讨决策。"[1]会议讨论了很久，最后决定遵照蒋介石命令，调整部署，改变原来向淮河附近撤退的决定而改为东进向解放军攻击，以解黄维之围。利用这一天的耽误，不分昼夜疾进的解放军追击部队，从原来的尾追或平行追击，到超越杜聿明集团的先头，在12月4日拂晓将他们合围于陈官庄一带。

杜部撤出徐州的第二天，蒋介石在"本月大事预定表"中记有一条："杜部突围方向与道路之指示及防毒面具使用之学习。"[2]可见他这时又想用化学武器来掩护杜部的撤退。12月1日他在日记中说："审阅战报，乃悉杜聿明率领徐州全部国军已到达萧县西南划子口，而蚌埠以西之匪亦有向北溃退模样，此心转安也。"[3]但第二天他又焦急起来，在日记中说："杜部进展滞迟。正午与晚间各写手书，令其决心急进，不可避战迂回，陷于被动也。"[4]杜聿明"避战迂回"，目的是想将徐州的三个兵团安全撤出，以淮河一带为前进目标，站住脚跟，再进行攻击。但这时黄维兵团被围攻的战局日益恶化，"蒋介石得知杜聿明已安全撤

---

[1] 杜聿明：《淮海战役始末》，《淮海战役亲历记》，第34页。
[2] 蒋介石日记，1948年12月1日，"本月大事预定表"。
[3] 蒋介石日记，1948年12月1日。
[4] 蒋介石日记，1948年12月2日。

离徐州，唯恐他一意西逃，'避战迂回'，而'坐视黄兵团消灭'，遂用飞机向杜聿明空投手令，要杜聿明改变方向，由濉溪口南下与黄维兵团靠拢。同时命令李延年兵团重新向北推进，企图南北夹击中原野战军，以解黄维兵团之围"[1]。

蒋介石这思路确实同他在辽沈战役时相似。那时，廖耀湘一心想把沈阳主力"避战迂回"，以便从营口撤出；蒋介石却严令他西进，并督促葫芦岛、锦西的部队东进，想对东北解放军来一个东西夹击，不仅解锦州之围，还要同东北解放军决战。结果，锦州仍救不了，而使东北的国民党军队全军覆没。这次又是旧调重弹。台湾当局编写的战史著作也认为："中途又令其东向攻击，为统帅部指导上一大错误。"[2]蒋介石在12月3日的日记中却写道："本日最苦闷者为杜兵团主力仍向西永城行进，而不向南积极进攻当面残匪，失却大好良机。""将领不学无术能至此，殊为痛心。"[3]

杜聿明集团在12月4日被解放军合围，又是蒋介石没有想到的。他在当天日记中说："杜部态势已比昨日不利，被围之势已成，不胜焦虑。惟其已向南开始进攻，尚有希望其胜利也。"[4]事实上，这支部队粮弹都缺，已没有力量向南进攻了。杜聿明回忆道，这一天"蒋介石来电说：'无粮弹可投，着迅速督率各兵团向濉溪口攻击前进。'这又给各部队泼了一头冷水。邱清泉看

---

[1]《中国人民解放军第三野战军战史》，解放军出版社1996年7月版，第291、292页。
[2]《国民革命军战役史第五部——戡乱》第5册，第149页。
[3] 蒋介石日记，1948年12月3日。
[4] 蒋介石日记，1948年12月4日。

电报后大骂:'国防部混蛋,老头子也糊涂,没有粮弹,几十万大军怎么能打仗呢?'"[1]。6日,蒋在日记中说:"手拟杜光亭(注:即杜聿明)电稿两通,指示对北面之匪应先行击破,并予以就地决战,不必向南速进也。"[2]这时,被合围的黄维兵团的处境急剧恶化,蒋介石的主要注意力只能转移到黄维兵团的突围问题上,对杜聿明集团的命运已无力顾及,事实上听任它置于自生自灭的境地了。

黄维兵团行将被歼、李延年兵团被击退到淮河南岸后,杜聿明集团已成被困的孤军,覆灭已成定局。与此同时,平津战役已经开始。张家口、新保安的国民党军已被包围。中共中央军委判断:杜聿明集团有在十天内外全部解决之可能。"此敌解决,蒋匪全局动摇,势必重新部署。有可能以现在上海集中待命之数十艘船只突然北上,作接走平、津、塘诸敌之计划,时间决于十天内外。"12月11日,毛泽东在为中共中央军委起草的电报中说:"为着不使蒋介石迅速决策海运平津诸敌南下,我们准备令刘伯承、邓小平、陈毅、粟裕于歼灭黄维兵团之后,留下杜聿明指挥之邱清泉、李弥、孙元良诸兵团(已歼约一半左右)之余部,两星期内不作最后歼灭之部署。"14日,致电粟裕:"你们围住杜邱李各纵,提议整个就现阵地态势休息若干天,只作防御,不作攻击。待黄维歼灭后,集中较多兵力,再进行攻击。"[3]

这时,孙元良兵团已因单独突围而被歼。孙元良是黄埔一期

---

[1] 杜聿明:《淮海战役始末》,《淮海战役亲历记》,第37页。
[2] 蒋介石日记,1948年12月6日。
[3] 《毛泽东军事文集》第5卷,第358、362、401页。

华东野战军炮兵部队

生,但久失兵权。他是第五绥靖区司令官孙震的侄子。孙震所部两个军都是川军,不是蒋介石的嫡系部队。蒋介石为了解除孙震的兵权,利用他们的亲属关系,要孙元良接统这支部队,组成第十六兵团。但孙元良毕竟同这支川军毫无瓜葛,致使军心不服。该兵团在杜聿明统率的三个兵团中是最弱的,也是最早被歼的。

孙元良对突围时的情况也有回忆:"从徐州撤退的翌日(1948年12月1日),我的指挥部在当天晚上十点钟才到达预定的宿营地点。三十公里的距离,乘汽车竟费了十几个钟头啊。""二十多万人都是从同一出发点向西南方向放身了出去,人多地狭,道路有限,难免无意中碰在一起。"对突围失败的原因,他写道:"徐蚌会战的萧永间地区的最后一战怎么会落得全军覆没的下场呢!就直接的原因而论,唯一的答复:'完全误于临时变卦!'如果国家兴亡所系的一场大战,其胜败仅由于一个人偶然的乖谬举措,那吗,这次的偾事实应列为最突出的例子了。我们明明是退却,当然应该快快脱离战场,怎么可以摆出这种非驴非马的姿态呢？"[1]孙元良这些话可同杜聿明所说相互参见。

华东野战军将杜聿明集团剩下的二十多万人紧紧围困在陈官庄地区。加以歼灭已不成问题，就暂不发起总攻。这样做的原因，一是避免蒋介石见势不妙而下决心将在华北的军队由海路南撤，二是便于对饥寒交困的被围杜聿明集团进行瓦解，尽可能减少战场的伤亡，用最小的代价换取总攻的胜利。"十八日，杜聿明的参谋长舒适存由陈官庄飞京，请指示杜聿明部的行动。蒋介石指示：'击溃当面之敌，南下！'"[2]这在当时已是一句于事丝毫无补的空话。杜聿明部越来越难以维持。24日起，淮海战场雨雪交加，气温骤降，国民党军飞机的空投时断时续，杜聿明集团的处境更加艰难了。时任南京政府国防部长的徐永昌在1949年1月5日的日记中写道："据报向杜兵团空投粮食，每日额定四十万斤，但因气候关系最多仅三十余万斤，而部队实得者仅一万余斤，余尽抛歪，为匪所获。"[3]

被围困的杜聿明集团弹尽粮绝，确实到了山穷水尽的地步。当时担任华东野战军参谋长的陈士榘写道："饥饿和严寒使被围困的敌人陷于极大的混乱之中。敌人从徐州逃跑时，沿路上丢掉了棉被和笨重物件，如今没有粮食，没有燃料，拥挤在这东西不到二十里，南北不到十里的包围圈里。二十余万人马，把一切可以吃可以烧的东西都吃光了，烧光了，后来连马皮也吃光了，老百姓的门板也烧光了。虽然蒋介石用飞机空投过几次食物，但

---

[1] 孙元良：《亿万光年中的一瞬》，（台北）时英出版社2008年7月版，第314、315、316、317、321页。
[2] 《郭汝瑰回忆录》，第339页。
[3] 《徐永昌日记》第9册，第197页。

仅是'杯水车薪',无济于事。在大风雪中,敌人大批冻死、饿死,尸横遍野。为了给被围困的敌人最后一条生路,我军从十二月十五日起停止攻击。毛泽东主席为前线司令部写了一篇《敦促杜聿明等投降书》,命令杜聿明、邱清泉、李弥等立即率部投降,同时展开了火线劝降工作。在我军强大的政治攻势下,不愿为蒋介石卖命的敌军下级军官和士兵成班、成排、成连地向我军投降,到十一月五日止,向我军投降者即达万余人。"[1]

郭汝瑰在1949年1月7日的日记中写道:"共军攻杜聿明部甚急,已突破十余村庄。据二十五军陈军长(四日由陈官庄飞京)面称:杜部因争空投粮食,各军射击,柴木烧尽,业已掘坟墓烧棺材云。如此,则杜部士气能否维持,殊成问题。范围如愈小,则空投愈难。该部命运已到决定关头矣!"[2]

华东野战军在从容休整二十天后,士气旺盛,粮弹充足,兵员得到补充,而对平津已经合围,国民党在华北的军队已无法南撤,解放军便在1949年1月6日下午三时半对被围的杜聿明集团发动总攻。在集中火力实施三十分钟猛烈炮击后,各突击部队勇猛穿插,迅速突击杜聿明集团纵深阵地。经过四昼夜激战,在9日结束战斗,俘获杜聿明,击毙邱清泉,消灭国民党军十七万六千多人,全部歼灭了杜聿明集团。

蒋介石对如何拯救杜聿明集团一筹莫展,只能眼睁睁看着它被消灭。1月6日,解放军发起总攻那天,他在日记中只写了一

---

[1] 陈士榘:《天翻地覆三年间——解放战争回忆录》,第275、276页。
[2] 郭汝瑰日记,1949年1月7日。

徐州"剿总"副总司令杜聿明被俘

句:"再函杜光亭作战要领。"[1]第二天又写道:"杜聿明部情势危急。"[2]9日所写"上星期反省录"中说:"永宿间青龙集与陈官庄地区之杜部战局至本星期六、日,已陷入无能反攻之穷境,不胜忧惶,未知九日出击之总计划能实施否。"[3]同天日记中说:"今晨三时起床,祷告恳求上帝默佑我永、宿间杜部本日出击能如计成功也。"[4]10日,也是杜聿明集团被歼的第二天,他在日记中写道:"杜聿明部大半(今晨)似已被匪消灭。闻尚有三万人自陈官庄西南突围,未知能否安全出险,忧念无已。此为我黄河以南之主力,今已被歼,则兵力更形悬如。但已尽我心力,可无愧对我将士。而将领无能至此,实为我教育不良、监督无方之咎,愧悔无地自容。一时之刺激悲哀,难以自制。"[5]

---

[1] 蒋介石日记,1949年1月6日。
[2] 蒋介石日记,1949年1月7日。
[3] 蒋介石日记,1949年1月9日,"上星期反省录"。
[4] 蒋介石日记,1949年1月9日。
[5] 蒋介石日记,1949年1月10日。

对国民党军在淮海战役中的失败，刘峙事后在《我的回忆》中检讨说："我们对进退大计，迟疑不定，结果是临时应战，而不是有计划有准备的会战，致形成我方兵力及态势上的劣势。""匪军每一行动，我方事前多不知悉，致一经接触，即发生激战，仓卒遣兵调将，应付确有困难，而我军前进后退，则往往陷于匪之包围中。""顾虑长江与淮河之防务，结果处处顾虑处处薄弱，致分散决战方面之兵力，而最后会战失败，长江与淮河亦不能守。""各部队长个人相互间，平时在精神上有隔阂，战时在支援上复不易协同，致虽有大军，亦难发挥最大综合战力。"他归结起来说："总之，此次作战，战略之失败多于战术，战术之失败多于战斗。"[1]

人民解放军在毛泽东指挥下，自1948年11月6日发动淮海战役，到1949年1月10日结束战斗，作战六十六天，始终把握着战争的主动权，而作为国民党军事统帅的蒋介石一直处在被动挨打的地位，事情都是临时应付，几天前还不知道几天后会发生什么情况，根本没有预计到战局会这样发展。

在这次战役中，解放军以伤亡十三万余人的代价，共消灭（连同起义部队在内）国民党军队五个兵团部、一个绥靖区，二十二个军、五十六个师，共计五十五万五千多人，其中包括精锐的第五军和第十八军。中共中央军委一直把这两个军看作南线的主要对手，在1948年5月就已提出："只要五军消灭，便取得了集中最大力量歼灭十八军的条件，只要该两军被歼灭，中原战

---

[1] 刘峙：《我的回忆》，第171、173页。

局即可顺利发展。"[1]歼灭了这两个军,比歼灭国民党方面其他好几个军的作用和影响都大得多。军心已处于瓦解状态。

这时,国民党军队在南线的精锐主力已完全丧失,华北、华东、中原三大解放区已连成一片。国民党军原来布防江淮地区的李延年、刘汝明两个兵团,慌忙撤至长江以南。人民解放军迅速南下,直抵长江北岸,为渡江战役取得全国胜利创造了极为有利的条件。国民党政府的首都南京直接暴露在解放军面前。国民党在大陆的统治已陷入土崩瓦解的状态。

淮海战役有一个很值得注意的和辽沈、平津战役都不同的特点:国共双方兵力是八十万对六十万,是人民解放军在兵力和装备都处在弱势的情况下战胜国民党军重兵集团的一场大决战。毛泽东称赞说:"淮海战役打得好,好比一锅夹生饭,还没有完全煮熟,硬是被你们一口一口地吃下去了。"[2]而蒋介石每一步棋都没有走对,本来自恃的优势竟落得这样的结局,这是他完全没有想到的。

---

[1]《毛泽东军事文集》第4卷,第463页。
[2]《张震回忆录》(上),第348、349页。

第六章　平津战役

辽沈战役和淮海战役的胜利，在相当程度上已决定了平津战役的命运。

华北战场上的国民党军队，在华北"剿总"总司令傅作义统率下，共有四个兵团、十二个军，连同地方部队，共六十多万人，是一支相当大的军事力量。在辽沈战役以前，"傅作义集团北面有东北'剿总'卫立煌集团与东北解放军作战，以为屏障；南面有徐州'剿总'刘峙集团，与华东、中原解放军作战，可作依托；自身兵力上又优势于华北解放军，因此尚能在华北地区应付坚持一时"[1]。

华北"剿总"这个指挥部，和东北、徐州不同：傅作义出身晋军，并不是蒋介石的嫡系；他统率的四个兵团中，李文、石觉、侯镜如三个兵团是蒋介石的"中央军"，其中，李文、侯镜如是黄埔一期生，石觉是黄埔三期生，只有孙兰峰兵团是傅作义的嫡系部队。但傅作义的政治声望和军事才能都很高，抗日战争前取得过从日本指挥的伪满军手中收复百灵庙的重大胜利，抗战期间也立下不少战功，全面内战爆发后又首先指挥攻占中国

---

[1]《中国人民解放军全国解放战争史》第4卷，军事科学出版社1997年7月版，第377、378页。

傅作义

共产党在华北最重要的城市张家口，得到蒋介石的赏识，因此把华北的军事指挥权交给了他。这对蒋介石来说，一定程度是不得已的。

最初，蒋介石还安置自己的嫡系将领陈继承担任华北"剿总"副总司令兼北平警备司令。后来，陈继承同傅作义的矛盾日深，又因制造了屠杀东北在平学生的"七五惨案"而激起北平民众极大愤怒，蒋介石只得把他撤换了。华北的军权就更掌握在傅作义手中。而"中央军"的三个兵团虽有一定的战斗力，但没有像廖耀湘、邱清泉、黄维兵团那样的精锐部队。平津又孤悬北方。这些，对平津战役局势日后的发展都有直接影响。

华北地区的解放军，是聂荣臻任司令员、薄一波任政治委员的华北军区所属野战军及其他部队。

它的前身主要是抗日战争时期八路军第一一五师一部和冀中、冀东民众抗日武装会合而成的晋察冀军区部队，一直活跃在华北战场，力量不断壮大。抗战胜利后，它的主力组成晋察冀野战军。1947年5月，以刘少奇为书记的中央工委将晋察冀军区机关和野战军分开。野战军以杨得志为司令员，罗瑞卿为第一政治委员，杨成武为第二政治委员，共十二万人。地方部队还有八万八千人。这年7月，野战军发动清风店战役，歼灭北上的国民党军第三军主力，俘虏军长罗历戎（黄埔三期生，原胡宗南部）。11月，又攻克石门市（今石家庄市），这是解放军转入战略进攻以来攻克的第一个大城市，取得了城市攻坚战的重要经验。

1948年5月，晋察冀军区和晋冀鲁豫军区合并，成立华北军区。原晋冀鲁豫军区前方指挥所改称华北军区第一兵团，由徐向前为华北军区第一副司令员兼任第一兵团司令员和政委。原晋察冀野战军改称华北军区第二兵团，后来又扩充为两个兵团，第二兵团由杨得志任司令员、罗瑞卿为政治委员，第三兵团由杨成武任司令员、李井泉任政治委员。第一兵团在晋中地区作战，第二、三兵团分别在平绥铁路东、西段作战。傅作义企图偷袭石家庄时，第二兵团星夜兼程赶到石家庄以北地区，又解放了保定。在这个过程中，华北野战部队兵力进一步壮大，不断发动攻击，将傅作义集团牢牢牵制在华北地区，无法抽调较多兵力支援东北，有力地配合了辽沈战役的作战。

辽沈战役结束后，东北野战军经过短时间休整，准备大举入关，和华北野战部队协同作战。发动平津战役的时机便成熟了。

华北的战前状况

辽沈战役刚结束时，蒋介石没有意识到南线的淮海战役即将爆发，他最担心也觉得最迫切需要应对的是东北野战军南下，威胁华北。他在 10 月 30 日的日记中写道:"上午与宜生(注:即傅作义)详谈,华北今后责任重大,付之全权,望其对中央各部队能严加管束,一如其直属部队,无负付托之重也。"[1]

11 月 1 日,蒋介石在国民党中政会上说:"东北战事虽告失利,但共匪主力尚难遽予华北局势直接威胁。"[2] 4 日,他召集何应钦、张治中、傅作义、徐永昌等开会,重点讨论华北问题。徐永昌在当晚日记中记载:"蒋先生以为共党已得东北,苏联直接支持下之李立三、林彪军必先趋热河,继而察绥,即控制内蒙,以安定外蒙,然后再对平津。""蒋先生询余对将来华北军作战有何意见。余以为敌人作战不需后路,以其如彼长成者。我则无此素养,必须保有可恃的后路,官兵心情方安。所以在绥包及其以西也好,在青岛也好,须极早切实计划而预为之备。军心既固,作战自然有力而可持久。至由津捣济固为胜着,但敌今时交通实较我为便,如为黄河所限,又有大敌据守,后路未见固也。蒋先生亦以黄河阻碍太大。"徐在日记中接着又写道:"由华北调葫岛之五个师已在回调中,平东力量渐有力,如能计划打一二较大胜仗,尤其是对林彪军,既可杀敌气焰,亦可振全面士气。"[3] 他们的心态,虽已感到华北军事"须极早切实计划而预为之备",但心情并不迫切,仍认为作战有可能持久,东北解放军在辽沈战役后需要有一段时间休整,甚至还"计划打一二较大胜仗,尤其是对林彪军"。

蒋介石在会上表示有意委傅作义为东南军政长官,要他率部

---

[1]蒋介石日记,1948 年 10 月 30 日。
[2]《国民党中政会上蒋总统阐释战局》,《大公报》,1948 年 11 月 2 日,第 2 版。
[3]《徐永昌日记》第 9 册,第 150、151 页。

傅作义(左)、蒋介石(中)与卫立煌(右)

南下。傅作义不同意。他不是蒋介石的嫡系,担心南撤后完全处在蒋介石的直接控制下,日后不会有好下场。因而,傅在会议上陈述种种理由,如傅部南撤,就等于放弃平津,放弃华北,政治上将产生不利影响,加之南撤尚有种种困难,力主固守平津。蒋介石听后感觉有一定道理。以傅作义率部暂留华北,还可牵制东北野战军和华北军区部队暂不南进,以便争取时间,组织长江防线。会上并没有作什么决定。

蒋介石在当天日记中,对这次会议只记了一句:"晚课后约宜生、文白(注:即张治中)等聚餐毕,商讨华北守弃战略,甚久未决。"[1]"甚久未决"四个字,也说明他对"华北守弃战略"仍举棋不定,更多地仍倾向于固守平津地区,观察时局变化,再作定夺。

---

[1] 蒋介石日记,1948年11月4日。

11月6日，蒋介石在日记中又写道："朝课后召见敬之、墨三商华北军事方略，决令宜生固守，并增加其兵力也。继与宜生谈话，说明华北不能放弃，并以全权交彼，切勿有所顾虑。"[1]可见这时他对华北是弃还是守的问题下了决心："华北不能放弃"，甚至把华北全权交给傅作义。蒋对傅的这个决心并不容易下，这时决定"全权交彼"，说明他没有别的办法可想，而对傅作义的才能是赞赏的。

由于淮海战役就在11月6日爆发，忙于应付的蒋介石不得不将主要注意力又转移到徐州战场上，对华北已顾不过来了。

其实，辽沈战役结束后，国民党军在华北无法久保的局势已定，不存在其他出路。他们事后反省道："华北在东北陷匪后，原已形同孤岛，其后方远在京畿（注：指南京）或江南，但由于平汉、津浦两路之完全阻断，除海空运外，鲜能获得支援，故留置华北，纵能苟延于一时，但尔后之生存，当至艰困，保存战力，或行匪后牵制，将成泡影。"他们又提到一个"时机之掌握"问题："在林匪主力犹未入关。聂林两股匪军部队未会合前即应有所决定，并立即付诸实施，始有效。故'争取时间'成为本案之关键。"[2]但作为军事统帅的蒋介石，既缺乏应有的远见，又缺乏"壮士断腕"那样的勇气和魄力，一切都仍在观望中。

那时，"蒋介石、傅作义等对华北形势的判断，主要是建立在对东北野战军不会很快入关作战的错误估计上"。"在蒋、傅看

---

[1] 蒋介石日记，1948年11月6日。
[2] 《国民革命军战役史第五部——戡乱》第4册，第222页。

来，只要东北野战军不入关，单是华北野战军对其不构成致命的威胁。他们认为，东北解放军经过五十多天的连续大战，非经四五个月休整补充不能入关作战。'所以蒋介石、傅作义的一切部署，就是以一九四九年三四月份和解放军作战为着眼的'（杜聿明在平津战役座谈会上的发言）。"[1]

既然对"华北守弃战略，甚久未决"，又以为华北军事局势一时还不会有很大变化，再加上淮海战役的爆发，蒋介石对华北问题的决断就拖下来了。这正是解放军所期望的。

10月16日，《中央日报》的特派员文章也说："我们可以预测：今年华北不会有大的会战。"[2]

11月1日，蒋介石在国民党中央政治会议上报告说："东北战争虽告失利，但共匪主力尚难遽予华北局势以直接威胁。且傅总司令作战精神与战略之运用，均极勇敢周备，统帅部并已适时作加强战略之部署，故整个战局必可无虞。"[3]

但是，蒋介石等对解放军的战斗决心、旺盛士气和连续作战能力完全估计错了。

辽沈战役还没有结束，毛泽东已开始考虑下一步平津战役的准备。这时，东北野战军主力已北上开往沈阳地区，只有程子华率领的东野第二兵团所属第四、第十一纵在塔山阻击战后仍留驻原地，离关内最近，以防御锦西、葫芦岛的国民党军北犯。10月29日，毛泽东为中共中央军委起草致林、罗、刘的电

---

[1]《中国人民解放军全国解放战争史》第4卷，第379页。
[2] 林家琦：《总统北巡后的北方战局》，《中央日报》，1948年10月16日，第2版。
[3]《中央日报》，1948年11月2日，第2版。

东北野战军入山海关

报:"你们既已将塔山守备部队撤下休息,十一纵似可调出使用于北平方面。如你们同意,即请令该纵取捷径,经遵化、蓟县到三河集结,相机攻击通县一带,并暂归杨罗耿(注:指华北军区第二兵团的杨得志、罗瑞卿、耿飚)指挥。"[1]由于辽西战役刚刚结束,毛泽东对平津战役只是开始考虑,还没有来得及下决战的决心。

辽沈战役的局势发展得实在快,毛泽东的决心也很快就下了。10月31日,也就是沈阳解放的前两天,他为中共中央军委起草给林、罗、刘并告东北局、华北局的电报,决心以东北和华

---

[1]《毛泽东军事文集》第5卷,第145页。

北两地的解放军协力歼灭傅作义主力，完成东北与华北的统一。电文说："东北主力除四纵、十一纵等部即行南下外，其余在沈营线战斗结束后，应休整一个月左右，约于十二月上旬或中旬开始出动，攻击平津一带。准备于战争第三年的下半年即明年一月至六月期间，协同华北力量歼灭傅作义主力，夺取平津及北宁、平绥、平承、平保各线，完成东北与华北的统一，以便于战争第四年的第一季即明年秋季，即有可能以主力向长江流域出动，并使政治协商会议能于明年夏季在北平开会。"[1]这是一个气魄宏伟而又思虑周密的计划。

11月13日，周恩来起草中共中央军委致东北野战军首先入关的第二兵团司令员程子华等的电报，要他们"重在抑留傅部于平、张、津、保地区不使西退，亦不使其得由海上南撤"[2]。17日，中央军委又发出周恩来起草的征询东北野战军入关行动方案的电报："傅部连归绥（注：即今呼和浩特）四个师在内共指挥四十四个师，约三十五万人，若全部南撤，不仅傅不愿，海运这样大的数目，也难短期完成。""因此，蒋匪嫡系二十四个师从华北海运江南，是蒋介石今后唯一可以使用的机动兵力。不论他将这个兵力直接使用于防守江南，或先使用于协同黄维、李延年向北接出邱、李、孙三兵团，然后集中九十个师的兵力布防长江下游两岸，对于延缓蒋匪反动统治的最后崩溃说来，自会起较大作用。""从全局看来，抑留蒋系二十四个师及傅系步骑十六个师于华北来消灭，一则便利东北野战军入关作战，二则将加速蒋匪统

---

[1]《毛泽东军事文集》第5卷，第156、157页。
[2]《周恩来军事文选》第3卷，第530页。

治的崩溃，使江南防线无法组成。"[1] 电文提出两个方案，请东北野战军考虑电复。

此时，关键是如何使蒋介石在最初阶段不察觉解放军的战略意图，把他在华北的六十多万部队依然抑留在华北，不致南撤或西撤。这就要做到两点：一是行动极端迅速，二是严格保守秘密。

11月18日和20日，中共中央军委接连发出毛泽东起草的两个给东北野战军的电报。前一个电报告诉他们军委的最后决定："望你们立即令各纵以一、二天时间完成出发准备，于二十一日或二十二日全军或至少八个纵队取捷径以最快速度行进，突然包围唐山、塘沽、天津三处敌人，不使逃跑，并争取使中央军不战投降（此种可能很大）。"[2] 后一个电报要求他们："先以四个纵队夜行晓宿秘密入关，执行隔断平、津的任务。"并且叮嘱："部队行动须十分荫蔽，蒋、傅对我军积极性总是估计不足的，他们尚未料到你们主力会马上入关。因此除部队行动应十分荫蔽外，请东北局及林罗谭（注：谭指东北野战军政治部主任谭政）令新华社及东北各广播台在今后两星期内，多发沈阳、新民、营口、锦州各地我主力部队庆功祝捷练兵开会的消息，以迷惑敌人。"[3]

东北野战军在辽沈战役结束后，分别集结在锦州、沈阳、营口等地区，只进行了短时间的休整。11月23日起，主力十个纵

---

[1]《周恩来军事文选》第3卷，第539页。
[2]《毛泽东军事文集》第5卷，第239页。
[3]《毛泽东军事文集》第5卷，第253、254页。

队和特种兵全部，不走北宁线，而取道热河，夜行晓宿，隐蔽地穿越长城，向关内冀东地区开进。国民党的"空军虽然极力侦察东北人民解放军入关的情况，但始终没有发现显著迹象"[1]。

从国民党方面来看，在济南战役和辽沈战役结束后，"徐州地区已成为第一线，自难再予平津作任何之策应"。平津地区的国民党军兵力，人数虽还不少，但战斗力难与辽沈、淮海两个战场的部队相比。蒋纬国写道："平津地区国军，经连年征战，均有折损，人员装备，普遍不足，除第十三、第十六、第三十五、第九十四、暂三军等，战力较为完整，战技亦较精实外，余皆新近成立，装备残缺，训练与作战经验，均嫌不足。"就是他所举到的这几个军，战斗力与新一军、新六军、第五军、第十八军相比也相差很远。因此，蒋纬国叹道："深知孤悬之华北战场，已无获胜之把握。"[2]

蒋介石这时正忙于应付淮海战局，已焦头烂额，在11月22日的日记中写道："近来环境之恶劣已极，此种刺激实为任何时期所未有，余亦屡萌生不如死之感。"[3]他又没有察觉东北野战军会如此迅速行动。很长时间内，他对华北战局仍顾不上，只在28日的"本星期预定课目"中才提了一句："华北弃守之决定。"[4]可见，这时他对华北是"弃"还是"守"仍举棋未定。12月2日，他的日记中又有一句："派罗泽闿赴北平致函傅宜生

---

[1] 侯镜如、梁述哉、黄翔、刘春岭：《平津战役国民党军被歼纪要》，《平津战役亲历记》，中国文史出版社1989年1月版，第6页。
[2] 蒋纬国：《历史见证人的实录——蒋中正先生传》第3册，第334、335页。
[3] 蒋介石日记，1948年11月22日。
[4] 蒋介石日记，1948年11月28日，"本星期预定课目"。

指示战略。"[1]

在日记中，蒋介石对所"指示"的"战略"是什么，其实行的情况如何，并没有明白说明。但时任国防部第三厅厅长的郭汝瑰在回忆录中有具体的介绍："十二月二日蒋介石派（总统府）参军罗泽闿向傅传达'退保津、沽，确实控制一个海口'的华北战略决策。傅作义虽然赞同，但一直犹豫不决。傅作义可能判断错误，认为东北解放军无论如何需休整一个月方能入关。因此拖延很久，他的军队还是配备在平绥铁路（张家口六个师，新保安二个师，北平六个军二十一个师，天津四个军十六个师）漫长的正面上。"[2]

为什么国民党军队的部署总是摆成一字长蛇阵？这同他们对铁路交通线的严重依赖直接有关。辽沈战役、淮海战役前都是如此。毛泽东和中共中央军委充分注意到它的这一弱点：一旦铁路线被切断，重装备的主力部队便难以迅速调动，更严重的是粮弹给养只靠空运接济，很快就会陷入弹尽粮绝的绝境。一次又一次的事实，充分证明了这一点。

蒋介石这时要求"退保津、沽，确实控制一个海口"，说明他已考虑在必要时便将华北的军队经海口南撤，不致遭受解放军的分割和合围。但他没有明确提出放弃华北，因为这件事在国内外的影响太大，他历来对主要城市的得失看得极重，这样的决心一时还下不了，还在观望。而傅作义之所以拖延，不只是对东北解放军入关时间判断错误，更重要的是因为主力如果东移"退保

---

[1] 蒋介石日记，1948年12月2日。
[2] 《郭汝瑰回忆录》，第344、345页。

津、沽",西线兵力势必薄弱,一旦西撤通道被切断,战局不利时,他的嫡系部队只能随中央军南行,日后难免陷入任人摆布以致被吞并的困境。因此,尽管蒋介石对他作出种种许诺,他一直采取敷衍和拖延的态度,决不愿意南撤。

锦州、沈阳解放后,傅作义为了集中兵力,实行战略收缩,相继将原在保定的第一〇一军北移北平与涿县之间,将原驻承德的第十三军南移北平东郊通县附近,以第十一兵团守张家口,第十七兵团率五个军守津、沽,而控制六个军在北平地区,保持机动。当时国民党军队如要南撤,可行的路线只有海运,而海运只有从津、沽或秦皇岛出发。傅作义这种部署,重点显然在固守北平,而不是蒋介石正在考虑的"放弃华北"或"固守津沽"。"华北作战,一直是由傅宜生全权主持,伊之作战指导,事前并不报告本部(注:指南京的国防部)。"[1]蒋介石因忙于应付杜聿明集团和黄维兵团的被困,一时也无暇顾及。

郝柏村读蒋介石在平津战役结束后不久的日记时,为国民党军总结教训说:"时机是战略的基本因素之一。东北沈锦会战失败后,平津势不可保,北平中央军早应撤至塘沽,以新港为补给线,原地坚守或南撤均可。海上补给是国军最安全的补给线,共军无能力威胁。"[2]蒋介石在华北的嫡系部队如果及早转移到津、沽,从海上撤走,对他们无疑是有利的。这个方案无法做到不仅反映了蒋、傅之间的矛盾,而且反映出蒋介石也缺少这种战略决断力。

---

[1] 郭汝瑰日记,1948年12月14日。
[2] 《郝柏村解读蒋公日记(1945—1949)》,第424页。

傅作义控制下的北平旧影

对解放军来说，时机稍纵即逝，趁蒋介石决策尚未定，必须下最大决心立刻行动，防止华北国民党军迅速南撤，与南线的军队会合。但东北野战军只是开始秘密入关，后续的大部队尚未到达，全歼华北国民党军的兵力仍不足，时机尚不成熟，过早采取大的动作，反会打草惊蛇，无法达到抑留并全歼华北国民党军的目的，因此仍必须继续把蒋介石、傅作义再稳住一段时间。

既要积极迅猛地行动，又要稳住对方，这是一个两难的、需要有高度智慧来处理的时刻。

毛泽东看到：在国民党军方面要迅速决策南撤有为难之处，有隙可乘。时机虽然紧迫，他仍冷静沉着地处理，在12月8日为中共中央军委起草致东北野战军电，分析道："敌人逃跑的主要危险是海路，但一则津塘港口快要封冻，二则船只不足，三则傅作义此时尚无此种准备。他的方针现在还是固守平、津、唐。

张垣有敌二万余被围（围而不打），亦使傅作义难下弃之不顾、单独逃跑的决心。""因此，你们仍应静候后续兵力到达，准备实行隔断平、津，包围唐山，歼击芦、塘之计划。"[1]

面对如此微妙而又十分敏感的局势，毛泽东大胆地设计出一种常人难以想到并识破的打法。11日，他为中央军委起草致东北野战军电，提出：现在"唯一的或主要的是怕敌人从海上逃跑。因此，在目前两星期内一般应采围而不打或隔而不围的办法"。

电文写道：

> 从本日起的两星期内（十二月十一日至十二月二十五日）基本原则是围而不打（例如对张家口、新保安），有些则是隔而不围（即只作战略包围，隔断诸敌联系，而不作战役包围，例如对平、津、通州），以待部署完成之后各个歼敌。尤其不可将张家口、新保安、南口诸敌都打掉，这将迫使南口以东诸敌迅速决策狂跑，此点务求你们体会。
>
> 此种计划出敌意外，在你们最后完成部署以前，敌人是很难觉察出来的。
>
> 敌人对于我军的积极性总是估计不足的，对于自己的力量总是估计过高，虽然他们同时又是惊弓之鸟。平津之敌决不料你们在十二月二十五日以前能够完成上列部署。

---

[1]《毛泽东军事文集》第5卷，第342页。

为着在十二月二十五日以前完成上列部署，你们应该鼓励部队在此两星期内不惜疲劳，不怕减员，不怕受冻受饥，在完成上列部署之后，再行休整，然后从容攻击。[1]

同时，毛泽东通知南线的华东野战军在两星期内不作最后歼灭已被围住的杜聿明集团的部署，以免刺激蒋介石下决心将华北军队南撤。

"隔而不围"和"围而不打"是毛泽东根据实际情况作出的富有创见性的决断。它既以坚决的行动隔断国民党军诸部间的联系，为下一步集中优势兵力各个歼敌作准备；又使国民党军误以为这不过是华北军区部队的又一次局部性行动，不致过早地惊动对方，使他们在解放军部署尚未完成前便迅速决策撤走。这对人民解放军取得平津战役的完全胜利有着决定性的意义。

从西线打起

傅作义指挥的部队有六十多万人，部署在东起北宁铁路的滦县，西至平绥铁路的柴沟堡，约六百公里的狭长地带，以北平、天津、张家口、塘沽、唐山为重点，摆成一字长蛇阵。聂荣臻回忆道："在具体兵力部署上，傅作义是煞费苦心的。他有意把蒋系部队摆在北宁线，把傅系部队摆在平绥线，一旦东北我军入关，蒋系部队首当其冲，而傅系部队在不利情况下，可以向绥

---

[1]《毛泽东选集》第4卷，第1365、1366页。

从东北开赴平津前线的解放军装甲部队

远逃之夭夭。"[1]时任华北军区第二兵团司令员的杨得志回忆道："傅作义这个充满矛盾的'长蛇阵'，为我军实行战略包围和战役分割、斩头剁尾、各个歼敌提供了极好的条件。"[2]

平津战役先从哪里打起？国民党方面总以为随着东北野战军下一步大量入关，将从东线打起。毛泽东却出人意料地决定从西线的平绥铁路东段打起，那是连接平津地区同傅系军队后方根据地绥远的唯一交通线。

聂荣臻回忆道："这时候，东北我军主力尚未入关，如何在他们入关之前，将敌人抑留在华北，不使其南窜或西逃绥远，这是当时中央军委和毛泽东同志考虑的中心问题。经过一再分析研究，决定从二十兵团（注：当时称华北军区第三兵团，即杨成武

---

[1]《聂荣臻回忆录》下册，解放军出版社1984年10月版，第693页。
[2]《杨得志回忆录》，解放军出版社1993年1月版，第432页。

兵团)包围张家口、宣化入手。"[1]这样做的好处:一是堵住傅作义嫡系部队西撤绥远的必经之路;二是吸引傅作义的目光向西,掩护东北解放军秘密大举入关。

东北野战军先遣部队第四纵队政委莫文骅回忆道:"中央军委采取先西后东的步骤,即令华北部队先打张家口外围,目的是抓住张家口的敌人,使其不能西走,并借此吸引北平之敌增援,将北平傅部主力尽量向西拉开;同时,拖住傅作义难下撤退或是坚守的决心。我则采取分割平、津、张、塘一线守敌各个击破的方针,以求在不久时间内予以歼灭。这就是平津战役的主要指导思想,而傅作义也不知不觉顺着这条线上了钩。"[2]

从西线打起的任务,主要由华北解放军担负起来。华北军区的野战部队的三个兵团,除徐向前率领的第一兵团继续包围山西太原外,杨得志率领的第二兵团和杨成武率领的第三兵团都全力投入平绥线的战斗。由于战斗必须在蒋介石、傅作义察觉解放军的作战意图前开始,时机异常紧迫,毛泽东和中共中央军委对这两支部队的调动和部署都抓得很紧很紧。

11月24日,毛泽东为中央军委起草命令:"成武率主力三个纵队于明二十五日由现地出发,以六天时间(愈快愈好)到达张家口附近,……以抓住一批敌人不使向东跑掉为原则。抓住包围之后,不要攻击,等候东北主力入关(守秘)围歼敌人之后,再相机攻击。"[3]

---

[1] 《聂荣臻回忆录》下册,第694页。
[2] 莫文骅:《回忆解放北平前后》,北京出版社1997年11月版,第539页。
[3] 《毛泽东军事文集》第5卷,第273页。

杨成武兵团本来已经包围绥远省会归绥（注：即今呼和浩特）并发动总攻。杨成武回忆道："就在这个关键时刻，毛主席命令我们缓攻归绥，撤围归绥，一兵团缓攻太原，使敌人不致感到孤立，给敌人以情况缓和的错觉。毛主席并命令我们火速前进，突然包围张家口，不是立即夺取之，而是吸引敌军增援。"[1]

11月29日，杨成武兵团以加快的速度，提早两天从绥东赶到张家口地区，发起攻击，对张家口实行包围。这是平津战役的开始。

"此时的傅作义，由于还不明解放军的战略企图，误以为此次进攻，不过是继察绥战役之后的又一次局部行动。因此，十一月二十九日晚他决心乘东北野战军主力尚未入关，华北第二、三兵团兵力分散的时机，以主力部队驰援张家口速战速决，一举将华北第三兵团击溃。"[2]他调自己的起家部队第三十五军（原驻北平的丰台）和第一○四军的一个师在11月30日分乘汽车、火车增援张家口。张家口同北平之间相距近二百公里，路途遥远，往返费时。那时，秘密入关的东北解放军先遣部队（即进行塔山阻击战、离关内最近的那支部队）突然出现在北平东北，攻占密云。同时，根据空军侦察报告，解放军大部队正从东、西两方面向京张铁路运动。这使傅作义大为震惊，急急忙忙在12月4日飞到张家口，命令几天前刚西援张家口的第三十五军撤回北平。

杨得志兵团原在石家庄北面不远的曲阳一带。毛泽东在命令杨成武兵团从绥东赶往张家口地区后两天，26日，又命令杨得志

---

[1]《杨成武回忆录》下册，解放军出版社1990年8月版，第234页。
[2]《中国人民解放军华北野战部队战史》，解放军出版社2011年2月版，第365页。

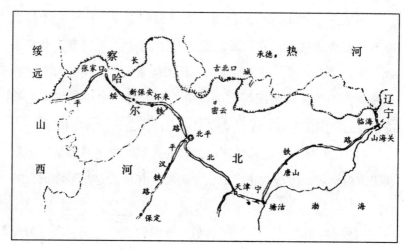

平津战役作战图

兵团迅速隐蔽北上。傅作义飞张家口当日,毛泽东在一天内连续给杨得志兵团发去三封电报,紧急命令他们:"立即动手构筑向东西两方的坚固阻击工事,务使张垣之敌不能东退,这是最重要的任务。"[1] 时间,时间,此刻比什么都重要。傅系主力第三十五军两个师刚乘汽车沿铁路以北的公路东返到新保安,就被以六昼夜强行军抢在前面赶来堵截的杨得志兵团挡住。12月8日,杨得志兵团以九个旅(师)的绝对优势将第三十五军合围在新保安。

这时,东北野战军八十万大军迅速大举入关,与华北军区投入这次战役的十三万军队共同作战。在整个战役中,双方力量悬殊,解放军的兵力大大超过国民党军队,可以说已决定了被抑留在华北的国民党军队的失败命运。

12月12日起,迅速入关的东北野战军主力和华北军区一部

---

[1]《毛泽东军事文集》第5卷,第321页。

以突然行动，将北平、天津、塘沽之间的联系隔断。华北国民党军队已被分隔或包围在张家口、新保安、北平、天津、塘沽五个孤立的据点内。毛泽东和中共中央军委预定的作战计划，完全得到实现。

蒋介石对战场形势的认识和判断总是晚一步：前此正忙于应对淮海战场，此时才发觉华北局势的严重，受到极大震动。他在12日的日记中写道："华北战局因第卅五军在新安堡（注：当为新保安）被围、新三军被匪袭击，以致宜生大受刺激，其精神亦受到严重威胁，似有精神失常之象。此为全局最大之打击，原定全力固守津沽之计划恐难实现。果尔华北战局已等于失败矣。而宜生又为政治与虚荣之所牵制，不愿放弃北平而企图固守，是等于自灭也，第一，军民粮食无法解（决）也。"[1]当晚，他就电话约见时任陆军大学校长、曾和傅作义在晋军同事的徐永昌，要徐次日飞北平同傅作义商议对策。但解放军对平津战役的部署已经完成，蒋介石同傅作义商议对策已经晚了，极端重要的时间业已丧失。

第二天清晨，徐永昌去蒋介石处。蒋要他向傅作义转达："北平二百万人口，设被围决难持久，所以只可留一后卫，其余集津、沽，守战皆宜。""切嘱宜生勿太焦急，革命不一定要在某一地，勿以社会感情、当前毁誉与患得患失之念而左右应当决定的大计。"后一句话的意思，是要傅率所部放弃西归绥远的念头，准备集中津沽后南撤。中午，徐永昌飞抵北平南苑机场，当地情况一片混乱，无法进城，只能同傅作义通了电话，告以蒋介石的

---

[1] 蒋介石日记，1948年12月12日。

意见。傅作义在电话中说："敌已准备分段截击平津线，几日前即无法转移矣。且新保安等地被围之军亦不好弃绝。"[1]徐永昌只得重新登机，回南京向蒋介石复命。

12月16日，蒋介石又派参谋次长李及兰去北平，要求傅作义以主力保持塘沽、天津，准备在必要时将华北国民党军队从海路南撤。17日，他又致电傅作义："关于主力转移津沽，仍望兄能毅然决行，以守平则后援绝望，与其坐困待毙，不如冒险转进，期得九死一生也。如何？请重加考虑。"[2]他想到辽沈战役和淮海战役的教训，这时真发急了，可是，"李及兰回南京报告：'傅作义准备固守北平。侯镜如称兵力单薄，不能固守塘沽。令陈长捷放弃天津，以主力守大沽，陈不同意。'国防部忧虑，这样万一塘沽被截断，则平、津均成孤点。果然，十九日天津、大沽间交通被完全截断了"[3]。

这样，除塘沽少量守军后来得以南撤外，华北国民党军队主力经海路南撤的门户已被关闭。北平同南京之间，只有靠机场勉强维持联系。17日，蒋介石在日记中说："见李及兰等，平津危急处置无方。宜生竟已束手无策，毫无决心矣。"[4]他在19日的"上星期反省录"中写道："平津被围之速，实非意料所及。"[5]事实上，蒋介石自己对"实非意料所及"的事也已"束手无策"了。

---

[1]《徐永昌日记》第9册，第177页。
[2] 秦孝仪总编纂：蒋介石《大事长编初稿》卷7（上册），第200页。
[3]《郭汝瑰回忆录》，第345页。
[4] 蒋介石日记，1948年12月17日。
[5] 蒋介石日记，1948年12月19日，"上星期反省录"。

先打两头，后取中间

12月中旬以前，解放军在平津地区主要还是在从容布局。南京《中央日报》对这个地区的战事情况这样描述："可以说还是试探性的，真正的主力还未接触。"[1]

到这个月下旬，解放军在华北战场的部署已经就绪：东北野战军主力隐蔽地入关后包围了北平及其以东地区；华北军区杨得志、杨成武两个兵团集中在平绥铁路沿线，分别包围住新保安和张家口的傅系军队主力。为了统一指挥，中共中央早于11月27日已决定："在林罗刘入关以前，平绥线作战受军委直接指挥；在林罗刘入关以后，即交与林罗刘指挥。"[2]东北野战军主力入关后，华北军区司令员聂荣臻从平山赶到东北野战军司令部。中共中央在1949年1月10日决定成立以林彪、罗荣桓、聂荣臻组成的平津线总前委，以林彪为书记。他们三人过去曾长期在红一方面军和八路军第一一五师共事，这时又会合在一起了。

平津战役的决战条件已经成熟。怎么打？毛泽东确定方针："先打两头，后取中间。""两头"中，西头的重点是新保安、张家口，目的是打击傅作义的嫡系部队，既把他打痛，又把他拖住；东头的重点是天津、塘沽，目的是防止国民党军，特别是蒋介石嫡系军队的主力从海口南撤。其中更重要的是新保安和塘沽。"中间"是指北平，也就是把解放北平的任务放在后一步来处理。

---

[1]《华北战局》，《中央日报》，1948年12月21日，第4版。
[2]《毛泽东军事文集》第5卷，第281页。

解放军将领摄于平津指挥部前
前排左起：聂荣臻、罗荣桓、林彪
后排左起：黄克诚、谭政、萧华、刘亚楼、高岗

大的仗还是从西线开始的。新保安和张家口的傅系军队主力已经被围逾半个月，供给依赖空投，处境日益艰难，新保安尤其如此。

12月22日，杨得志兵团对被围困在新保安的第三十五军发起总攻。第三十五军是傅作义赖以起家的"王牌"军，是他嫡系中的嫡系。全军摩托化装备，运动速度比较快，战斗力比较强，一直作为机动部队使用。这次因张家口被围而匆忙地从北平丰台西调救援，傅作义要他们"快去，快打，打了快回来"[1]。东北野战军主力一入关，北平受到威胁，傅作义又要他们"火速"返回

---

[1]《杨得志回忆录》，第436页。

北平，途中刚到新保安就被杨得志兵团合围。新保安是平张公路上一个有两千多户人家、规模较大的镇，面积约一平方公里，四周的城墙高十二米，顶宽六米，镇中心钟楼上凿有大字"北门锁钥"，表明它地理位置的重要。

毛泽东对新保安这一仗极为重视。他在两千多字的《关于平津战役的作战方针》中十三次提到新保安和第三十五军，并且明确指出："只要塘沽（最重要）、新保安两点攻克，就全局皆活了。"[1] 在这以前，最初两星期内对新保安是"围而不打"。傅作义十分焦急，催促第三十五军迅速突围，但前面的公路已被解放军掘断。"该军军长郭景云曾几次开会研究突围方案：一是不要汽车，徒步向南突围，如能进入南山，即可脱险；二是出其不意向大同方面突围，但因途中河流、山地所限，也不能将汽车带走。郭景云认为：这四百多辆汽车是傅总司令的命根子，不能不要。"第三十五军最后请示华北"剿总"后，决定"固守待援"。[2] 当解放军发动总攻时，第二兵团三个纵队有六万多人，而被围的三十五军只有一万九千多人。更重要的问题是士气。该军副军长王雷震说："第三十五军本来是一支战斗力较强的部队，但在八年抗日战争以后投入内战，士气就开始低落，出现厌战情绪，军官请长假，士兵要回家，都难以说服。"[3] 解放军发起总攻后，12月22日当天下午就结束战斗，全歼第三十五军。

王雷震的话点明了关键：士气。第三十五军在抗日战争前夜

---

[1]《毛泽东选集》第4卷，第1365页。
[2]《中国人民解放军华北野战部队战史》，第382页。
[3] 王雷震：《第三十五军在新保安被歼纪实》，《平津战役亲历记》，第58页。

和抗战期间，能征惯战，屡立战功，被称为劲旅，因为那是抵抗日本侵略者，士气高涨；如今要打内战，士兵不明白为什么要打这个仗，"士气就开始低落"，而解放军战士是为保卫土地改革成果而战，又受到良好的政治教育，士气高昂，情况截然不同。辽沈战场的新一军和新六军，其实何尝不是如此。但一味迷信武力的蒋介石是不会明白这一点的。

新保安的战斗一结束，就轮到张家口了。第三十五军被歼的当天下午，傅作义密令在张家口的第十一兵团司令官孙兰峰和第一〇五军军长袁庆荣："张垣被围已无守备意义，可相机突围，转进绥远。"[1] 孙、袁实施分路突围，主力沿铁路线向北冲击，那里是长达十多公里、宽仅一公里的狭长山沟，兵力无法展开，被早有准备的杨成武兵团前堵后截和侧击，到24日下午全部解决，共被歼五万四千多人，其中五万零三百九十人被俘，解放军仅伤亡九百余人。张家口宣告解放。

这样，傅作义不仅丧失了他赖以起家的基本部队，也被切断了西撤绥远的退路。国民党军在东线的局势也迅速恶化。傅作义陷入欲撤不能、孤立无援的境地，开始派人同解放军平津前线司令部秘密接触，但仍在犹豫不决。

1949年1月8日，蒋介石"召见郑介民自平慰劳将领后回京复命，决定将北平各军空运青岛撤退也"[2]。接着，他又宣布任命傅作义为东南区绥靖主任。但北平各机场已被解放军占领或在解放军炮火控制下，这个空运计划无法实现。

---

[1]《中国人民解放军华北野战军部队战史》，第387页。
[2] 蒋介石日记，1949年1月8日。

国民党炮兵被整编为解放军

按照中共中央原定的"先打两头,后取中间"的计划,西头的问题已经解决,东头的"重中之重"本来是塘沽。

塘沽在天津东南的海河入海处,是华北地区国民党军队的重要出海通道和海上补给线,一直有重兵把守。东北野战军主力入关后,迅速隔断了天津和塘沽之间的联系,准备先取塘沽,后攻天津。但实际情况比原来想象的要复杂。1948年12月29日,林彪、刘亚楼向中央军委报告:"据我在塘沽附近各部队对地形侦察的报告,均说该地地形不利作战,除西面外其他皆为开阔宽广之盐田,且不能作战,(徒)涉之水沟甚多,冬季亦无结冰把握(因海潮起落关系),不便接近亦不便构工事。且敌主阵地在新港靠近海边码头,我军无法截断其退路。故两沽战斗甚难达到歼敌目的,且因地形开阔,河沟障碍,我兵力用不上,伤亡大而收获小,亦必拖延平津作战时间。我在两沽附近的部队,皆认为攻两沽不合算。""我们意见,目前我军一面准备防平敌突围,但由于我目前未攻两沽,敌多半不敢突围。在此情况下,我军拟以五个

解放军炮兵在天津巷战中向守敌作抵进射击

纵队的兵力包围天津,进行攻天津的准备。"[1]

毛泽东当天立刻为中央军委起草复电,根据前线将领报告的当地实际情况,及时改变原定作战计划。电文说:"放弃攻击两沽计划,集中五个纵队准备夺取天津,是完全正确的。"[2]这样,东线作战重点改为集中力量攻取天津的决心便确定下来。

天津,当时有居民二百万人,是华北的经济中心。经过日本侵略者和国民党军队的长期经营,城防工事已形成完整的防御体系。驻军有天津警备司令陈长捷率领的两个军部等十三万多人。天津又是经济文化发达的城市,在攻城时必须尽力减少对工厂和学校的破坏。

东北野战军第一纵队司令员李天佑回忆道:"我们在天津前

---

[1]《刘亚楼军事文集》,蓝天出版社 2010 年 4 月版,第 168 页。
[2] 逄先知主编:《毛泽东年谱(1893—1949)》下卷,第 426 页。

线集中了绝对优势的兵力,共五个纵队二十二个师,还有野司警卫团及特司大量的炮兵、坦克兵、工兵。另外,以一个纵队警戒塘沽守敌。"[1]

1948年12月底以前,解放军虽已兵临城下,但双方在天津周围只有一些小接触,没有什么大战斗。1949年1月2日起,解放军才开始向天津外围据点发起攻击。毛泽东在1月12日为中央军委起草致林彪、聂荣臻的电报:"天津之敌如能接受你们所提限时缴械之条件,你们即可不经攻击而占领天津,如该敌不能接受你们所提条件,则你们应于适当时间攻占天津。"[2]陈长捷拒绝解放军提出的条件后,1月14日,解放军对天津发起总攻。当晚突破城防主阵地,第二天便解放了这个国民党军重点守备、坚固设防的天津城,守军十三万多人全部被歼。平津前线司令部参谋长兼天津前线总指挥刘亚楼给中央军委和平津前线司令部的报告中写道:"作战部署是采取'东西对进,拦腰斩断,先南后北,先吃肉后啃骨头'的打法。""敌强固据点,一部分是经过有布置、有组织的夺取的,大多数是由于感到抵抗已无前途而投降的。"天津这样大城市的解放只用了一天时间,说明国民党守军士气的瓦解已到了怎样程度。同时,"也正是由于使用了这种打法,天津战斗解决得比较快(二十九小时),伤亡不很大,而且许多敌人曾经设防的工厂、学校也免于破坏"[3]。

16日,蒋介石电傅作义,下令塘沽守军南撤。"大意是:天

---

[1] 李天佑:《天津战役回忆》,《伟大的战略决战》,解放军文艺出版社1961年4月版,第245页。
[2] 《毛泽东军事文集》第5卷,第481页。
[3] 《刘亚楼军事文集》,第175页。

解放军冲入天津市区

津既已失守,塘沽无再守之必要。"[1]第二天,塘沽守军三万六千多人在第十七兵团司令官侯镜如率领下从海路撤离塘沽,南去上海、常州一线。经过新保安和天津这两仗,国共双方在华北的军事力量对比进一步发生根本变化,胜负的前景已不言自明。

对天津的解放,蒋介石只在1月15日的日记中写了一句:"据报匪已于今晨突入天津市内。"[2]平时照例要写的"上星期反省录"和"本星期预定工作课目"都没有写。此后对这件事再无一语,可见他已无可奈何,连一点话也说不出了。

蒋介石宣告下野

1949年1月1日,蒋介石发表《元旦告全国军民同胞书》,

---

[1] 侯镜如、梁述哉、黄翔、刘春岭:《平津战役国民党军被歼纪要》,《平津战役亲历记》,第9页。

[2] 蒋介石日记,1949年1月15日。

表示愿与中国共产党"商讨停止战事恢复和平的具体方法",还表示"只望和平果能实现,则个人的进退出处绝不萦怀"。[1]华北的国民党军队已不可能大举南撤,淮海战场上对国民党军南线主力杜聿明集团的长期围而不攻已没有必要。10日,杜聿明集团全部被歼,淮海战役结束。21日,蒋介石发表《引退谋和书告》,宣称:"中正在元旦发表文告,倡导和平以来,全国同声响应,乃时逾兼旬,战事仍然未止,和平之目的不能达到,人民之涂炭曷有其极!因决定身先引退,以冀弭战销兵,解人民倒悬于万一。爱特依据中华民国宪法第四十九条'总统因故不能视事时,由副总统代行其职权'之规定,于本月二十一日起由李副总统代行总统职权。"[2]

为什么一手发动全面内战,并且把权力看得比什么都重的蒋介石,会在这个时候宣告"引退谋和"呢?

这并不奇怪。蒋介石在取得最高权力后,有过三次宣告下野:第一次是1927年,第二次是1931年,这已是第三次。这三次都是他在内外交困的巨大压力下的无奈之举,同时他又暗中牢牢控制军权和财权等核心权力,伺机再起。前两次他都成功了,不仅重新掌握最高权力,而且地位和权力反而比以前更高。这次的后果却和前两次有所不同。

造成他这一次被迫宣告下野的原因究竟是什么?

第一个也即根本的原因,在于他的政权无论在军事上还是在经济上都已陷入绝境。他在长江以北的军事力量已完全崩溃,新

---

[1] 秦孝仪主编:蒋介石《思想言论总集》卷32,第207页。
[2] 秦孝仪主编:蒋介石《思想言论总集》卷32,第209页。

蒋介石夫妇与马歇尔

一军、新六军、第五军、第十八军等他的嫡系精锐主力全部丧失，平津战役也近尾声。在长江以南，除桂系在中南地区还保存一部分有战斗力的军队外，大多是残缺的或新组建的部队或战斗力不强的杂牌部队，胡宗南和阎锡山部队也处在被动挨打的地位，士气瓦解，无法组织起有效的防御体系。社会经济的崩溃到了无法收拾的地步，物价如脱缰野马般飞涨，绝大多数民众已挣扎在生死线上。这种状况很难继续维持下去。

美国驻华大使司徒雷登在1948年10月14日给国务卿马歇尔的报告中，这样描述他所看到的国民党统治区内的状况：

> 总的说来，政府正陷入极度惊恐之中。军事形势不可收拾。共军已在数量上超过国军，加上他们战术有方、士气高昂，使得共产党能够随意攻击任何一座城市。而国军的主

要缺陷除了战略不当外,也缺乏战斗意志。士兵们或团伙或单个地向共产党投诚,作战的指挥上毫无斗志,军队不求进攻但求龟缩防守。在长春,共军一支步枪就可以换取国军六人安全逃离。在济南,一支全副美式装备的共产党纵队直进该城。

财政问题甚至比军事更尖锐。以无异于警察国家的方法来控制物价和外兑率,这种企图将不可避免流于破产,此种迹象正日益明朗。在财政问题上,我们在认识所及的范围内努力支持政府深谋远虑、鼓起勇气进行改革。他们的各种对策大概也千方百计设计出一套可行方案。但即使有最善良的意图和最有效的控制,他们也难以避免预算失调的结局。政府目前五六十亿美元赤字。

这种军事与经济的互相影响使得百姓生活于困苦之中,并孕育了不满和绝望。最危险的因素也许是食物短缺并禁止百姓买卖。能忍耐磨的中国人民能够忍受一切,但一旦日常生活所必需的吃、烧无从着落,就会发生骚乱以及所有随之产生的灾难。

政府尤其是委员长遭到尖锐的谴责,比以往更加不得人心。大概还没有过如此剧烈地指名道姓抨击他们,指责他们无法提供保护,不能提供聊以度日的生活条件。这实际上已不是什么道义的或政治理论问题了。即使知识分子眼中也如此。这种不满情绪甚至在南京政府各级官员身上也显著扩展。[1]

---

[1] [美]肯尼斯·雷、约翰·布鲁尔编,尤存、牛军译:《被遗忘的大使:司徒雷登驻华报告(1946—1949)》,江苏人民出版社1990年7月版,第247、248页。

这还是一个美国大使眼中所看到的，实际情况比他说的更严重得多，而且在加速恶化中。

就拿司徒雷登提到的经济问题来说，11月9日的《大公报》上有一段记载："八日上午市场米价开盘三百圆，有行无市。场外高喊六百圆，尚难购到。中午米价黑市已喊一千圆，到下午更喊到一千四百圆。傍晚有人曾以一千八百圆的代价，购进一石。八日沪物价上涨平均达'八一九'限价二十倍左右。"这篇报道还写道："这样疯狂上涨、瞬息万变的情形，在中国通货膨胀史上，似乎还是第一次。"[1]该报同天另一篇报道中讲到：上海的抢米风潮上一天连续发生八起，连糨糊用粉也被抢。第二天，抢米事件增至二十多起，英法商电车公司、两路局的人因迫于饥饿而怠工。[2]"京市（注：指南京）抢米潮到十日更为扩大，几乎所有的米店都未能幸免。饥民已由抢米发展到抢食物。"[3]而这种惊心动魄的情况方兴未艾，老百姓已活不下去了。蒋介石对所有这一切，除祈求上帝保佑外，一筹莫展。

第二个原因是，在这种情况下，国民党统治集团内部的矛盾急剧尖锐化，特别是长期受蒋介石排挤并多次反蒋的桂系李宗仁、白崇禧乘机对蒋施压，并且提出恢复国共和平谈判的主张。

桂系提出恢复和谈，重要目的是想趁蒋介石军事实力遭受决定性打击、处于狼狈境地时逼他下台，然后取而代之。淮海战役紧急时，蒋介石准备调在华中的宋希濂兵团和第二军增援，结果

---

[1]《沪市场惊涛骇浪，米价狂涨瞬息万变》，《大公报》，1948年11月9日，第2版。
[2]《沪米荒愈趋严重》，《大公报》，1948年11月10日，第2版。
[3]《京沪抢粮潮扩大》，《大公报》，1948年11月11日，第2版。

中央银行 250000 元面值的
钞票正面、背面

都因白崇禧坚决阻止而无法实现。军事力量一直是蒋介石赖以实行统治的主要因素。这时，他的嫡系部队主力已经被歼，而被解除国防部长职务、改任华中军政长官的白崇禧手中，还掌握着未曾遭受歼灭性打击的桂系主力第七军等部队，坐镇武汉。李宗仁又已被选为副总统，有资格在蒋介石下台后代替他。这在桂系看来，是前所未有的夺取最高权力的大好机会。在此以前，它还从来没有过这样的本钱。

1948 年 12 月 4 日，杜聿明集团被解放军合围于陈官庄；15 日，黄维兵团被歼。蒋介石在南线已经没有可用的嫡系主力，连原来设想的"守江必守淮"也办不到了。16 日，他在日记中写道："以双堆集战场失陷，今后守淮无力，决定作守江之准备也。"[1] 20 日和 21 日的日记又写道："指示蚌埠附近部队主力从

---

[1] 蒋介石日记，1948 年 12 月 16 日。

白崇禧（左）与李宗仁（右）

速撤退江南，部署江防，迟则江防不及矣。"[1]而桂系部队主力在"江防"中显然处于举足轻重的地位。

于是，桂系逼迫蒋介石下野的活动便一步步公开登场了。22日，蒋介石在日记中写道："正午约岳军、礼卿（注：即张群、吴忠信）来谈。白崇禧派邓汉翔（注：当为邓汉祥）来告，嘱其二人劝告余从速下野，否则后悔莫及，恐各省将有通电劝辞也。余闻此，反甚宽慰，毫不为奇，以若辈早有此阴谋也。余嘱张、吴答其：一、必须先有安国保民不受奸匪欺诈之办法；二、继任者必须先有切实准备，并须正式交替；三、对前方被围之部队必须救援出险。果如此则甚愿辞职也。属以彼等度余之意告之，不可直言已经告余也。"[2]

---

[1] 蒋介石日记，1948年12月20日、21日。
[2] 蒋介石日记，1948年12月22日。

24日，白崇禧公开发出致蒋介石的"亥敬"电，写道："民心代表军心，民气犹如士气。默察近日民心离散，士气消沉，遂使军事失利，主力兵团损失殆尽。倘无喘息整补之机会，则无论如何牺牲，亦无救于各个崩溃。"[1]湖北省政府主席张笃伦电告张群："本日与某公（注：指白崇禧）晤谈，言辞已万分露骨，并报告辖区内各省及川、桂已联系成熟，不日即有表示，第二军已令停止东开，事实如此，无力挽回。"[2]

时任国民党中央常务委员的程思远回忆道："同日，湖南绥靖主任程潜也通电主和，并请蒋下野。在语气上，程电较白电严厉得多。但蒋以为白乘杜聿明集团在徐州外围被围、黄维兵团在双堆集受挫之际，即以实力为后盾迫他早日下台，误会甚深。蒋后来对张治中说：他平生不向任何压力低头。经白这么一逼，他就故意推迟下野期限了。"[3]

第二天，蒋介石在日记中写道："昨正午约理［礼］卿来谈，乃知桂系急谋倒蒋，其势若不及待矣。"[4]第三天，他的日记又写道："正午岳军、礼卿、文白持白崇禧要求和平、其实即要求下野之电报来谈，至十五时方毕。嘱其先与德邻（注：即李宗仁）商谈，观其形态后再定处置。而白则连致电话于张文白，问余究竟如何，其心更急不及待矣。余以立法院长选举，未能遵党决议之时决心辞职下野，今复得桂白之背逆胁制，乃更促成我下野之

---

[1] 程思远：《白崇禧传》，华艺出版社1995年5月版，第265页。
[2] 秦孝仪总编纂：蒋介石《大事长编初稿》卷7（上册），第203页。
[3] 程思远：《我的回忆》，华艺出版社1994年12月版，第205、206页。
[4] 蒋介石日记，1948年12月25日。

决心，所痛苦者惟不予我有一点准备之时间。"[1]可见他的处境已狼狈到何等地步。

程思远在回忆录中接着写道："十二月三十日，白又以'亥全'电致蒋，重申前电主张。蒋不得已，于1948年除夕邀李宗仁副总统、五院院长和国民党中常委到黄埔路官邸餐叙，饭后提出《求和声明》，征求意见。他在声明中说：'个人的进退出处，绝不萦怀，而一惟国民的公意是听。'席上，我亲眼看到也听到谷正纲、张道藩发言反对蒋下野求和，谷甚至嚎啕大哭，如丧考妣。对此，蒋介石大骂说：'我之愿下野，不是因为共党，而因为本党中的某一派系。'他所谓'某一派系'即指'桂系'，其对李、白之嫉恨，可以想见。"[2]

其实，即使李、白等主张的和平谈判，也无非是想达到以长江为界"划江而治"，以便在桂系主导下取得"喘息整补"之机会，伺机卷土重来。但对蒋介石说来，这确是对他的巨大打击。

1月10日，杜聿明集团在陈官庄地区被全歼，蒋介石手中最后一张王牌也失去了。他在当天日记中写道："此为我黄河以南之主力，今已被歼，则兵力更形悬如。""但今后下野可以无遗憾矣。前之所以不为桂系强迫下野者，徒此杜部待援、我责未尽耳。"[3]这以后几天，他忙于剩余部队的调动、人事的安置、银行外汇和黄金的赶运台湾等，这些都是为他重新再起作准备。21日，蒋介石正式发表《引退谋和书告》。

---

[1] 蒋介石日记，1948年12月26日。
[2] 程思远：《我的回忆》，第206页。
[3] 蒋介石日记，1949年1月10日。

第三个原因在于，蒋介石在国民党内称为"总裁"，一向大权独揽，独断专行，但这时党内也出现了众叛亲离、说话无效的状况。其中给蒋介石刺激最大最深的是：国民党籍立法委员占多数的立法院竟否决了他通过国民党中央执行委员会常务委员会提名的立法院院长候选人李培基，另行选出童冠贤来担任。

这次改选是因为南京政府行政院在1948年12月改组，原任立法院院长的孙科改任行政院院长，立法院院长需要补选。国民党中常会在22日提名李培基为院长候选人。李培基以往担任过绥远、河南等省政府主席和考试院秘书长、国民政府顾问等职。蒋介石在12月22日的日记中写道："召见薛笃弼、陈立夫，商定李培基为立法院院长候选人也。"[1]

第二天，他在日记中先还高兴地写道："昨日最复杂困难之问题。即立法院正副院长提名问题，忽于五分钟解决，又孙行政院组织成功，殊足欣慰。"但到下午，"据报立法院选举院长之提名决议案，新政俱乐部（青年团）等仍主张其原定之童冠贤，而不选李培基者，不胜悲戚。乃召立夫、健群来谈，严令其执行党的决议。其中复杂离奇情形，实不可思议。党员之失纪无信殊为痛心。"[2]可见他对这件事的看重。而他所以如此看重，不只在于李培基这个具体人选，更重要的是在如此重要的问题上党籍立法委员究竟能不能"执行党的决议"，也就是他这个"总裁"的决定在国民党内还管不管用的大问题。

尽管他如此看重这件事，并下了"严令"，而且在第二天选

---

[1] 蒋介石日记，1948年12月22日。
[2] 蒋介石日记，1948年12月23日。

前又"召刘健群、吴铁城等切嘱其所属立法委员须照中央决议选举"。结果却大大出乎他意料,许多党籍立法委员根本不理睬他所"切嘱"的事。他在日记中写道:"及至下午五时,选举结果正院长为童冠贤,而非李培基。此为平生入党以来任党务后惟一之打击。从此本党等于破产,革命历史完全为若辈叛徒所卖,立法院亦无法维持矣。此实比诸四月间哲生(注:即孙科)不能当选副总统之失败更惨也。悲乎,何使党败至此,岂非余无能罔德所致的罪恶乎?余乃决心下野,非重起炉灶另选干部,无以革命矣。"[1]

25日是基督教的圣诞节,他在日记中写道:"今日以立法院未照本党提名选举,以及白之跋扈背叛,实为近年来最惨之悲剧也。"[2]26日日记写道:"余以立法院长选举未能遵党决议之时决心辞职下野,今复得桂白之背叛胁制,乃更促成我下野之决心。"[3]该月"上月反省录"中,他又写道:"以私嫌而害公义,毁灭本党历史于此为甚,此实革命以来余最大之打击。"[4]

蒋介石把这件事称为"平生入党以来任党务后惟一之打击",说明他在党内竟如此号令不行是他以前没有遇到过的,是他不能忍受的,因此才在这事发生时"决心辞职下野"。他的日记也表明他的"辞职下野"并不是真的就此罢手,其实只是准备"重起炉灶"的一个步骤罢了。

第四个原因是,美国政府对蒋介石在军事上和经济上的失败

---

[1] 蒋介石日记,1948年12月24日。
[2] 蒋介石日记,1948年12月25日。
[3] 蒋介石日记,1948年12月26日。
[4] 蒋介石日记,1948年12月31日,"上月反省录"。

王世杰

也表露出严重不满,打算准备"换马"。

从抗战后期起,美国政府一直把蒋介石看作亲美的可以在中国实行统治的政治力量,大力给予支持。抗战胜利后,如果没有美国的军事和经济援助,蒋介石是难以立刻发动反共的全面内战的。一位美国学者这样写道:很长时间内,"美国压倒一切的目标仍是支持国民党政府,并尽可能地使它在广大地区内建立政权,对这一点怎样强调也不过分"[1]。这里说的"国民党政府",实际上就是指蒋介石政府。

但局势发展如此急转直下,却出乎美国政府的意料。美国政府的对华政策,归根结底,取决于对它自身利益的衡量。能不能继续给予国民党政府更大量的军事和财政援助?以往这种援助给得够多了,却没有收到任何效果。相反,局势却极快地

---

[1] [美]邹谠著,王宁、周先进译:《美国在中国的失败》,上海人民出版社1997年4月版,第309页。

朝着同他们期望相反的方向发展。财政援助的很大部分落入国民党政府高级官吏的私囊中。国民党军队的失败并不是由于缺乏现代武器。更使美国感到沮丧的是，历次的失败使大量美国援助的武器装备落入解放军的手里。国民党政府外交部长王世杰对徐永昌说："人家说我们长、沈三十二个师，几天即缴械，美援等于援共。"[1] 至于国民党政府因独裁和腐败而失尽国内民心，是他们什么忙也帮不上的。美国总统杜鲁门在回忆录中写道："蒋委员长的态度和行动和一个旧军阀差不多，他和军阀一样没有能得到人民的爱戴。""蒋介石最后由于失去了人民的支持和美国的援助而被打败了，因此他的将军很多都带着由我们的武器所武装起来的军队投到敌人的阵营里去了。只是当这样的投降开始大量出现时，我才决定停止把物资运到中国去。"[2] 这种状况不是美国政府所能左右的，因此他们不能不重新作出考虑。

　　有学者指出："随着中国人民解放战争的节节胜利，美国援蒋反共政策也日益捉襟见肘。在眼看国民党大势已去的情况下，不得不重新审查政策，谋求出路。事实上，如前所述，自一九四七年下半年以来，这个问题在美国政府有关人员中一直存在，也讨论过多次。但由于反共偏见之深，由于对国民党'改革'存幻想，还由于国内来自右派的压力，每次讨论的结果总是延续'有限援助'的政策，寄希望于哪一天国民党出现什么'新局面'，共产党遇到什么严重困难，加上美国的金钱和武器，奇

---

[1]《徐永昌日记》第9册，第166页。
[2] [美]《杜鲁门回忆录》第2卷，世界知识出版社1965年1月版，第102、103、104页。

迹般地'扭转潮流'（这是美国人在讨论中国局势时经常用的词）。大约从一九四八年秋开始，美国决策者开始认真考虑转变政策，逐步'脱身'。这个转变是一个缓慢的过程，在时间上大致与中国人民解放战争转入战略决战阶段起到大陆基本上解放这一时期相吻合。"[1]

这种政策转变，使美国政府对蒋介石的态度逐渐改变，并且把目光注视到副总统李宗仁身上。美国大使司徒雷登原来对蒋介石一向很看重。但到1948年11月10日，他给国务卿马歇尔的报告中提出了一些值得注意的问题："我们已确切得知了委员长的意图，他表示，只要他还活着，就继续与共产主义一拼到底。委员长相信他终将取胜，以为目前的军事局势并非不可收拾。徐州守军将阻止共产党向长江流域推进。""但大部分老百姓以及除了蒋委员长及其紧密追随者以外的所有政府官员，其态度与上述相反。""副总统李宗仁也倡议停战和谈，并声称委员长是和平解决的唯一障碍。""在这种形势下，我们认为问题的关键是，国家权力是否能有秩序地从现政府移交给新政府。主和派显然无法使其愿望变成现实，除非发动军事政变取代委员长。因为后者目前尚无意自愿放弃权力。相反，蒋委员长固执之下，很可能想死守南京，最终节节失败，全军覆没。因此，这就难以由那些能够且愿意与共产党和谈的主和派组成临时看守政府。而一旦现政府以蒋委员长及其追随者的灭亡或仓促的逃亡而告终，权力崩溃的诸

---

[1] 资中筠：《美国对华政策的缘起和发展（1945—1950）》，重庆出版社1987年6月版，第190页。

左起：美国特使保罗·霍夫曼、蒋介石、李宗仁与司徒雷登

种惨局将不可避免，国内将更为混乱。"[1]

12月21日，司徒雷登给马歇尔的报告中写得更明确："要对付现实，人们必须首先对付蒋委员长。目睹数月来他如何民心丧尽，人们如何普遍地盼他早早引退，这确实令人伤心。大部分政府各界官员都希望他引退，几乎全部有识之士也都有同感。人们所以反对他，主要是因为蒋所发动的战争毫无希望，并给中国人民带来难以忍受的经济困苦和灾难。"[2]

1949年2月1日，司徒雷登在日记中写道："李宗仁以其大无畏精神致力于谋求和平，但同样受到国民党的顽强和共产党的

---

[1] [美]肯尼斯·雷、约翰·布鲁尔编，尤存、牛军译：《被遗忘的大使：司徒雷登驻华报告（1946—1949）》，第258、259页。

[2] [美]肯尼斯·雷、约翰·布鲁尔编，尤存、牛军译：《被遗忘的大使：司徒雷登驻华报告（1946—1949）》，第268页。

怀疑所阻挠。"2月3日的日记中,他又写道:"邀童冠贤同进晚餐。我们的谈话由大家都为一般问题所困惑,说到国民党内较多自由分子支持李氏。"[1]

当然,作为外交官(而且长期是蒋介石政府的盟友),司徒雷登不便公开表明要蒋介石引退和由李宗仁主持政府的主张。他在同年1月21日的日记中写道:"坚决不劝国务院发出宣言,也不把消息寄给李宗仁。我所以要这样做,为的是要避免卷入中国内部政治问题及苏联的问题。"但当时美国政府的态度是受到普遍关注的。司徒雷登又广泛地同国民党内外人士接触。他的倾向和态度自然产生很大的影响。

蒋介石已从各种渠道明白美国政府的意向。他在12月16日的日记中写道:"与铁城谈哲生组阁事,彼言哲生因傅泾波(注:司徒雷登的秘书)谈起,一、美国政府希望余下野,二、希望哲生新阁主和,故其更不敢积极进行,而且有另外打算。"[2] 18日日记中写道:"哲生以被美国走狗傅泾波威胁,更无勇气组阁,不能不作第二步之准备。"[3] 接着,在"上星期反省录"中又写道:"美国大使馆几乎为反华倒蒋之大本营,显受其政府之意图,尤以其霍夫孟在沪对记者谈话,无异催逼我急倒,并使我国各反动派更形嚣张。"[4] 29日,郭汝瑰在日记中写道:"总长(注:参谋总长顾祝同)本日告余:大局如何,尚待决定。

---

[1] [美]司徒雷登著,陈礼颂译:《司徒雷登日记》,(香港)香港文史出版社1982年7月版,第33页。
[2] 蒋介石日记,1948年12月16日。
[3] 蒋介石日记,1948年12月18日。
[4] 蒋介石日记,1948年12月19日,"上星期反省录"。

是和谈仍在进行,美方迫总统下野,似尚未减轻压力。"[1]可见这已是公开的秘密。

宋美龄在11月27日赴美求援,受到难堪的冷遇,再也没有重现她在1942年至1943年访美时那样的风光。她到华盛顿的第十天,杜鲁门才会见她。会见结束后,"当记者问她是否有好消息或者她是否将再次会见总统时,她说这要由总统来回答。她神色严峻,冷冷地一笑,给人的印象是会谈没有成就。六点半,蒋荫恩(注:曾任《大公报》记者,当时就读于密苏里大学新闻学院)又来电话说,白宫副新闻秘书艾尔斯发布消息说:'总统说,蒋夫人陈述了中国的情况,他同情地予以倾听。'记者问,总统是否将再次接见她,艾尔斯说:'无可奉告。'"。第二天,"华盛顿接近马歇尔家的人曾暗示蒋夫人最好不要延长她在利斯堡的逗留"。宋美龄又拖了将近二十天。杜鲁门在记者招待会上被问到宋的活动情况。"当记者向总统询问蒋夫人的今后计划以及他是否将再次会见她时,他生气了。他说,他不知道她的计划,而且不准备再见她。不到一个星期之后,蒋夫人离开华盛顿去纽约了,但直到一九五〇年一月十日她才离美回国。"[2]这也使蒋介石直接感受到美国政府对他的态度。他在12月19日日记中写道:"正午接妻自美国传来长途电话,闻其声高语重,恐其精神焦虑过甚,不胜系念之至。"[3]

对蒋介石来说,处处传来的都是坏消息。蒋介石真是到了四

---

[1] 郭汝瑰日记,1948年12月29日。
[2] 《顾维钧回忆录》第6册,中华书局1988年7月版,第574、575、579、580页。
[3] 蒋介石日记,1948年12月19日。

蒋介石下野后与孙科（右）摄于奉化妙高台

面楚歌的地步了。

这些内外因素，是蒋介石在此时宣布引退的原因所在。但他的宣布引退其实只是一种手段，是为了在败局难以收拾的局面下把李宗仁推向前台，同共产党周旋，作为缓兵之计，并稳住白崇禧、程潜等，一切实际的军权和财权仍牢牢地把握在他手里。书告发表前，他已发表汤恩伯为京沪（后扩大为京沪杭）警备总司令、张群为重庆绥靖主任、薛岳为广东省政府主席、余汉谋为广州绥靖主任、陈诚为台湾省政府主席兼警备总司令。一面准备凭借长江天险继续顽抗，一面做好退守台湾的种种准备。他宣布"引退"而不是辞职，李宗仁不是接任总统，而只是在他"因故不能视事时""代行其职权"。何况他的国民党总裁的身份并未改变，一旦认为时机成熟，随时可以重新"视事"，再度出山。在这些方面，他可以说是用尽权谋。

但不管怎么说，蒋介石宣布引退，总是清楚地说明他已无法照旧支撑下去了,在社会上不能不产生不小的影响。

北平和平解放

蒋介石宣布下野的第二天,1949年1月22日,傅作义发表文告,公布上一天同解放军达成的北平和平解放协议。31日,在北平的国民党军全部开出城外,解放军入城接防。北平宣告和平解放。

为什么作为国民党军华北"剿总"总司令的傅作义,能同解放军签订协议,实现北平的和平解放?这看似突然,其实并不偶然。它是全国和华北大势发展的结果,也是经历了一段较长的曲折道路、水到渠成才实现的。

傅作义原是晋军阎锡山的部下,有着爱国思想和较高的指挥作战才能。全面抗战爆发前,他曾率部参加长城抗战和绥远抗战,其中驰名全国的是1936年11月下旬的百灵庙战役。他命令孙兰峰等率部冒雪伪装,进行二百四十里的长途奔袭,突然猛攻伪蒙军在绥远东部的根据地百灵庙,一举全歼守敌,毙伤俘获日本操纵下的伪蒙军一千四百多人,包括击毙日人二十多名。这件事给了全国民众极大的兴奋,毛泽东也密派南汉宸到绥慰劳,赠送锦旗。抗日战争期间,傅作义先后在山西、绥远坚持抗战,屡立战功,先后任绥远省政府主席、第十二战区司令长官,脱离了阎锡山而自成体系。在此期间,他同周恩来、彭德怀有过多次交谈,同八路军常有往来,并曾派周北峰到延安见毛泽东,商谈合作。

抗战胜利后,傅作义奉蒋介石之命,同绥远地区的解放军作战。1946年10月11日,他又绕道袭取华北解放区的政治中心张家口,深得蒋介石的看重,被任命为张垣绥靖公署主任兼察哈尔省政府主席。1947年冬,石家庄被解放后,蒋介石撤销保定绥靖公署主任孙连仲的职务,撤销保定和张垣两个绥靖公署,成立"华北剿匪总司令部",以傅作义为总司令。

在华北的国民党军队中,蒋介石的嫡系部队远多于傅部。为什么他会任命傅作义为华北"剿总"总司令呢?第一,华北国民党将领中,傅作义是二级上将,资历和地位比其他人都高(山西的阎锡山除外,华北"剿总"管辖的四省二市也不把山西包括在内)。第二,傅作义出师攻占张家口,使蒋介石十分高兴。这是华北国民党军其他将领没有立下过的"战功"。第三,傅作义指挥作战的能力和在军队中的声望也远比其他将领为高。当然,对蒋介石说来,这也是无法提出其他方案的不得已之举。

傅作义对就任华北"剿总"总司令并不高兴。他对蒋介石政府的腐败无能和对非嫡系部队的歧视十分不满。任命后的下一个月,1948年1月,傅作义奉蒋介石之召,参加东北军事会议。蒋介石命令傅作义派两个军南下保定地区,以配合东北战场。结果,第三十五军在涞水以东山区被围,该军第三十二师被歼,师长李铭鼎战死,军长鲁英麟自杀。傅部在抗日战争时期,虽英勇奋战,却只牺牲过一个营长,这次的失败对他打击很大。"三十五军是傅的老本,当然十分痛惜,对蒋的调遣十分不满。东北战场情况,也使傅感到寒心,武官怕死,文官发财,军政交征利,县长可以用金条买到,腐败之象环生。他从东北回来,就不时地自言自语地叹道:'完了,真要完了!'"辽沈战役爆发后,"十月蒋介石北平之行,对战局的发展,毫无对策,只寄希望于第三次世界大战的美国必胜，苏联必败。傅对蒋的希望完全破灭。他感到国民党内腐外溃，天下之恶皆归之，已濒于总崩溃之前夕，审时度势，开始在几个亲信中，酝酿罢战求和。"[1]

傅作义的大女儿傅冬菊（后改名傅冬）在西南联大读书时秘密加入中国共产党。抗战胜利后，傅冬在天津《大公报》工作，地下党组织设法让她回到北平傅作义身边。聂荣臻在回忆录中写道："北平的地下党组织，在刘仁同志领导下，为了配合当时的军事斗争和政治斗争，正积极进行着各种活动。他们利用各种关系，获取了大量的情报，源源不断地供给平津战役指挥部，使他们对敌情基本上做到了一清二楚。他们甚至通过傅作义的女儿、我地下党员傅冬同志了解掌握傅作义将军的各方面动态，劝她父亲不要跟蒋介石走。傅作义将军的神态、言谈、情绪变化，傅冬同志都能及时、准确地了解清楚。然后，每天通过地下电台，向平津战役指挥部报告。""几十年来，我打过许多仗，能够如此及时了解对方最高指挥官的动态，还是不多的。这对我们做出正确判断，下定正确决心，进行正确部署，具有重要的作用。"[2]

傅作义的态度确实在逐渐发生变化。"十一月十七日前后，傅作义的第一次和平行动是经过他女儿傅冬的关系，由地下党电台致电毛主席，陈述了他所控制的空军、陆军人数和装备，愿意改变以蒋介石为中心挽救国家的幻想，承认以共产党为中心，达到救国救民之目的，要求派南汉宸来谈和平。"[3] 傅作义这个电报

---

[1] 潘纪文：《跟上时代的步伐》，《傅作义生平》，文史资料出版社1985年6月版，第65页。

[2] 《聂荣臻回忆录》下册，第700页。

[3] 潘纪文：《跟上时代的步伐》，《傅作义生平》，第66页。

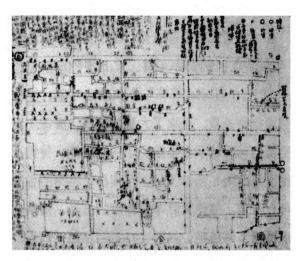
中共地下党组织描制的北平国民党军配置图

是一次重要试探,但他的基本态度是要以华北地方实力派资格,同共产党进行和平谈判,进入联合政府。这是过高估计了自己的力量而提出的不切实际的要求。因此,中共中央对这个电报并没有给予答复。

虽然没有答复,毛泽东对傅作义的动向仍十分重视,因为如果能和平解放北平自然是极大的好事。11月18日,他为中央军委起草致林、罗、刘电:"傅作义经过彭泽湘及符定一和我们接洽起义。据称,傅起义大致已定,目前考虑者为起义时间、对付华北蒋军及与我党联系等问题。现符定一已到石门,明后日即可见面,我们拟利用此机会稳定傅作义不走,以便迅速解决中央军。"[1] 彭泽湘当时自称受李济深委托赴北平做傅作义的工作,后通过毛泽东的老师符定一同中共地下党组织取得联系。可能这时

---

[1] 逢先知主编:《毛泽东年谱(1893—1949)》下卷,第441页。

傅作义正通过多种渠道寻找同中共中央取得联系。19日，毛泽东又起草以聂荣臻名义致彭泽湘的复信："符老先生带来虞、寒两日（即七日、十四日）大示收到，当即转呈上峰，弟个人认为某先生（注：指傅作义）既有志于和平事业，希派可靠代表至石家庄先作第一步之接洽，敬希转达某先生。"[1]这里不再称傅作义"起义大致已定"，而是说他"既有志于和平事业"，"起义"和"有志于和平事业"的含义自然不同，说明中共中央对傅作义的态度有了更准确的了解。

由于蒋介石嫡系部队在华北的力量比傅作义系大得多，如何"解决中央军"不仅是中共中央特别关注的问题，对傅作义来说，如果不能有效控制蒋介石的嫡系军队，也不可能在平津实现他的和平主张。他对自己的意图深藏不露，以免过早激起这些中央军的反对，同时又不动声色地采取一些重要措施。

傅作义的亲信、接替他担任绥远省政府主席的董其武写道："蒋介石的嫡系部队的兵力大于傅部十倍，遍布北平城内各要害防地。这是傅作义将军进行'北平和平'的又一重大障碍。北平围城中，原来的布防大体是：天安门以东为蒋介石嫡系石觉的第九兵团；天安门以西为蒋介石嫡系李文的第四兵团，傅将军所属的一个师驻防德胜门、西直门一带，两个师为总预备队。这种态势对傅作义将军走和平的道路极为不利。为防止意外，顺利实现北平和平，他果断地将蒋系部队的建制打乱，使其互相制约。同时，调整要害防地的部署，用自己的部队替换蒋系部队。如北平城内的制高点景山，原由蒋系十三军一个师扼守，后来由三十五

---

[1]逄先知主编：《毛泽东年谱（1893—1949）》下卷，第444页。

军十七师接防。事后证实，傅将军所采取的这一重要措施，为胜利实现北平和平扫除了障碍。1月21日，当傅将军向他指挥下的师以上高级将领宣布与共产党达成协议、北平实现和平时，蒋系部队的将领虽然内心反对，但也无法动作。兵团司令李文、石觉和军长袁朴，只好要求傅放他们回南京。北平城内各部队，得到北平和平的命令后，秩序稳定。"[1]

傅作义寻求和平谈判的这些活动严格保密，蒋介石在平津的嫡系将领完全没有察觉和怀疑。当时驻守北平东部（包括景山）的第九兵团司令官石觉后来到了台湾，在接受访问时说："傅给我的感觉是他治军治民声望很高，自奉甚俭，待部属诚挚公平，颇受部属及百姓敬爱，而在北平却犯了大军统帅之忌，该决心不决心，该行动不行动，造成不可挽回的厄运，傅不能辞其咎，这是他致命缺点。"他又说："傅的女儿是天津益世报（注：应是《大公报》）记者，为一共产党徒，但傅本人并非共产党，北平局部和平也非预谋，全是一错再错逼得没法可想。"[2]这些话是事后说的，但也多少反映出当时蒋系高级将领对傅作义的看法和态度，这对北平得以和平解放是有利的。

傅作义希望寻求平津问题的和平解决是真诚的。为什么和平谈判依然一再发生曲折？关键在于傅作义最初仍力图保存自己一手培植出来的军队，不愿接受改编。这在很长时间内成为和平谈判达成协议的主要障碍。符定一在同毛泽东谈话中也谈到：傅无

---

[1] 董其武：《傅作义先生生平概述》，《傅作义生平》，第18页。
[2]《石觉先生访问记录》，（台北）"中研院"近代史研究所1986年2月版，第275、277页。

出路，有与中共谈和、保存实力可能。11月26日，毛泽东为中共中央军委起草致林、罗、刘电，指出："在尚未解决蒋系以前，假如傅真愿谈判，我们应当和他谈判，以便分化傅、蒋，首先解决蒋系，但不给傅以任何政治上的借口，这是我们的第一个计划。同时我们也准备第二个计划，即在有某种确定需要时，真正允许傅作义反正，但现时不作此项实际决定。"[1]

这以后一段时间，解放军的行动主要是两件事：一件是紧紧包围新保安和张家口的傅系军队，另一件是东北野战军主力继续隐蔽地大举入关。12月14日，解放军根据毛泽东前一天发出的作战命令，攻占丰台、廊坊等地，切断平汉线，形成对北平的包围。傅作义匆忙地将总部从西郊的公主坟迁入城内。

北平过去远离前线，也没有想到那么快就会被解放军合围，城郊并没有坚固的永久性城防工事，除了古老的城墙外，可以说无险可守。只能临时在城郊匆忙构筑城防工事，成效不大。石觉也说："北平内无存粮，外无可用之防御工事。且兵临城下，尚无作战计划。"[2]尽管城内还有二十五万国民党军队，但这座城是无法坚守的。

正是在这种情况下，12月15日，傅作义秘密派遣《平明日报》社长崔载之，由该社采访部主任、中共地下党员李炳泉陪同，携带电台和报务人员共五人出城，寻找中共中央联系。第二天，他们同解放军平津前线司令部参谋处处长苏静在城外八里庄见了面。这次还不算正式开始谈判，只是互相交谈。交谈中，崔

---

[1] 逄先知主编：《毛泽东年谱（1893—1949）》下卷，第401、402页。
[2]《石觉先生访问记录》，第272页。

载之表示：他们是代表傅作义来谈判的，要保持谈判的绝对秘密，不使中统、军统闻到风声，电台是为了同傅作义联系。

苏静写道："他们的想法是要我方停止一切攻击行动，双方通过谈判，对平、津、张、塘一线和平解决问题。他们还提出这样一些要求：为要搞到一部分蒋介石的飞机，要我方让出对南苑机场的控制；为加强城内傅系军队的力量，以制约城内蒋介石嫡系等部队，要我军放出被围在新保安的第三十五军使其回到北平城内，在三十五军中，我军人员可参与一起进城；傅先生通电全国，宣布实现和平解决。他们还建议建立华北联合政府，傅作义参加华北联合政府，其军队由华北联合政府指挥等。我当即将傅方所提上述谈判的条件和要求报告了平津前线司令部首长。"[1]

当天下午四时，毛泽东为中共中央军委起草致林、罗、刘电，指出："对傅作义代表谈判内容以争取敌人放下武器为基本原则，但是达到这个目的可以运用某些策略。""以考虑允许减轻对于傅作义及其干部的惩处和允许他们保存其私人财产为条件，而以傅作义下令全军放下武器为交换条件。""但我们第一个目的是解决中央军。你们应向傅的代表试探，傅是否有命令中央军缴械的权力，如果他没有此种权力，则可向他提出让路给我军进城解决中央军。"[2]

这时，傅作义的嫡系主力第三十五军和第十一兵团正被分别严密包围在新保安和张家口，行将被歼。傅作义要求保全的实

---

[1] 苏静：《北平和平谈判》，《崇高的使命》上册，军事科学出版社1990年10月版，第192页。
[2] 逄先知主编：《毛泽东年谱（1893—1949）》下卷，第419、420页。

天津战役前敌总指挥刘亚楼

力,最重要的就是这些军队。此外,他在北平和绥远还有一部分部队,并想以这些实力为本钱来参加他设想中的华北联合政府。这自然是办不到的。

12月19日,平津前线司令部参谋长刘亚楼到八里庄会见崔载之等。根据毛泽东来电,刘亚楼谈话大意是:"阐明了我们对于和平解决平津问题的基本原则和办法,以争取敌人放下武器、解除武装为前提条件,绝不允许他们保存其反动力量,更不能同意建立什么华北联合政府,并指出如同意我方解决平津问题的条件,可以保障傅本人及部属的生命安全和私人财产免受损失。"[1]崔载之当天通过携来的秘密电台,向傅作义报告了谈判情况。傅作义回电强调了一些困难,没有提出其他意见。双方的条件相距太大,谈判未获结果,只能搁置下来。这次谈判,双方可以说都是试探性的。

---

[1] 苏静:《北平和平谈判》,《崇高的使命》上册,第193页。

同一天，毛泽东为中央军委起草致林、罗、刘并告华北军区负责人电，部署进攻新保安和张家口的作战计划。

22日至24日，解放军全歼新保安和张家口两地的傅系部队七万人。傅作义原来保存自己实力的打算无从谈起，"经常唉声叹气，自言自语，我的政治生命完了"。25日，上海出版的《观察》写道："多少年来，北平不曾做过战场的。""从北平外围的军略地形说，平汉路北段的高碑店和琉璃河，平汉铁路上的丰台一旦易手，北平的险要外围据点就算完结了。""共军对平津，已势在必取，而且亦势在必得，那末，傅将军纵有回天之愿，奈无回天之力何？"[1]

1949年1月1日，毛泽东为中央军委起草复林彪电，指出："新保安、张家口之敌被歼以后，傅作义及其在北平直系部属之地位已经起了变化。只有在此时，才能真正谈得上我们和傅作义拉拢并使傅部为我所用。因此，你们应认真进行傅作义的工作。"毛泽东要求通过中共北平市委告诉傅作义："目前不要发通电。此电一发，他即没有合法地位了，他本人和他的部属都可能受到蒋系的压迫，甚至被解决。"还可以告诉傅："傅氏反共甚久，我方不能不将他和刘峙、白崇禧、阎锡山、胡宗南等一同列为战犯，我们这样一宣布，傅在蒋介石及蒋系军队面前的地位立即加强了，傅可借此做文章，表示只有坚决打下去，除此以外再无出路；但在实际上，则和我们谈好，里应外合，和平地解放北平，或经过不很激烈的战斗解放北平。傅氏立此一大功劳，我们

---

[1]《观察》特约记者：《平津短兵相接，京沪山雨欲来》，《观察》第5卷第18期，1948年12月25日。

就有理由赦免其战犯罪,并保存其部属。"电报中还说:"我们希望傅氏派一个有地位的能负责的代表偕同崔先生及张东荪先生一道秘密出城谈判。"[1]傅作义得知后表示:"为保全北平文化古城,将继续谈判,以求和平解决。"[2]

1月6日,傅作义派出抗战初期曾代表他到延安会见毛泽东商谈合作问题的华北"剿总"少将处长周北峰和燕京大学教授、民主同盟北平负责人张东荪再次出城和解放军谈判。行前,傅作义对周北峰说:"前些日子胡适偕司徒雷登(美国驻华大使)来北平,曾谈过让我退守山东沿海一带,美国人的意见是要我以青岛为根据地,人员由我们解决,武器装备由美国供给,但军需后勤由美国人监督,还说了一些很难听的话。他们太小看中国人了,我不同意,就搁下了。"又说:"蒋介石是不行了,政治腐败,人心涣散,军事无能,经济崩溃,就是美国人也救不了他了。要是我对蒋介石还有一点希望,也不会拒绝担任华东南军政长官了。我考虑再三,还是与中共接头谈判为好。我看毛泽东主席领导中国是可以把中国搞好的。"又再三嘱咐:"一定要十分机密,不要向任何人透露,对家属也只说是要在中南海住几天。"[3]

1月8日至10日,林彪、聂荣臻同周北峰、张东荪举行第二轮谈判。解放军方面根据中共中央意见提出:傅方军队调出平津两城,用整编方式根据解放军的制度改编为人民解放军。此外,还提出:新保安、张家口被俘人员一律释放;对傅作义所属

---

[1] 逄先知主编:《毛泽东年谱(1893—1949)》下卷,第428页。
[2] 《中国人民解放军第四野战军战史》,第412页。
[3] 周北峰:《北平和平解放》,《傅作义生平》,第308、309页。

邓宝珊

参加起义的人员将功补过，一律不咎既往。周北峰表示同意。经商谈，双方形成一个《谈判纪要》，由双方代表签字，并写明1月14日午夜前作为傅作义答复的最后期限。

傅作义得到谈判代表报告后表示：有些条款还需商量，将再派负责干部前往商谈。13日，傅派华北"剿总"副总司令邓宝珊为全权代表，偕周北峰等到通县五里桥同解放军进行第三轮谈判。邓宝珊是著名的爱国将领，长期以来同中国共产党和进步人士保持着联系和友谊。抗战爆发后邓担任晋陕边区总司令，同陕甘宁边区建立起较好的友邻关系，曾多次访问延安，每次都和毛泽东长谈。1944年12月，毛泽东曾写信给他："去年时局转换，先生尽了大力，我们不会忘记。八年抗战，先生支撑北线，保护边区，为德之大，更不敢忘。"[1]这次傅作义特地把他请来北平，参加谈判。

---

[1]《毛泽东书信选集》，中央文献出版社2003年11月版，第227页。

1月14日，聂荣臻先去看望邓宝珊等，说明上次谈判规定14日午夜为答复的最后期限。现在只剩下几个小时，这次再谈就不包括天津了，只谈北平问题。14日和15日，解放军用了二十九个小时攻克天津。北平国民党军队已陷入被解放军重重包围的绝境。和平谈判局势急转直下。15日，林彪、罗荣桓、聂荣臻同邓宝珊等正式谈判，对有关问题都达成了基本协议。17日，参谋处处长苏静随邓宝珊等回到北平，见过傅作义后，就同崔载之等根据城外已达成的协议精神拟订出具体协议十八条。苏静后来写道："我即将这十八条利用电台报告平津前线司令部首长，请示作最后决定。后来听说草拟的这个具体协议，还上报了党中央和毛主席。党中央和毛主席对拟定的条文内容和词句作了一些修改后拍发回来。依照修改后的条文作为正式协议，于一月二十一日由我和王克俊（注：时任华北'剿总'副秘书长兼政工处少将处长）、崔载之在协议上签了字。"[1]

当时，北平城内还有为数不少的蒋介石嫡系部队。"天津解放并迫使塘沽国民党守军南逃以后，北平的国民党守军根本失去了战役上的呼应，唯一可以从海上南逃的一线希望也完全断绝了。"北平城内国民党军用"士气低落"来形容已经不够，可以说作战意志业已瓦解，连那些"中央军"高级将领也已无法左右。北平和平解放的正式协议签字后当晚，傅作义"召集国民党华北'剿总'及军长以上人员，宣布和平改编。蒋系的李文、石觉、袁朴等当时都痛哭流涕。李文召集石觉等蒋系人员开会，抽调了师长以上军官；并由每师抽出了轻机枪五十挺，乘飞机四架

---

[1] 苏静：《北平和平谈判》，《崇高的使命》上册，第204页。

解放军到达北平朝阳门与傅作义部队换防

南逃。第九十二军军长黄翔和该军师长因事先已接头准备起义，借词推脱，留在北平没走"[1]。从 22 日起，国民党部队陆续开出城外，到指定地点进行改编。1949 年 1 月 31 日，文化古城北平宣告和平解放。

傅作义和解放军达成北平和平解放协议，蒋介石事前一无所知，自然也并无作为，在 20 日日记中还写了一句："午刻据报宜生已派机接其家眷由重庆返回北平，无任骇异。后乃知其以余辞职，故其不愿南来，并无他故也。"[2] 同天，他派已任国防部长的徐永昌再飞北平，向傅作义传达他的意思："（一）谋和希望与中央一致；（二）希望宜生南来；（三）大量运出精锐部队，且云

---

[1] 侯镜如、梁述哉、黄翔、刘春岭：《平津战役国民党军被歼纪要》，《平津战役亲历记》，第 9 页。

[2] 蒋介石日记，1949 年 1 月 20 日。

1949 年 1 月 31 日，解放军通过北平前门大街

如能给时间有限度运出军队，可和平交出北平。"[1] 傅作义这时已同解放军达成协议，对徐只是推托地说："彼与中共之谈判，乃系虚与委蛇，目的在保留实力。我军兵力越坚实，则拘束共军越众，当越可对华东、华中之战局产生有利之影响。"[2] 徐永昌毫无结果而回。

第二天，蒋介石正式宣告下野，退到幕后指挥，由李宗仁代总统。23 日，蒋介石才知道北平和平解放的消息。他在日记中记载道："起床闻经儿报告李代总统昨午夜一时曾与经儿电话，称北平传与共匪已成立休战条件，准在城内与共匪成立联合办事处，所有军队除极少数外，皆开出郊外整编。此事殊出意外，万不料宜生怯愚至此，变节如此之速乎？余诚不识其人矣。驻平中

---

[1]《徐永昌日记》第 9 册，第 212 页。
[2] 蒋纬国：《历史见证人的实录——蒋中正先生传》第 3 册，第 349 页。

央部队尽为其所卖矣。"[1]他在30日所写"上星期反省录"中提出："北平国军既为匪傅所卖，不能南撤，明知已无可为力，但应对傅责以大义，令其设法作以下之处置：甲，中央各军分途突围作九死一生之计，与其坐任共匪宰割侮辱，不如死中求生，发扬革命精神。乙，如甲项不可能，则要求傅负责照原定方针，先让国军空运南撤，然后交出北平。丙，如乙项亦不能，则必须将中央军各级官长空运南撤，而将全部士兵与武器交傅编配。丁，为实行[前]两项之方针，其意即宁可全军交傅而不愿与由匪整编，以保留国军革命之人格。此为对傅最低限度之要求也。戊，如丙项亦不可能，则要求其将师长以上各高级将领空运南归。己，若丙、戊两项皆不可能，则惟有轰炸北平之匪、傅，予以同归于尽。当先作最后警告，发传单，仍要求其作乙、丙两项之实施也。"[2]事实上，他也"明知已无可为力"，只能以让李文、石觉等少数高级将领乘机离平了事。

持续六十四天的平津战役，人民解放军在毛泽东和中共中央军委领导下，以军事打击和政治争取并举的方法取得了完全胜利，歼灭和改编国民党军队共五十二万人，并且使北平这个文化古都完整地保存了下来。

经过辽沈战役、淮海战役、平津战役这三大战略决战，国民党赖以发动内战的精锐部队已基本上被消灭。解放战争胜利的大局已定。正如邓小平所说："渡江作战后，除了三野在上海

---

[1] 蒋介石日记，1949年1月23日。
[2] 蒋介石日记，1949年1月30日，"上星期反省录"。

打了一仗以外，其他的算得了什么大仗？"[1]

"绥远方式"

同平津战役直接有关的还有一个重大事件，那就是绥远的和平解放。

1949年3月5日，毛泽东在中共七届二中全会报告中说："今后解决这一百多万国民党军队的方式，不外天津、北平、绥远三种。用战斗去解决敌人，例如解决天津的敌人那样，仍然是我们首先必须注意和必须准备的。""按照北平方式解决问题的可能性是增加了，这就是迫使敌军用和平方式，迅速地彻底地按照人民解放军的制度改编为人民解放军。""绥远方式，是有意地保存一部分国民党军队，让它原封不动，或者大体上不动，就是说向这一部分军队作暂时的让步，以利于争取这部分军队在政治上站在我们方面，或者保持中立，以便我们集中力量首先解决国民党残余力量中的主要部分，在一个相当的时间之后（例如在几个月，半年，或者一年之后），再去按照人民解放军制度将这部分军队改编为人民解放军。这是又一种斗争方式。"[2]天津方式、北平方式都是已经实现了的事实，他在这时又提出第三种方式——绥远方式，是新的做法。这对以后一些倾向和平的国民党高级将领是适当而发挥了作用的。

绥远（现为内蒙古自治区的一部分）当时是一个省。傅作

---

[1]《邓小平文选》第3卷，人民出版社1993年10月版，第342页。
[2]《毛泽东选集》第4卷，第1424、1425页。

义长期在这里担任军、政的主要负责人，享有很高的威望。他率部东进后，由深得他信任的董其武担任绥远省政府主席兼保安司令。北平和平解放的第二天，董其武就坐飞机到北平去看傅作义。傅作义对他说："北平和平解放我是拼着三个死：一个是，和共产党打了几年的仗，不谅解的人可能要打死我；二是，特务可能要随时杀害我；三是，咱们内部不了解情况的人也可能要打死我。我拼着三个死，决心走和平的道路。""我也不是不能走。""现在局势的转变，是大势所趋，人心所向，是历史的发展，是人民的要求，是任何力量也扭转不了的。我们要跟上历史的潮流，走人民的道路。"董其武问道："既然如此，北平和平解放的条文怎么没有提到绥远呢？"傅说："绥远问题等我见到毛主席之后再定吧。"他又说："这样重大的事情，不是光几句话就成的，要认真做好准备工作。"[1] 董其武回到绥远后，就在干部和部队中开始做工作。

这时，中共中央军委正决定华北军区部队攻打太原后以主力协同第一野战军向西北进军。2月12日，毛泽东在中央军委一份电报上加写："如能用谈判方法要董部退入后套让出绥包（注：绥指归绥，后改名呼和浩特；包指包头）归我，以利铁路运输则为最好。董、邓（注：指邓宝珊）部给养不足，可考虑酌予补给。或者包头属彼，归绥属我，中间划一界线。但如傅、邓以部队地盘太小、给养无着为由，要求保有归绥，我方亦可暂时让步。"[2] 这是一种维持现状、互不侵犯的关系，是过渡阶段的一种

---

[1] 董其武：《戎马春秋》，中国文史出版社1986年8月版，第251页。
[2] 《毛泽东军事文集》第5卷，第505页。

特殊关系。

3月下旬起，华北人民政府同绥远方面开始和平协议商谈。经过一个多月谈判，双方就各种具体问题的处理达成一致意见。那时，国民党在绥远的军队有一个军、三个独立师、三个整编骑兵旅、其他五个旅等，情况相当复杂，不断出现恐怖和破坏活动。7月14日，傅作义致信毛泽东："为免除问题拖延夜长梦多计，我的意见：绥远问题必须迅速彻底解决。"16日，毛泽东接见了傅作义、邓宝珊，说明"绥远解放仍用'绥远方式'不变，告诉董主席多加注意。"[1]傅作义曾问毛泽东："什么叫'绥远方式'？"毛泽东回答说："有了北平的和平解放，绥远就不用兵了。先划个停战协定线，让董其武主席慢慢做好他的内部工作。另一方面派个联络组，把铁轨接通了，贸易起来，在他认为适宜的时候举行起义。"傅作义还派人向董其武传达他的意见："团结一致，实行完整的起义，勿使部队分裂，致使人民遭受损失。"[2]董其武在团结各界人士、打击特务破坏、维持社会秩序等方面做了大量工作，收到明显成效。

蒋介石当时正奔走重庆、广州之间，策划西南和华南军事，无力多顾及相隔遥远的绥远问题，只是在7月下旬派徐永昌前去观察（徐曾在晋军任职，与傅部多为旧交），多次找董其武等谈话，目的是力图要绥远部队西撤，甚至想通过董拉拢傅作义，"引蒋先生过去对宜生爱护，至今尚挂念"[3]。并宣布任董其武为

---

[1]《全国解放战争史》第5卷，第239、240页。
[2] 董其武：《戎马春秋》，第255、259页。
[3]《徐永昌日记》，1949年8月。

西北军政副长官，企图用此虚名将董架空。董其武只是虚与委蛇。徐永昌等只能毫无收获而返。

8月6日，毛泽东致电彭德怀并贺习："关于绥远和宁夏问题，我们准备和傅作义合作去解决。因为绥远反动分子受阎锡山及美帝勾结十分猖獗。傅的部下董其武愿意靠拢我方，但是尚无惩办反动分子、改造部队之决心，而傅作义则已开始建立此项决心，并建议早日解决绥远问题，而不要再拖下去。故我们决定组织绥远军政委员会，以傅为主席，我高克林为副主席，委员十余人，傅部占多数，我们的人占少数。""现在我军占优势，兼用政治方式，利多害少，其办法即为利用靠拢我们的国民党人和我们的人一道组织军政委员会，以为临时过渡机构。"[1]

8月25日，傅作义、邓宝珊到达归绥，他们在绥远民众中有着很高威望，傅作义还检阅了部队，各项工作都迅速进展。9月17日，徐永昌携带蒋介石、李宗仁、阎锡山等亲笔信飞达包头。这时绥远还没有宣布起义。徐永昌作为旧交，会见了傅作义、邓宝珊、董其武等人，停留三天，一无所得。就在徐永昌离开的当天，董其武、孙兰峰等三十九人联名通电起义，宣布正式脱离蒋介石等反动派残余集团，坚决走到人民方面来。第二天，毛泽东、朱德致电表示欢迎。华北全境得到解放。

两天后，中华人民共和国宣告成立，中国历史揭开了新的一页。

---

[1]《毛泽东军事文集》第5卷，第654页。

第七章 综 论

　　写最后的综论，得回到本书一开始的《引言》中提出的问题。

　　这本书讨论的是毛泽东和蒋介石怎样应对三大战略决战，而不是三大战役史，更不是三大战略决战时期的中国史，尽管它们之间有着密切的联系。所以，对每一次战场上的具体作战经过讲得很简略，对当时中国政治、经济、文化、社会方方面面的情况更涉及不多（这些在有关三大战略决战的其他论著中已有相当详细的叙述），而把论述的重点放在双方的军事统帅在这三大战略决战过程中怎样判断、决策和应对上。

　　这对战役的胜败有着至关重要的作用。《引言》中曾引用毛泽东说过的一段话："战争是力量的竞赛，但力量在战争过程中变化其原来的形态。在这里，主观的努力，多打胜仗，少犯错误，是决定的因素。客观因素具备着这种变化的可能性，但实现这种可能性，就需要正确的方针和主观的努力。这时候，主观作用是决定的了。"他在这短短的一段话里连用了两次"决定"这个词，来加强语气。

　　战争的胜败，从根本上说，自然取决于客观因素是否具备，取决于人心的向背，取决于胜利一方各级将领、战士以及民众的共同努力，而有了这些条件以后，军事统帅的作战指导是否正确，无疑可以起"决定"作用。一篇文章或一本书，总有自己的着重点。这本小书就选择这个角度作为全书的主题。

对抗双方的统帅，在战略决战中总是竭尽自己的全力进行较量。双方又各拥有一定的实力，力图取胜，否则也没有什么"决战"可言。这就使历史的发展显得波澜起伏，险象环生。最后，一方胜利了，一方失败了。双方统帅的高下和优劣，在这种全力较量的检验中，表现得远比其他时候更为明显，从而能激起人们对研究它的浓厚兴趣。我常感觉：研究中国共产党在革命时期的历史，必须同时研究国民党，而研究这个时期国民党的历史，也必须研究共产党，注意它们之间的互动关系。如果只把眼光始终对着其中的一个方面，就难以对那段历史有全面的真实的了解。

记得在高中读书时，课外看过梁启超的《中国历史研究法》和它的续编。有一段话给我留下很深的印象。他说："我们看李瀚章做的《曾文正公年谱》，实在不能满足我们这种欲望。因为他只叙谱主本身的命令举动，只叙清廷指挥擢黜谕旨，其余一切只有带叙，从不专提，使得我们看了，好像从墙隙中观墙外的争斗，不知他们为什么有胜有负！虽然篇幅有十二卷之多，实际上还不够用。倘然有人高兴改做，倒是很好的事情；但千万别忘记旧谱的短处，最要详尽的搜辑太平天国的一切大事，同时要［把］人的相互关系，把当时的背景写个明白，才了解曾国藩的全体如何。"[1] 这段话是六十多年前读的，但梁启超所说的"从墙隙中观墙外的争斗，不知他们为什么有胜有负"那几句话，至今不忘。

---

[1] 梁启超：《中国历史研究法补编》，商务印书馆1947年2月版，第103页。

还可以打个比喻：看人下棋，一定要同时看双方分别如何布局，如何下子。棋局中变化多端，充满着未知数和变数，还要看一方走出什么别人原来没有料到的一着棋时，另一方又是如何应对的，应对得是对还是错。这样才能看懂这局棋。如果眼睛只盯着看一方的布局和下子而不看对方，那就根本无法看懂这局棋，甚至也无法真正看懂你所关注的那一方为什么胜利或为什么失败。

下面，就毛泽东和蒋介石在三大战略决战中的作战指导，分别再作一点综合的考察。

关于毛泽东

毛泽东本来不是军人。他自己说过："我是一个知识分子，当一个小学教员，也没有学过军事，怎么知道打仗呢？就是由于国民党搞白色恐怖，把工会、农会都打掉了，把五万共产党员杀了一大批，抓了一大批，我们才拿起枪来，上山打游击。"[1]

既然如此，为什么毛泽东会成长为一个出色的军事统帅？他的办法是"从战争中学习战争"。这有两层意思：一是要投身到战争实践中去，否则就谈不上从战争中学习战争；二是要在战争实践中用心去想，不断总结实践中成功的经验和失败的教训，用来校正自己的认识和行动，并且把战争中遇到的重要问题提到较高的原则上去思索和解决，这就是研究战略问题。

陈毅曾将毛泽东的军事思想作过这样的概括："其特点是以

---

[1] 毛泽东同智利新闻工作者代表团的谈话记录，1964年6月23日。

陈毅

实事求是的方法去研究中国战争的实际,去发现和掌握中国革命军事的总规律。"[1]

陈毅说得很对。实事求是,确实是毛泽东军事思想的精髓。在战争中,他总是力求熟识敌我双方各方面的情况,提出作战的目标和实现这个目标的有效措施,还密切注视着双方情况的变化和原来没有想到的问题,及时调整以至修改原定的计划,使作战的部署和指挥尽量适合当时当地的情况,使主观的指导和客观的实际情况相符合,做那些实际上可能做到的事情,而不是只凭主观愿望或想象去瞎指挥,更不是只说一大堆毫无实用的空话。这是他在战争中所以能克敌制胜的关键所在。

当然,对客观事物的认识不可能一次完成,在战争中尤其如此。毛泽东清醒地看到:"统统相符合的事,在战争或战斗中是极其少有的,这是因为战争或战斗的双方是成群的武装着的活人,而又互相保持秘密的缘故,这和处置静物或日常事件是大不

---

[1]《陈毅军事文选》,解放军出版社1996年3月版,第325页。

相同的。然而只要做到指挥大体上适合情况，即在决定意义的部分适合情况，那就是胜利的基础了。"

他对军事统帅如何才能正确地指挥作战的思考和实行过程作了具体而清晰的叙述：

> 指挥员的正确的部署来源于正确的决心，正确的决心来源于正确的判断，正确的判断来源于周到的和必要的侦察，和对于各种侦察材料的联贯起来的思索。指挥员使用一切可能的和必要的侦察手段，将侦察得来的敌方情况的各种材料加以去粗取精、去伪存真、由此及彼、由表及里的思索，然后将自己方面的情况加上去，研究双方的对比和相互的关系，因而构成判断，定下决心，作出计划，——这是军事家在作出每一个战略、战役或战斗的计划之前的一个整个的认识情况的过程。粗心大意的军事家，不去这样做，把军事计划建立在一相情愿的基础之上，这种计划是空想的，不符合实际的。

> 认识情况的过程，不但存在于军事计划建立之前，而且存在于军事计划建立之后。当执行某一计划时，从开始执行起，到战局终结止，这是又一个认识情况的过程，即实行的过程。此时，第一个过程中的东西是否符合于实况，需要重新加以检查。如果计划和情况不符合，或者不完全符合，就必须依照新的认识，构成新的判断，定下新的决心，把已定计划加以改变，使之适合于新的情况。部分地改变的事差不多每一作战都是有的，全部地改变的事也是

间或有的。鲁莽家不知改变，或不愿改变，只是一味盲干，结果又非碰壁不可。"[1]

这段话是他在 1936 年 12 月写的，而他在十二年后的三大战略决战时作为中国人民解放军最高统帅也是这样思考和实行的。

正确判断战争全局的客观形势，是中国人民解放军决定发动三大战略决战的出发点和基本依据。到 1948 年 8 月，正确选择决战时机已成为刻不容缓的问题。

两年来，国民党军有生力量被大量消灭，双方力量对比已发生巨大变化。国民党当局正在考虑撤退东北、确保华中的问题，但仍举棋不定。叶剑英写道："在这种情况下，究竟是让敌人实现他们把现有兵力撤至关内或江南的计划，使我们失去时机，从而增加尔后作战的麻烦呢？还是在敌人还没有来得及决策逃跑之前，我们就当机立断，抓住大好时机，组织战略决战，各个消灭敌人的强大战略集团呢？机不可失，时不再来。毛泽东同志根据对战争形势的科学分析，毅然决然地抓住了这个战略决战时机，先后组织了辽沈、淮海、平津三大战役。"[2]

在兵力还没有超过对方的条件下，综合各方面因素的考虑，下决心发动战略决战，需要有大智大勇。蒋介石没有料到，因而事先没有作出应对的准备，处处陷于被动挨打，这是最后一败涂地的重要原因。

抓住决战时机后，确定决战方向十分重要。既要全局在

---

[1]《毛泽东选集》第 1 卷，第 179、180 页。
[2]《叶剑英军事文选》，解放军出版社 1997 年 3 月版，第 458 页。

胸，又要正确地选择从何着手，充分考虑到接着如何一步一步发展，直至达到预期的目标。这对军事统帅的指挥能力是一个重要考验。

毛泽东历来强调："一战而胜，再及其余，各个击破，全局因而转成了优势。"[1]他写道："第一个战斗，关系非常之大。第一个战斗的胜败给予极大的影响于全局，乃至一直影响到最后的一个战斗。"怎样打好"第一个战斗"？毛泽东归纳了三条原则："第一，必须打胜。必须敌情、地形、人民等条件，都利于我，不利于敌，确有把握而后动手。否则宁可退让，持重待机。机会总是有的，不可率尔应战。""第二，初战的计划必须是全战役计划的有机的序幕。没有好的全战役计划，绝不能有真正好的第一仗。""第三，还要想到下一战略阶段的文章。""战略指导者当其处在一个战略阶段时，应该计算到往后多数阶段，至少也应计算到下一个阶段。尽管往后变化难测，愈远看愈渺茫，然而大体的计算是可能的，估计前途的远景是必要的。""走一步应该看那一步的具体变化，据此以修改或发展自己战略战役计划，不这样做，就会弄出冒险直冲的危险。然而贯通全战略阶段乃至几个战略阶段的、大体上想通了的、一个长期的方针，是决不可少的。"[2]

三大战略决战是从东北战场开始的。叶剑英描述了毛泽东的决策过程："当时全国各战场的形势虽然在不同程度上都有利于人民解放军的作战，但敌人在战略上却企图尽量延长坚守东北

---

[1]《毛泽东选集》第2卷，第491页。
[2]《毛泽东选集》第1卷，第220、221、222页。

几个孤立要点的时间,牵制我东北人民解放军,使我军不能入关作战;同时,敌人又准备把东北敌军撤至华中地区,加强华中防御。在这种情况下,如果我们把战略决战的方向,指向华北战场,则会使我军受到傅作义、卫立煌两大战略集团的夹击而陷于被动;如果我们把战略决战的方向首先指向华东战场,则会使东北敌人迅速撤退,而实现他们的战略收缩企图。因此,东北战场就成为全国战局发展的关键。""决战首先从局部的形势开始,进而争取全局上的更大优势。由于迅速而顺利地取得了辽沈战役的胜利,就使全国战局急转直下,使原来预计的战争进程大为缩短。"[1]

作战方向确定后,为了取得理想的作战效果,毛泽东和中共中央军委在三大决战中几乎都采取了奇袭的作战方法。正如《孙子兵法》所说:"兵之情主速,乘人之不及,由不虞之道,攻其所不戒也。"[2]"兵者,诡道也。""攻其无备,出其不意。此兵家之胜,不可先传也。"[3]英国军事学家李德·哈特写道:"军事计划不用'奇袭'这把永远管用的钥匙,失败就可能接踵而至,不现实的想法是替代不了这把钥匙的。"[4]说的大体上也是这个意思。

要做到奇袭,并不容易。怎样才能使对方"无备"和"不意"呢?前面说到过有两个重要条件:一是迅速,二是保密。有时还需要以佯动来造成对方的错觉。

---

[1]《叶剑英军事文选》,第459、460页。
[2]《孙子兵法·九地篇第十一》。
[3]《孙子兵法·计篇第一》。
[4][英]李德·哈特著,林光余译:《第一次世界大战战史》,第220页。

在三大战略决战中,初战几乎都采取奇袭的做法,先从对方"不意"的要地突然发动强有力的攻击,在它的防御链上打开一个大的缺口,使对方在部署和心理上都陷于异常慌乱的地步,再一步一步扩大战果,直到取得全局的胜利。

拿辽沈战役来说,锦州的重要战略地位是谁都知道的。但当时东北解放军的主力和后方根据地都在北满,又采取了一些佯动,这使国民党军误以为解放军会将进攻重点指向长春,而解放军主力却隐蔽地远途奔袭锦州地区,直到以突然行动包围义县并切断锦州同关内的陆路交通,蒋介石才如梦初醒,慌忙地调整部署,陷入一片混乱。这可以称为奇袭。

再看淮海战役,国民党军原来判断解放军会从西侧奔袭徐州,解放军又以多路佯动增强对方这种错觉,因此国民党军将李弥兵团西调,孙元良兵团北调,集中在徐州周围。华东野战军主力立刻乘虚而入,集中力量隔断孤悬东侧的黄百韬兵团同徐州之间的联系,开始了淮海战役的"第一场战斗"。这就打乱了国民党军队在徐州地区的整个部署,随后,中原野战军同样抓住邱清泉、李弥救援黄百韬兵团而将孙元良兵团从宿县北调守御徐州的机会,乘虚而入,突袭宿县,切断徐州同蚌埠之间的联系,奠定淮海战役全胜的基础。这也是"攻其不备,出其不意"的奇袭。

在平津战役中,国民党军的注意力最初集中在东面,提防东北野战军主力在辽沈战役取得胜利后大举入关。蒋介石还有一个打算,要把部队主力东移津沽,以备必要时可从海路南撤。解放军却出其不意地从西线打起,将原在归绥的杨成武兵团和原在石家庄以北的杨得志兵团迅速分别包围张家口和新保安,将傅作义的注意力又吸引到西边,顾不上东线。而东北野战军主力又提前

杨成武

行动，悄悄地越过长城南下，分割东面的北平、天津、塘沽之间的联系。尽管东北解放军不进行休整就开始秘密入关是国民党军没有料到的，但有如时任东北野战军第一兵团副司令员的陈伯钧所说："这时我们对整个华北敌人的战略包围还未形成，我们在津塘方面的兵力还很不够，倘若过早对平津等地实行战役包围，对张家口、新保安、南口等地实行战役进攻，势必吓跑敌人，不利今后作战。除此而外，在辽沈战役结束之后，部队由于连续作战未及休整，又经过长途跋涉，来到关内，十分疲劳。"[1]这些都需要有一定时间。因此，又采取"围而不打"和"隔而不围"这种战史上十分罕见的特殊打法。在这过程中，也有许多出敌意料的奇袭因素。

像下棋一样，下好每一步重要的棋，都必须具有战略眼光，充分考虑这步棋会引起全局发生怎样的变化，趁势扩大战果，夺取全局的胜利。而在关键的地方，必须十分用心，考虑到多种可

---

[1] 陈伯钧:《兵临城下——回忆解放北平》,《解放战争回忆录》, 中国青年出版社1961年1月版, 第297页。

能性和切实的应对办法。毛泽东指出："学习战争全局的指导规律，是要用心去想一想才行的。""指挥全局的人，最要紧的，是把自己的注意力摆在照顾战争的全局上面。主要地是依据情况，照顾部队和兵团的组成问题，照顾两个战役之间的关系问题，照顾各个作战阶段之间的关系问题，照顾我方全部活动和敌方全部活动之间的关系问题，这些都是最吃力的地方，如果丢了这个去忙一些次要的问题，那就难免要吃亏了。"[1]

在毛泽东和中共中央军委指挥下，三大战役不是分散的、孤立的、各自进行的三个战役，而是有着通盘筹划，一环紧扣一环，相互照应，一气贯注的完整部署。

对具体的作战方法，毛泽东在1947年12月会议上提出了著名的十项军事原则。[2] 其中，"集中优势兵力，各个歼灭敌人"是根本的方法。毛泽东很早就说过："集中兵力看来容易，实行颇难。人人皆知以多胜少是最好的办法，然而很多人不能做，相反地每每分散兵力，原因就在于指导者缺乏战略头脑，为复杂的环境所迷惑，因而被环境所支配，失掉自主能力，采取了应付主义。"[3] 这种根本的作战方法，在毛泽东指导三大战略决战时得到了充分的运用。

军事胜利从来不是单靠军队来实现的。人民战争更是如此。毛泽东一向强调"兵民是胜利之本"。三大战略决战能获得胜利，一个基本原因是民众的支持，不断以人力物力支援前线。

---

[1]《毛泽东选集》第1卷，第176、177页。
[2]《毛泽东选集》第4卷，第1247、1248页。
[3]《毛泽东选集》第1卷，第222页。

第七章 综 论 311

民众支援解放军的架子车队

拿淮海战役来说，在中共中央军委决定"举行淮海战役甚为必要"后三天，毛泽东就为中央军委起草电报指出："这一战役必比济南战役规模要大，比睢杞战役的规模也可能要大。因此，你们必须有相当时间使攻济兵团获得休整补充，并对全军作战所需包括全部后勤工作在内有充分之准备方能开始行动。"[1]战役开始后不久，周恩来又为中央军委起草致中原局、华北局、华东局电报，说明前线参战部队和民工近百万人，每月需粮约一亿斤，要求各地立即动手筹集并速调粮食供应前线。[2]

那时供应解放军前线的物资运送，几乎全靠肩挑背负、小车推送。粟裕回忆道："参战部队加支前民工每日需粮数百万斤。加上天气寒冷，供应线长，运输不便。因此，粮食的供应，就成为淮海战役能否取胜的一个重要关键。为此，毛泽东同志一再指示我们，必须统筹解决全军连同民工一百三十万人三至五个月的

---

[1]《毛泽东军事文集》第5卷，第26页。
[2]《淮海战役》第3册，第12页。

口粮,以及弹药、草料和伤员的治疗等问题。华东局发出了'全力以赴,支援前线'的指示,提出了'解放军打到哪里,就支援到哪里'的口号,组成了华东支前委员会,进一步加强了对支前工作的统一领导。山东人民积极响应党的号召,省吃俭用,保证了部队用粮。"淮海战役后期的解放军阵地上,"粮足饭香,兵强马壮。待战役结束时,前方尚存余粮四千多万斤"。[1]

整个淮海战役中,解放军共动员民工五百四十三万人次,运送弹药一千四百六十多万斤,粮食九亿六千万斤。陈毅深情地说:淮海战役的胜利是人民群众用小车推出来的。这同国民党军队恰成鲜明的对照。在主要交通运输线被截断而空投又不能满足需要时,国民党军队屡屡弹尽粮绝,无法补给,陷入绝境,这成为他们多次全军覆没的重要原因。能不能得到根据地民众的全力支持,确实是战争能不能取得胜利的根本问题。

毛泽东思想是集体智慧的结晶。在军事领域内,他十分重视听取处在第一线的将领们的意见,常同他们反复商议,认真听取并考虑他们的判断和建议,甚至对战略计划据以作出重大调整或改变。

以淮海战役为例:它的发动,起于华东野战军代司令兼代政委粟裕在济南战役快结束时向中央军委"建议即进行淮海战役"[2]。第二天,毛泽东立即为中央军委起草复电:"我们认为举行淮海战役,甚为必要。"

---

[1] 粟裕:《山东人民对解放战争的支援》,《星火燎原·未刊稿》第10卷,解放军出版社2007年8月版,第101、102页。
[2] 《粟裕文选》第2卷,第571页。

当华东野战军正准备分割包围黄百韬兵团时，留在大别山地区的中原野战军司令员刘伯承在11月3日致电中央军委提出："蒋军重兵守徐州，其补给线只一津浦路，怕我截断，……只要不是重大不利之变化，陈、邓主力似应力求截断徐、蚌间铁路，造成隔断孙（注：指孙元良）兵团、会攻徐州之形势，亦即从我军会战重点之西南面斩断敌人中枢方法，收效极大。"[1]第三天，毛泽东就为中央军委起草致陈邓（注：指陈毅、邓小平）并告粟陈张（注：指粟裕、陈士榘、张震）电，提出在宿蚌地区作战的两个方案，"何者为宜，望酌复"。第七日，粟陈张报告："如中原军歼灭刘汝明部作战已经完成，则建议以主力直出津浦路徐蚌段……截断徐敌退路，使李、邱兵团不能南撤。"[2]第九日，毛泽东为中央军委连续起草两个电报，前一个电报，要求"陈邓直接指挥各部，包括一、三、四、九纵队应直出宿县，截断宿蚌路"[3]。后一个电报更明确地指出："齐辰电（注：指粟张十一月八日电）悉。应极力争取在徐州附近歼灭敌人主力，勿使南窜。华东、华北、中原三方面应用全力保证我军的供给。"[4]淮海战役的全盘战略设想，就是在中共中央军委同前线各将领根据实际情况经过反复磋商后确定的。

中原野战军参谋长李达评论道："军委、毛主席善于采纳前线指挥员的建议，及时修改计划，适应已经变化的情况，并再次重申给予总前委刘陈邓'临机处置'之权，这是淮海战役所以能

---

[1]《刘伯承军事文选》，解放军出版社1992年12月版，第437页。
[2]《粟裕文选》第2卷，第616页。
[3]《毛泽东军事文集》第5卷，第182页。
[4]《毛泽东军事文集》第5卷，第184页。

西北战场上的彭德怀

顺利发展并取得全胜的一个重要原因。"[1]

军情本来是异常紧迫的。但在决策酝酿阶段或情况许可时，毛泽东总是同前方将领反复磋商，听取他们的意见，然后作出决断。在决策已定而情况紧急时，又要求前方将领一切由他们"临机处置，不要请示"。这在蒋介石的作战指挥中是没有的。

中国共产党提倡：在民主基础上的集中，在集中指导下的民主。三大战略决战过程中，解放军最高统帅部和前方将领间在这方面确实达到了水乳交融的地步。

这里还要讲一讲周恩来在三大战略决战中发挥的特殊作用。

1947年3月国民党军队进攻延安后，人民解放军总参谋长彭德怀担负起西北解放军的指挥工作，以少数兵力抗击胡宗南部队的进攻，这是一个极为艰难繁重的任务。周恩来便任中共中央军委副主席兼代总参谋长。那时，毛泽东、周恩来、任弼时带了

---

[1]《李达军事文选》，第291页。

一支八百人的小队伍转战陕北。适应当时的紧张局势，这个时期中共中央的领导是高度集中的，在中央决定问题的只是毛、周、任三个人。周恩来后来对外宾说："在中央只有三个人，毛泽东、周恩来与任弼时同志。所谓中央，就是这三个人嘛！"[1]在他们转战陕北的一年内，刘邓大军千里跃进大别山，人民解放军从战略防御转入战略进攻，战争形势发展之快是惊人的。新中国成立后不久，毛泽东曾说过："胡宗南进攻延安以后，在陕北，我和周恩来、任弼时同志在两个窑洞指挥了全国的战争。"周恩来接着说："毛主席是在世界上最小的司令部里，指挥了最大的人民解放战争。"[2]他没有提到自己，但他在其中所起的作用是不言自明的。

三大战略决战时，中共中央已集中在河北西柏坡，周恩来继续担任着中共中央军委副主席兼代总参谋长。他的工作是最忙碌的。每晚他都是工作到次日拂晓才去睡觉，到上午九时又准时起床，一天休息不过五个小时。他和毛泽东住的院子靠得很近，随时见面，一有什么问题，两人就交换意见，商议解决办法。20世纪80年代初，我曾访问当时在周恩来身边工作的张清化。他说：那时军事上的问题，主要是由毛泽东和周恩来商量解决。毛泽东是挂帅的，周恩来参与决策，并具体组织实施。除了军委作战部外，周恩来还有个小作战室。张清化任作战室主任，相当于他的军事秘书，每天根据局势的变化负责标图。周恩来经常到军委作战室了解情况。他对敌我双方的战争态势、兵力部署、部队

---

[1] 周恩来同印度尼西亚共产党总书记艾地的谈话记录，1961年11月16日。
[2]《毛主席转战陕北》，陕西人民出版社1979年8月版，第2、3页。

特点、战斗力强弱,以至国民党方面指挥官的简历、性格等,可以说了如指掌。有了什么情况,周恩来总是仔细地核实并弄清,然后向毛泽东报告。两人经过共同研究确定对策后,多数由毛泽东当场动手起草文电,少数较次要的由周恩来起草,而所有军事方面的文电都经周恩来签发。

从中央档案馆现在保存的当时军事方面的文电来看,由于军情紧急,除很少数经过书记处五个书记共同商议后作出决定,其他大多数在毛泽东和周恩来商议后由他们为中共中央军委起草文电发出。发出时大抵是两种情况:一种,比较多的是在文电上由毛泽东或周恩来批有"刘、朱、任阅后发",经三人圈阅后发出,因为军情紧迫,我没有见到他们三人再有批注意见;另一种,特别紧迫时,就批有"发后送刘、朱、任阅"。由于文电都是毛、周两人共同商议后用军委名义起草的,不能说毛泽东起草的只是毛泽东一个人的意见,只有周恩来起草的那些较少也比较次要的电报才是周恩来的意见。在重大战略问题上,究竟哪些意见是周恩来提出的,由于当时只有他们两人商议,没有别人在场,现在就难以辨别,以后恐怕也无法再说清楚了。

还有一点需要说明:本书着重讨论的是三大战略决战中的军事指导问题,但军事从来不能同经济、政治、文化等因素分割开来孤立地考察。英国军事学家李德·哈特说:"胜利是累积而成的。在此,所有武器包括军事、经济以及心理皆有所贡献。胜利的获得,唯靠善用与整合现代国家中一切既存资源。成功则需依赖各种行动的圆满协调。"[1] 毛泽东在军事指导中的一个重要特

---

[1] [英]李德·哈特著,林光余译:《第一次世界大战战史》,第427页。

点，是他始终把军事同经济、政治、文化等诸多因素作为一个整体，综合起来考察，在此基础上作出判断和决策。本书对此也有涉及，由于全书的主题和篇幅的限制，没有展开论述。

关于蒋介石

蒋介石是一个军人，先后在保定军官学校和日本士官学校学习过。在大陆期间，他任职最久的职务是军事委员会委员长，很多人往往用"委员长"这个称呼来代表他。毛泽东曾说过："蒋介石代替孙中山，创造了国民党的全盛的军事时代。他看军队如生命。""有军则有权，战争解决一切，这个基点，他是抓得很紧的。"[1]但从他一生来看，他长于政治权术，军事指挥能力却未见高明。

埃德加·斯诺在1936年7月9日问曾同蒋介石在黄埔军校共事、在抗日战争时期又长期交往、对蒋十分了解的周恩来："你对蒋介石作为一个军人，看法如何？"周恩来回答："不怎么样。作为一个战术家，他是拙劣的外行，而作为一个战略家则或许好一点。""他的政治意识比军事意识强，这是他能争取其他军阀的原因。"[2]（周恩来叮嘱埃德加·斯诺：这次谈话暂时不要发表，因此没有收录在《西行漫记》中。）细看国民党各派的内战，蒋介石先后打败李宗仁、冯玉祥、唐生智、阎锡山、十九路军、陈济棠等，主要依靠的是政治分化和金钱收买，而没有表现出高

---

[1]《毛泽东军事文集》第2卷，第545、546页。
[2]［美］埃德加·斯诺：《中共杂记》摘译，《党史研究资料》1980年第1期。

超的战略指导和作战指挥能力。

衡量一个军事统帅是不是具有远大的战略眼光和驾驭复杂多变局势的能力，至少可以从两方面来考察：第一，他能不能对全局客观情况的发展变化及时掌握，通盘进行考虑，清醒地作出正确的判断，并且预见到下一步可能的发展；第二，他能不能针对面前的实际情况制定明确而有效的重要决策，除非情况发生重大变化决不轻易动摇或改变，而不是头痛医头、脚痛医脚地忙于应付，也不会因某些次要情况的变动就轻易地一再改变决心。

从三大战略决战的实践检验中可以看出，这两个条件，他都不具备：既不知己，也不知彼，目光短浅，反复多变，被动应付，顾此失彼，而且始终自以为是，出了错只怪部下无能或没有执行他的指示。这些都是军事统帅的大忌，他在平时都有表现，而在辽沈、淮海、平津这些决定命运的战略决战中暴露得格外突出。

可是，国民党军的作战指挥大权却一直紧紧抓在他一个人手里，都要由他来作决断。深得蒋介石信任的外交部长王世杰在1948年初的日记中写道："目前国防部实际上全由蒋先生负责，诸事殊乏分责之人。"[1]

能对蒋介石的作战指挥有近距离观察的杜聿明，在回忆淮海战役中黄维兵团被歼的经过时更具体地说："先是蒋介石对解放军估计过低，将自己估计过高，幻想不增加兵力，南北夹攻，打通津浦路徐蚌段；继而见解放军声势浩大，战力坚强，阵地森严，非国民党军可破，于是决心放弃徐州，以仅有的残部保卫南

---

[1]《王世杰日记》手稿本第6册，第163页。

京。等到徐州部队出来后,蒋又被解放军的战略运动迷惑(误认为解放军撤退),再改变决心,令从徐州退却中之国民党军回师向解放军攻击,协同李延年兵团解黄维之围。黄维兵团就是这样地套在解放军既设的口袋内,被重重包围,战力日益消耗,包围圈逐渐缩小。一直战到十二月十日以后,蒋介石才发现从徐、蚌出来的国民党军都没有击退解放军的希望,于是决心要黄维在空军和毒气掩护下白天突围,黄维则认为白天无法突围。双方争执到十五日晚,黄维见情势危急,于是夜间突围。黄维一经突围,在解放军的天罗地网下土崩瓦解,除胡琏个人乘战车只身脱逃外,全部被歼。事后蒋介石给我的信中,怪黄维不听他的命令在空军毒气掩护下突围,而擅令夜间突围,是自取灭亡。"[1] 不是亲身经过这个全过程的,很难讲得如此真切具体。

时任南京政府副总统的李宗仁在海外口述的回忆录中说:"蒋先生既不长于将兵,亦不长于将将。但是他却喜欢坐在统帅部里,直接以电话指挥前方作战。""蒋先生的判断既不正确,主张又不坚定。往往军队调到一半,他忽然又改变了主意,益发使前线紊乱。蒋先生之所以要这样做,实在是因为他未做过中、下级军官,无战场上的实际经验,只是坐在高级指挥部里,全凭一时心血来潮,揣测行事,指挥系统就乱了。"这个评论是很中肯的。

李宗仁又说:"凡是中央系统的将领都知道蒋先生这项毛病。他们知道奉行蒋先生的命令,往往要吃败仗,但是如不听他的命令,出了乱子,便更不得了。所以大家索性自己不出主意,让委

---

[1] 杜聿明:《淮海战役始末》,《淮海战役亲历记》,第29、30页。

员长直接指挥,吃了败仗由最高统帅自己负责,大家落得没有责任。将领如果是这样的庸才,当然不能打胜仗,而蒋先生偏偏喜欢这样的人。"[1]

国民党军方在台湾出版的《国民革命军战役史第五部——戡乱》的第九册"总检讨"中,在"野战战略"中检讨说:"斯时国军中高级指挥机构,在考量匪我双方战力时,常以装备为评估战力惟一之因素","上下皆以收复或攻占地域为目标,主从颠倒,违背用兵原则"。该书在"统帅节度"中也作了多处检讨:"(一)过分干预下级,使下级无从发挥其自身指挥能力。长此以往,易于使下级逐渐失去自主及应变能力。(二)各地区战略构想及指挥,由统帅部决定,不易切合战场状况变化。故易陷于被动,尤其重要会战或决战指导,战机呈显之时间短暂,如等待上级决定后再采行动时易失战机。战场陷于危机时,若等待上级之决定,亦难以及时挽救。(三)统帅部所决定之各地区作战构想及指导,系基于上层人员之判断而产生者,与战场实际情况,难免有所隔阂,在研议过程中,亦不征询下级意见,又不重视战场指挥官之意见具申,故所决定之各案,往往与作战部队之实况及能力不相吻合,致战略难以取得战术之充分支持。"[2]这里虽然都没有提蒋介石的名字,分析也有避重就轻之处,但由于蒋介石对军事指挥一人独揽,这里多次提到的"统帅部"的过失,其实更多地反映出蒋介石作为军事统帅的严重弱点。

郝柏村在解读蒋介石日记时写道:"剿共作战一直是蒋公亲

---

[1]《李宗仁回忆录》,第549页。
[2]《国民革命军战役史第五部——戡乱》第9册,"总检讨",第70、76、144页。

自决策，两任参谋总长陈诚与顾祝同，只是执行蒋公的政策而已。"蒋介石最信任的陈诚对此也有抱怨。郝柏村写道："蒋公与参谋总长陈诚间之歧见，在本日日记中表露。我以客观立场评析，主因当为蒋公对进剿作战计划批示过多，干预过细，将领不能不服从，陈诚亦然。当战事受挫，参谋总长责无旁贷，难免对蒋公抱怨，这是陈诚的个性。"[1]可见，三大战役中国民党军战略指导的拙劣，其主要责任只能归之于蒋介石。

辽沈、淮海、平津三大战役，对蒋介石的军事指挥才能是一次严格的检验。可以看到，他的作战指导实在缺乏章法，并且严重地脱离实际，先是对战场局势缺乏客观而全面的分析和了解，更谈不上对它的发展趋势有足够的预见，没有经过深思熟虑、明确而坚定的作战预案；临事张皇失措，被动应付，而又主观武断，甚至在辽沈战役和淮海战役的中后期依然盲目地想同解放军在不利条件下"决战"；继而决心动摇，终致束手无策，多次慨叹"此事殊出意外"，只能"默祷恳求上帝默佑"。他在1949年2月25日的日记中写道："对共匪不能有所期待，而以阻止其渡江为惟一要务。"[2]他已提不出其他办法，但他的主要军事力量既已失去，被他视为"惟一要务"的"阻止其渡江"又怎么做得到呢？

1948年12月30日，毛泽东发表《将革命进行到底》。1949年4月21日，毛泽东和朱德联合发表《向全国进军的命令》。至此，中国革命在全国的胜利可说大局已定了。

---

[1]《郝柏村解读蒋公日记（1945—1949）》，第269、475页。
[2] 蒋介石日记，1949年2月15日。

结束语

辽沈、淮海、平津三大战役，从1948年9月12日开始，到1949年1月31日结束。这是中国人民解放军凯歌行进的岁月，也是战场局势瞬息万变、充满惊涛骇浪的历史篇章。

在这不间断地连续进行的三场主力会战中，双方主力尽出。国民党军的四支最精锐的主力部队（新一军、新六军、第五军、第十八军）和中国共产党领导的五大野战部队中的四支（东北、华东、中原、华北）先后都全力以赴地投入这三次会战。

这三场战略决战，对整个解放战争全局具有决定意义。三次战役中，解放军共歼灭国民党正规军一百四十四个师（旅）、非正规军二十九个师，共计一百五十四万人，包括上面所说的最精锐的主力部队在内，整个战局顿时改观。这以后，尽管国民党当局先是力图守住长江防线，后是力求保住华南和西南地区，但已是兵败如山倒、不堪一击。整个战争的胜负，在三大战略决战结束时业已定局。

对解放军来说，这三大战略决战是国民党军队在数量上还超过自己、武器装备更占显然优势的条件下发动的，而在短短四个月零十九天时间内便干净利索地取得胜利。不论战争规模还是战果，这在中国历史上是空前未有的，在世界战争史上也属罕见，无疑十分值得后人从各种不同角度对它进行深入探讨和研究。

为什么三大战役会这样发展，并导致这样的结局？从根本上说这是由战争性质决定的。这是一场人民战争。中国共产党坚决站在最大多数受压迫的民众一边，为他们的利益而战，得到他们的全力支持。双方士气的悬殊，也由此而来。许多事情在同样的条件下，解放军能做到，国民党军队却无法做到，许多国民党军的士兵参加解放军后全然变了样，原因就在这里。政治、经济、军事、文化、社会诸多因素相互渗透，在这个时期内也突出地表现出来。

本书的重点只放在双方的全局性作战指导方面，并不是忽视其他方面，因为作战指挥也是不可忽视的一个重要方面。即使是人民战争，如果指挥不当，本来可以得到的胜利仍有可能失去，或者会增加困难，推迟胜利的到来。历史上这样的例子是很不少的。

如何实施正确的作战指导？并没有什么固定的具体模式。粟裕在写战争回忆录时说过："毛泽东军事思想的灵魂是唯物辩证法，把毛泽东军事思想归结为几条固定的公式，把错综复杂的战争进程表述为高明的指挥者早就规划好的，并以这些观点来教育下一代，打起仗来是会害死人的。"[1] 把战争过程中变化多端的全部复杂性和指挥者如何思考和应对，活生生地展现在人们面前，不仅可以使人了解这场战争是怎样进行的，还可以从中领悟到许多道理，汲取有益的养料。

这里涉及中国古代哲学中常常讨论的"一多相容"的问题："一般"总是寓于"个别"之中，离开无数"个别"就没有"一般"可言，每个"个别"又都有自己的特殊性，而且随时间、地点和条件而变化，不可能简单地重复出现，但寓于其中的"一般"依然可以给人以启示。大家常讲"以史为鉴""触类旁通"等等，大概都是这种意思。

---

[1]《粟裕战争回忆录》，第647页。

回顾毛泽东在三大战略决战中对全局的作战指导，可以悟到许多道理，而其中给人印象最深的，就是实事求是。读毛泽东为中共中央军委起草的那些电报和他的其他言论，都是实实在在地在分析战场的实际情况，既要知己，又要知彼，既要看到有利因素，也要看到不利因素，既要看清局部，又要放眼全局，既要看到这一步，也要看到下一步或下几步，经过反复衡量利弊得失后作出判断，紧紧抓住作战时机和能够用来打开新局面的主要环节，确定行动决心。这种决心绝不轻易改变和动摇，但如果情况发生原来没有预料到的新的变化，或者听到来自第一线将领提出的确实符合实际情况的建议，又不固执原有看法，能够及时作出必要的调整。总之一句话，就是努力使主观适应并符合客观实际。这是取得成功的秘诀所在。

　　蒋介石作战指导中暴露出来的弱点很多，而最重要的一条便是主观同客观相脱离：不全盘而细心地研究实际情况，不认真听取第一线将领的意见，一味凭自己的主观愿望和主观意志办事。由于对战场的具体情况和可能发生的变化心中无数，往往说许多空话，提不出解决问题的切实办法。平时忙于一大堆枝节问题，一旦遇到出乎意料的情况时又只是被动应付，或者轻率地一再改变主意，使第一线将领无所适从或虽有不同意见也不敢提出，硬着头皮照办。这样的仗怎么能不败呢？

　　历史事实还表明：作为掌握全局的统帅必须具有正确的战略视野和思维能力，能够从全局性、长远性、根本性问题的高度着眼，深思熟虑，多谋善断，使行动有着明确而坚定的方向感，并能妥善应对种种复杂局面。在这方面，毛泽东和蒋介石的优劣也不难立见。他们最后的一胜一败实在不是偶然的。

实践是检验真理的唯一标准。历史是前人实践记录的总汇。梁启超说过：读史可以"益人神智"。回顾这段经过实践检验的历史，目的不仅是为了缅怀前人的巨大功绩、感受革命成功的得来不易，更多的是力求利用现在可以得到的国共双方那样丰富的资料，对这场规模如此宏伟、人类历史上并不多见的大决战中双方统帅如何思考和实行指导的事实进行粗略的梳理和剖析，从中不是可以得到许多启示吗？

2011 年 12 月 12 日
八十一周岁前一天完稿
2018 年 9 月 7 日修订

征引文献

（一）档案、史料汇编

《国民革命军陆军第十八军军史》，（台北）"国防部"军务局史政处 1998 年 6 月版。

《国民革命军战役史第五部——戡乱》，第 3 册，（台北）"国防部"史政编译局 1989 年 11 月版。

《国民革命军战役史第五部——戡乱》，第 5 册，"戡乱前期（下）"，（台北）"国防部"史政编译局 1989 年 11 月版。

《淮海战役》，第 2 册，中共党史资料出版社 1988 年 10 月版。

《淮海战役》，第 3 册，中共党史资料出版社 1988 年 10 月版。

《济南战役》，山东人民出版社 1988 年 7 月版。

蒋介石《档案·事略稿本》（62），（台北）"国史馆"2011 年 12 月版。

林彪致毛泽东电，1948 年 2 月 10 日。

刘、陈、李致军委并粟电，《淮海战役》，第 1 册，中共党史资料出版社 1988 年 10 月版。

林、罗、刘、谭关于九、十两月作战一般情况的总结报告，1948 年 11 月 8 日。

林、罗、刘致中央军委电，1948 年 7 月 20 日。

林、罗、刘致中央军委电，1948年8月11日。

林、罗、刘致中央军委电，1948年8月24日。

林、罗、刘致中央军委电，1948年9月26日。

林、罗、刘致中央军委电，1948年9月28日。

林、罗、高、陈、李、刘、谭致毛泽东并朱、刘、工委并转军委电，1948年4月18日。

《辽沈决战》，人民出版社1988年10月版。

《辽沈决战：续集》，人民出版社1992年10月版。

刘峙给黄维的电报，1948年11月14日，转引自《中国人民解放军全国解放战争史》，第4卷。

毛泽东同智利新闻工作者代表团的谈话记录，1964年6月23日。

毛泽东致周恩来电，1946年5月23日。

《毛主席转战陕北》，陕西人民出版社1979年8月版。

南京政府国防部三厅：《中原会战战斗经过及检讨》，转引自刘统《中国的1948年：两种命运的决战》，生活·读书·新知三联书店2006年1月版。

秦孝仪主编：蒋介石《思想言论总集》卷22、卷32，（台北）中国国民党中央委员会党史委员会1984年10月版。

秦孝仪总编纂：蒋介石《大事长编初稿》，卷6（下册），（台北）中正文教基金会1978年10月版。

秦孝仪总编纂：蒋介石《大事长编初稿》，卷7（上册），（台北）中正文教基金会1978年10月版。

［日］防卫厅战史室：《大战前之华北治安作战》，（台北）"国防部"史政编译局1988年6月译印。

谭旌樵：《淮海大战的前夜》，《星火燎原》，第 10 册，中国人民解放军战士出版社 1982 年 8 月版。

佟冬主编：《中国东北史》，第 6 卷，吉林文史出版社 1998 年 8 月版。

《中共中央文件选集》，第 11 册，中共中央党校出版社 1986 年 12 月版。

《中共中央文件选集》，第 15 册，中共中央党校出版社 1991 年 9 月版。

《中共中央文件选集》，第 17 册，中共中央党校出版社 1992 年 10 月版。

《中国人民解放军第二野战军战史》，第 2 卷，解放军出版社 1990 年 2 月版。

《中国人民解放军第三野战军战史》，解放军出版社 1996 年 7 月版。

《中国人民解放军第四野战军战史》，解放军出版社 1998 年 10 月版。

《中国人民解放军华北野战部队战史》，解放军出版社 2011 年 2 月版。

《中国人民解放军全国解放战争史》，第 4 卷，军事科学出版社 1997 年 7 月版。

《星火燎原·未刊稿》，第 10 卷，解放军出版社 2007 年 8 月版。

（二）日记

《陈布雷先生从政日记稿样》，（香港）东南印务出版社承印

（出版时间不详）。

郭汝瑰日记，打印本。

蒋介石日记，美国斯坦福大学胡佛研究所藏。

《赖传珠日记》，人民出版社1989年7月版。

［美］司徒雷登：《司徒雷登日记》，（香港）香港文史出版社1982年7月版。

《佩剑将军张克侠军中日记》，解放军出版社1988年7月版。

《王世杰日记》，手稿本，第6册，（台北）"中研院"近代史研究所1990年3月版。

熊式辉日记，美国哥伦比亚大学手稿与珍本图书馆藏。

《徐永昌日记》，第9册，（台北）"中研院"近代史研究所1990年6月影印本。

《阵中日记（1946.11—1948.11）》，下册，中共党史资料出版社1987年10月版。

（三）年谱、文集

《陈毅军事文选》，解放军出版社1996年3月版。

《陈布雷先生文集》，（台北）中国国民党中央委员会党史委员会1984年6月版。

《邓小平军事文集》，第2卷，军事科学出版社、中央文献出版社2004年7月版。

《李达军事文选》，解放军出版社1993年12月版。

《刘伯承军事文选》，解放军出版社1992年12月版。

《刘少奇选集》，上卷，人民出版社1981年12月版。

《刘亚楼军事文集》，蓝天出版社2010年4月版。

《毛泽东军事文集》，第4卷，军事科学出版社、中央文献出版社1993年12月版。

《毛泽东军事文集》，第5卷，军事科学出版社、中央文献出版社1993年12月版。

《毛泽东书信选集》，中央文献出版社2003年11月版。

《毛泽东文集》，第3卷，人民出版社1996年8月版。

《毛泽东文集》，第4卷，人民出版社1996年8月版。

《毛泽东文集》，第5卷，人民出版社1996年8月版。

《毛泽东选集》，第1卷，人民出版社1991年6月第2版。

《毛泽东选集》，第2卷，人民出版社1991年6月第2版。

《毛泽东选集》，第4卷，人民出版社1991年6月第2版。

《毛泽东年谱（1893—1949）》，逄先知主编，下卷，中央文献出版社2002年8月版。

《粟裕文选》，第2卷，军事科学出版社2004年9月版。

《叶剑英军事文选》，解放军出版社1997年3月版。

《周恩来军事文选》，第3卷，人民出版社1997年11月版。

《朱德选集》，人民出版社1983年8月版。

（四）回忆录、口述历史

《陈诚先生回忆录——国共战争》，（台北）："国史馆"2005年8月版。

陈士榘：《天翻地覆三年间——解放战争回忆录》，中共中央党校出版社1995年11月版。

《董文琦先生访问记录》,(台北)"中研院"近代史研究所1986年6月版。

《傅作义生平》,文史资料出版社1985年6月版。

《顾维钧回忆录》,第6册,中华书局1988年7月版。

《郭汝瑰回忆录》,四川人民出版社1987年9月版。

《淮海战役亲历记》,文史资料出版社1983年6月版。

贾亦斌:《半生风雨录》,中国文史出版社1996年10月版。

《解放战争回忆录》,中国青年出版社1961年1月版。

《李宗仁回忆录》,(香港)南粤出版社1987年2月版。

《辽沈战役亲历记》,文史资料出版社1985年11月版。

《刘安祺先生访问记录》,(台北)"中研院"近代史研究所1991年6月版。

《刘汝明回忆录》,(台北)传记文学出版社1979年3月版。

刘峙:《我的回忆》,(台北)文海出版社1982年1月版。

《罗友伦先生访问记录》,(台北)"中研院"近代史研究所1994年8月版。

莫文骅:《回忆解放北平前后》,北京出版社1997年11月版。

《莫文骅回忆录》,解放军出版社1996年7月版。

《聂荣臻回忆录》,下册,解放军出版社1984年10月版。

《彭德怀自述》,人民出版社1981年12月版。

《平津战役亲历记》,中国文史出版社1989年1月版。

《石觉先生访问记录》,(台北)"中研院"近代史研究所1986年2月版。

《粟裕战争回忆录》,解放军出版社1988年11月版。

《汪敬煦先生访谈录》,(台北)"国史馆"1993年3月版。

《王铁汉先生访问纪录》,(台北)"中研院"近代史研究所1985年5月版。

王云五:《岫庐八十自述》,(台北)台湾商务印书馆1967年7月版。

《伟大的战略决战》,解放军文艺社1961年4月版。

《杨伯涛回忆录》,中国文史出版社1996年4月版。

《杨成武回忆录》,下册,解放军出版社1990年8月版。

《杨得志回忆录》,解放军出版社1993年1月版。

《叶飞回忆录》,解放军出版社1988年11月版。

曾克林:《戎马生涯的回忆》,解放军出版社1992年5月版。

《张震回忆录》,上册,解放军出版社2003年11月版。

郑洞国:《我的戎马生涯》,团结出版社1992年1月版。

(五)著作

蔡惠霖等编:《崇高的使命》,上册,军事科学出版社,1990年10月版。

程思远:《白崇禧传》,华艺出版社1995年5月版。

[德]克劳塞维茨著,中国人民解放军军事科学院译:《战争论》,第1卷,商务印书馆1978年7月版。

《郝柏村解读蒋公日记(1945—1949)》,(台北)天下远见出版股份有限公司2011年6月版。

蒋纬国:《历史见证人的实录——蒋中正先生传》,(台北)青年日报社1996年10月版。

李默庵：《世纪之履》，中国文史出版社1995年10月版。

李天佑：《东北解放战争中的第一纵队》，军事科学出版社1994年8月版。

梁启超：《中国历史研究法补编》，商务印书馆1947年2月版。

［美］肯尼斯·雷、约翰·布鲁尔编，尤存、牛军译：《被遗忘的大使：司徒雷登驻华报告（1946—1949）》，江苏人民出版社1990年7月版。

［美］邹谠著，王宁、周先进译：《美国在中国的失败》，上海人民出版社1997年4月版。

［英］李德·哈特著，林光余译：《第一次世界大战战史》，上海人民出版社2010年10月版。

［英］利德尔·哈特（又译李德·哈特）著，伍协力译：《第二次世界大战史》，下册，上海译文出版社1978年1月版。

萧慧麟：《萧毅肃上将轶事》，（台北）书香文化事业公司2005年5月版。

许世友：《我在山东十六年》，山东人民出版社1981年7月版。

张公权：《中国通货膨胀史（1937—1949年）》，文史资料出版社1986年8月版。

（六）报纸、期刊

陈士章：《黄百韬的起家和败亡》，《文史资料选辑》第21辑，中华书局1981年11月版。

楚青整理:《粟裕谈淮海战役》,《党的文献》,1989年第6期。

［美］埃德加·斯诺:《中共杂记》摘译,《党史研究资料》,1980年第1期。

《大公报》,1948年9月—12月。

《大公报》,1948年11月11日。

《大公报》,1948年12月17日。

《观察》第5卷第3期(1948年9月)—第5卷第18期(1948年12月)。

《观察》,第5卷第3期,1948年9月11日。

《观察》,第5卷第6期,1948年10月2日。

《观察》,第5卷第8期,1948年10月16日。

《观察》,第5卷第10期,1948年10月30日。

《观察》,第5卷第12期,1948年11月13日。

《观察》,第5卷第13期,1948年11月20日。

《观察》,第5卷第14期。

《观察》,第5卷第16期,1948年12月11日。

《观察》,第5卷第18期,1948年12月25日。

《中央日报》,1948年9月—12月。

《中央日报》,1948年9月17日。

《中央日报》,1948年9月28日。

《中央日报》,1948年10月16日。

《中央日报》,1948年11月1日。

《中央日报》,1948年11月2日。

《中央日报》,1948年11月5日。

《中央日报》，1948 年 11 月 9 日。

《中央日报》，1948 年 11 月 10 日。

《中央日报》，1948 年 11 月 10 日社论。

《中央日报》，1948 年 11 月 14 日。

《中央日报》，1948 年 12 月 19 日。

《中央日报》，1948 年 12 月 21 日。